Restaurant Skills Training

餐厅技能训练

主编　谢玉莲　陈衍怀

暨南大学出版社
JINAN UNIVERSITY PRESS

中国·广州

图书在版编目（CIP）数据

餐厅技能训练/谢玉莲，陈衍怀主编．—广州：暨南大学出版社，2014.5
（酒店服务与管理专业基于工作过程系统化系列教材）
ISBN 978－7－5668－0973－5

Ⅰ．①餐…　Ⅱ．①谢…②陈…　Ⅲ．①饮食业—商业服务—技术培训—教材
Ⅳ．①F719.3

中国版本图书馆 CIP 数据核字(2014)第 055001 号

出版发行：暨南大学出版社

地　址：中国广州暨南大学
电　话：总编室（8620）85221601
营销部（8620）85225284　85228291　85228292（邮购）
传　真：（8620）85221583（办公室）　85223774（营销部）
邮　编：510630
网　址：http：//www.jnupress.com　http：//press.jnu.edu.cn

排　版：广州市天河星辰文化发展部照排中心
印　刷：广东广州日报传媒股份有限公司印务分公司

开　本：787mm×1092mm　1/16
印　张：14.75
字　数：365 千
版　次：2014 年 5 月第 1 版
印　次：2014 年 5 月第 1 次

定　价：38.00 元

总序

为了培养具备综合职业能力的高技能酒店服务与管理人才，编者以“工学结合”为指导思想，引入国外先进职教理念，深入广州地区酒店行业及企业实地考察、访谈和调研，以酒店岗位从业人员的实际工作任务为主线，依托校企合作，共同对酒店服务与管理人才培养模式、培养目标、职业能力和课程设置进行分析及定位，以典型工作任务为载体，根据典型工作任务和工作过程设计学习情境，按照工作过程的顺序和学生自主学习的要求进行教材内容的编写，创新并开发了酒店服务与管理专业基于工作过程系统化系列教材。本系列教材共12本，分别是：《餐厅服务》、《客房清洁》、《楼层接待服务》、《前厅服务》、《菜肴与酒水推销》、《酒吧服务》、《酒店英语》、《酒店服务心理》、《酒店服务礼仪》、《酒店信息管理》、《餐厅技能训练》、《客房技能训练》。

本系列教材由一批学术水平高、教学经验丰富、课程开发能力强的酒店专业教师与企业骨干共同开发而成。在教材组织编写工作中，我们坚持以下原则：

一是从职业岗位群分析入手，根据酒店对服务人员的要求和相关的国家职业标准，科学确定教材内容，使教材具有贴近酒店一线从业人员岗位实际工作要求的鲜明特色。

二是根据中等职业技术院校酒店服务与管理专业的教学特点，合理编排教材内容，并以工作情境为切入点，采用任务驱动的编写思路，使教材具有适应教学和易于学习的鲜明特色。

三是注重将酒店企业的新理念、新方法及综合职业能力要求编入教材，使教材具有与行业发展同步的鲜明特色，不仅适用于酒店服务与管理专业的教学，也适用于酒店行业、企业员工的职业培训。

上述教材的编写得到了广州首旅建国酒店有限公司、广州市嘉逸国际酒店有限公司、广东大厦等校企合作企业的大力支持，教材的编审人员做了大量的工作，在此表示衷心的感谢。同时，恳切希望广大读者对教材提出宝贵的意见和建议，以便修订时加以完善。

编委会
2014年3月

Contents
目录

第一部分　理论知识考试解读

一、理论知识试卷构成

目前，职业技能考证初、中、高级理论知识考试采用标准化试卷，题型分为“选择题”与“判断题”两大类。

1. 选择题

“四选一”单选题型，每道题有四个选项，其中一个选项为正确答案，共100～200题，每题1.0～0.5分，共80分。

2. 判断题

正误判断题型，共20～40题，每题1.0～0.5分，共20分。

二、理论知识考试答题时间和答题要求

1. 理论知识答题时间

按国家职业标准要求，本职业中、高级理论知识考试时间为120分钟。

2. 理论知识答题要求

(1) 采用试卷答题时，作答选择题，应按要求在试题前面的括号中填写正确选项的字母；作答判断题，应根据对试题的分析判断，在括号中填上“√”或“×”。

(2) 采用计算机考试时，按要求点击选定的答案即可。

(3) 采用答题卡时，按要求直接在答题卡上选择相应的答案处涂色即可。

第二部分　理论知识鉴定要素细目表

考核范围		考核比重（%）	序号	考核要点 名　称	重要程度
职业道德 5%	道德	1	1	道德的含义与内涵	重要
			2	维持道德的依据	重要
			3	道德作用的适用范围	较重要
			4	道德的核心及特征	较重要
			5	餐饮人员最基本的道德要求	一般
			6	道德的定位	较重要
			7	道德的组成部分	一般
			8	道德与法律的区别	较重要
	职业道德	1	1	职业道德的概念	重要
			2	职业道德与社会道德体系的关系	较重要
			3	职业道德的调节作用	较重要
			4	职业道德对道德素质形成的作用	一般
			5	职业道德的特点	一般
			6	职业道德与社会生活的关系	较重要
			7	搞好服务质量、改善服务态度的核心	一般
			8	市场经济条件下职业道德的功能	一般
			9	行业职业道德规范产生的原因	一般
			10	各行业共同的道德内容	重要
			11	服务态度、服务质量、职业道德三者的关系	重要
			12	职业实践对道德素质的影响	较重要

（续上表）

考核范围		考核比重（%）	序号	考核要点 名称	重要程度
职业道德 5%	餐饮服务人员职业道德	2	1	餐饮服务出现的时代	较重要
			2	忠于职守的要求	重要
			3	爱岗敬业的含义	较重要
			4	服务的特点	较重要
			5	开拓创新的含义	重要
			6	餐饮业品牌服务对服务员的要求	重要
			7	餐厅服务员应了解的菜肴知识	重要
			8	新型人际关系的特点	较重要
			9	团结协作的表现	重要
			10	纪律的概念	较重要
			11	餐厅服务员贯彻食品卫生法的操作规范要求	重要
			12	服务员廉洁奉公的具体要求	重要
	加强职业道德修养的方法	1	1	学习的途径	重要
			2	处理好人际关系的具体要求	重要
			3	“慎独”的含义	重要
			4	内心信念的概念	一般
			5	道德高尚的人对人生观的认识	较重要
			6	优质服务的实质	重要
			7	自我牺牲精神的含义	重要
			8	衡量一个人有无道德的标准	重要
饮食卫生 11%	食品卫生基础知识	3	1	食品的概念	重要
			2	食品必须具备的三个基本条件	重要
			3	食品卫生学的概念	重要
			4	灭菌的概念	重要
			5	煮沸消毒的方法	重要
			6	煮沸消毒的适用范围	重要
			7	牛奶的巴氏消毒方法	一般
			8	紫外线消毒的适用范围	较重要

（续上表）

考核范围		考核比重（%）	序号	考核要点 名称	重要程度
饮食卫生11%			9	使用含氯制剂消毒的方法	重要
			10	配制过氧化物制剂的浓度	较重要
	食品卫生质量的鉴别方法	1	1	食品腐败变质的感观鉴别	重要
			2	根据食品标识鉴定食品过期的方法	重要
			3	掺杂食品的鉴别	重要
			4	伪造食品的鉴别	重要
	预防食品污染、食物中毒和有关传染病	2	1	食品污染的概念	一般
			2	预防食品细菌污染的办法	重要
			3	食品化学性污染的种类	较重要
			4	食物中毒的特点	重要
			5	食品存放于冰箱中的要求	重要
			6	夏天熟肉制品的保管	一般
	食品业食品卫生制度	4	1	食品制售卫生要求	较重要
			2	食品入库验收的内容	一般
			3	食品在冷库中保存的最佳温度	重要
			4	餐具洗刷消毒工序	重要
			5	餐厅棉织品的卫生要求	重要
			6	个人卫生制度中对服务员发型的要求	重要
			7	个人卫生制度中“四勤”的具体内容	重要
			8	个人卫生制度中对餐厅服务员体检的要求	较重要
	食品卫生法相关知识	1	1	《中华人民共和国食品卫生法》颁布的时间	重要
			2	《中华人民共和国食品卫生法》的审定机构	重要
			3	食品卫生许可制度中对用于食品和食品用工具等洗涤消毒剂的要求	重要
			4	食品场所经营者应承担的民事赔偿责任	重要
餐厅服务礼节礼貌10%	礼节礼貌基础知识	3	1	礼节的概念	重要
			2	礼节的具体表现形式	较重要
			3	握手的正确姿势	重要
			4	握手的正确顺序	重要
			5	握手的注意事项	重要

（续上表）

考核范围		考核比重（%）	序号	考核要点 名称	重要程度
餐厅服务礼节礼貌 10%	礼节礼貌基础知识	3	6	礼貌的概念	重要
			7	礼貌在服务工作中的表现	较重要
			8	礼貌在服务工作中的作用	较重要
			9	礼仪的概念	一般
			10	礼仪的适用范围	一般
			11	礼仪最基本的三大要素	较重要
			12	礼貌的分类	一般
			13	“礼”的本质	重要
			14	礼貌、礼节两者的不同点	较重要
			15	礼貌、礼节、礼仪三者的联系	重要
			16	服务中常见的礼节形式	一般
	礼节礼貌在服务工作中的重要性	1	1	服务态度对餐厅声誉的影响	重要
			2	餐厅服务员礼貌待客的具体要求	重要
			3	与客人交谈的方法	重要
			4	对客服务中服务员不应出现的服务态度	较重要
	服务中礼节礼貌的基本要求	5	1	服务员站立的要领	重要
			2	女服务员站立的要领	重要
			3	男服务员站立的要领	较重要
			4	餐厅服务员行走的基本要求	重要
			5	餐厅服务员上岗着装的要求	重要
			6	餐厅服务员工作中不应出现的举止	重要
			7	为客人引位时的正确姿势	重要
			8	引领客人时的服务要求	重要
			9	微笑服务的意义	重要
			10	服务中微笑的要求	重要
			11	餐厅服务员提高语言艺术的途径	一般
			12	与客人交谈的注意事项	重要
			13	客人进入餐厅时服务员应使用的招呼用语	重要
			14	席间进行食品服务时的礼貌用语	重要

（续上表）

考核范围		考核比重（%）	序号	考核要点 名称	重要程度
	仪容仪表淡妆上岗	1	1	餐厅服务人员上岗时佩戴饰物的规定	一般
			2	唇膏与肤色的选配	一般
饮食风俗习惯7%	中华饮食文化习俗	2	1	北京人的饮食特点	重要
			2	山西人的饮食特点	较重要
			3	广东人的饮食特点	重要
			4	四川人的饮食特点	重要
			5	东北人的饮食特点	重要
			6	香港人的饮食特点	重要
	我国部分兄弟民族饮食文化习俗	2	1	回族的饮食禁忌	重要
			2	维吾尔族的饮食特点	较重要
			3	藏族的饮食习惯	较重要
			4	蒙古族的饮食习惯	一般
			5	朝鲜族的饮食特点	一般
			6	傣族的饮食习惯	一般
	主要客源国饮食文化习俗	2	1	英国人的饮食习惯	重要
			2	法国人的饮食习惯	重要
			3	美国人在使用调料上的习惯	重要
			4	日本料理的特点	重要
	主要节日饮食文化习俗	1	1	汉族元宵节的习俗	较重要
			2	汉族春节的习俗	重要
			3	伊斯兰教的主要节日	较重要
服务安全知识2%	人身安全	1	1	安全用电的具体要求	重要
			2	使用煤（天然）气的操作要求	重要
			3	餐厅服务员应掌握的防火知识	重要
			4	餐厅营业中出现火情的处理方法	重要
			5	餐厅服务中遇到酗酒闹事情况的处理方法	重要
			6	雨雪天气时餐厅应为客人提供的安全服务	重要
	财产、服务环境安全	1	1	餐厅财产的管理办法	较重要
			2	衣帽间的服务要求	重要
			3	发现客人遗留物品的处理方法	重要
			4	餐厅服务员使用各种机器设备的操作方法	重要

（续上表）

考核范围		考核比重（%）	序号	考核要点 名称	重要程度
服务心理基础知识 2%	餐厅服务心理	2	1	餐厅客人就餐的心理需求	较重要
			2	满足宾客心理需要的最佳方法	较重要
			3	不同气质类型宾客个性的表现形式	较重要
			4	服务交往中寻求良好宾客关系遵循的原则	较重要
插花基础知识 2%	餐厅插花知识	2	1	常用花材的类型	较重要
			2	餐厅插花的主要形式	较重要
			3	东方插花的特点	较重要
			4	西方插花的特点	较重要
			5	餐厅装饰造型插花的特点	较重要
			6	艺术插花造型配置的基本原则	较重要
			7	对称插花的形式	较重要
			8	延长插花花期的措施	较重要
接待服务 30%	接待服务基本要求	11	1	“八字”服务的基本要求	重要
			2	主动服务的具体要求	重要
			3	餐厅服务员为客人当好参谋的具体要求	重要
			4	餐厅服务员是企业形象代表的含义	重要
			5	主动服务、遵守程序的具体要求	重要
			6	热情服务中真诚待客的含义	重要
			7	热情服务“三个一样”的内容	重要
			8	对待生人和熟人一样热情的具体要求	重要
			9	对待本地人和外地人一样热情的具体要求	重要
			10	对待内宾和外宾一样热情的具体要求	重要
			11	耐心服务的概念	重要
			12	耐心服务的具体要求	重要
			13	耐心解答客人进餐中提出的问题	重要
			14	餐厅服务员化解矛盾的方法	重要
			15	耐心劝说客人的方法	重要
			16	周到服务的概念	重要
			17	周到服务的具体要求	重要
			18	服务语言周到的要求	重要
			19	对客人使用服务语言的作用	重要

（续上表）

考核范围		考核比重（%）	序号	考核要点 名称	重要程度
接待服务30%			20	就餐服务周到的具体内容	重要
			21	超值服务的内容	重要
			22	运用“八字”服务要求的重要性	重要
	中、西式早餐接待服务	7	1	中式早餐开餐前应准备的工作	重要
			2	准备早餐环境的主要内容	重要
			3	餐厅清洁卫生的工作内容	重要
			4	餐具、佐料和服务用品的准备	重要
			5	餐前对当日菜品的准备工作内容	重要
			6	我国拥有餐前饮茶习惯的地区	重要
			7	为客人问位开茶服务的方法	重要
			8	开餐服务的内容	重要
			9	为客人提供结账收款服务的方法	重要
			10	客人用餐结束时服务员礼貌送客的方法	重要
			11	清洁台面的操作要求	重要
			12	西式早餐餐具摆放的要求	重要
			13	西式早餐引领客人入座的方法	重要
			14	西式早餐对客人服务的内容	重要
	餐巾折花	2	1	举办大型宴会对餐巾折花的要求	重要
			2	餐巾折花的种类	较重要
			3	祝寿宴会对餐巾折花的要求	重要
			4	餐巾颜色选用的依据	重要
	上菜与分菜服务	10	1	上菜的位置与方法	重要
			2	上菜的时机	重要
			3	菜肴摆放艺术的要求	重要
			4	特殊的上菜方法	重要
			5	分菜服务的重要性	重要
			6	分菜餐具的准备工作	重要
			7	展示菜肴的方法	重要

（续上表）

考核范围		考核比重（%）	序号	考核要点 名称	重要程度
接待服务30%	上菜与分菜服务	10	8	分菜的顺序	重要
			9	分让式餐台分菜注意事项	重要
			10	二人合作餐台分菜的概念和服务方法	重要
			11	分菜服务的具体要求	重要
			12	特殊宴会的分菜方法	重要
			13	汤类菜肴的分让方法	重要
			14	中餐分菜的方法	重要
			15	西餐上菜与分菜	重要
			16	西餐上菜的操作位置	重要
			17	西餐分菜服务对所配用具的要求	重要
宴会服务10%	餐前准备	4	1	餐具、用具的准备	较重要
			2	本式菜单的特点	重要
			3	饮料的饮用方法	重要
			4	白酒的饮用方法	较重要
			5	桌裙餐桌的作用	较重要
			6	佐料跟用的形式	重要
			7	随菜佐料的种类	重要
	中餐宴会餐台布局与摆设	3	1	大中型宴会对安排讲台位置的要求	重要
			2	宴会厅餐桌安排的依据	重要
			3	大型宴会对通道的要求	较重要
			4	宴会厅餐桌安排的注意事项	重要
			5	服务员工作台设置的要求	重要
			6	多桌宴会位次安排的方法	重要
	西餐宴会餐台布局与摆设	3	1	西餐宴会常见的台型	重要
			2	西餐宴会用于庆典的酒水品种	较重要
			3	西餐宴会上菜的顺序	重要
			4	西餐宴会上菜服务的原则	重要
			5	法式宴会的特点	重要
			6	法式宴会的上菜方法	重要
			7	俄式宴会服务的方法	重要
			8	俄式宴会的上菜方法	重要

（续上表）

考核范围		考核比重（%）	序号	考核要点 名　称	重要程度
酒水服务12%	特殊酒水开启	6	1	特殊酒水服务的概念	重要
			2	特殊包装酒水的开启方法	重要
			3	香槟酒的开启方法	重要
			4	开启香槟酒的注意事项	重要
			5	开启香槟酒与一般酒水的不同之处	重要
			6	服务员开启香槟时左手的操作要求	重要
			7	服务员开启香槟时右手的操作要求	重要
			8	开启香槟酒时瓶口朝向的要求	重要
			9	香槟酒打开后瓶口的卫生要求	重要
			10	开启香槟酒时小刀的使用方法	重要
			11	开启香槟酒时木塞暴露后的处理方法	重要
			12	开启香槟酒不宜采用的方法	重要
	特殊酒水服务	3	1	特殊酒水的斟倒方法、要求	重要
			2	续加温酒的要求	重要
			3	特殊酒水斟倒的程序	重要
			4	正确掌握斟酒水标准	重要
			5	特殊酒水的服务要求	重要
			6	斟倒加温酒与冰镇酒的区别	重要
			7	特殊酒水开封前的要求	重要
	酒水保管	3	1	罐装酒品的日常保管方法	重要
			2	木塞封酒类的日常保管方法	重要
			3	坛装酒品的日常保管方法	重要
			4	酒水服务中应注意的问题	重要
			5	酒水饮料日常保管注意事项	重要
			6	为客人保管开封后酒水的方法	重要
			7	酒水在保管中对温度的要求	重要
餐酒用具管理9%	餐具的配备	3	1	中餐厅配备各种餐具、用具的依据	较重要
			2	餐饮业常用餐具的种类	重要
			3	西餐中吃甜品应配用的器具	重要
			4	西餐厅酒具的种类	较重要

（续上表）

考核范围		考核比重（%）	序号	考核要点 名称	重要程度
餐酒用具管理9%	餐饮器皿的管理	6	1	清洗银器的步骤	重要
			2	玻璃器皿的洗涤方法	重要
			3	玻璃器皿的存放方法	重要
			4	陶器的清洗方法	重要
			5	高档陶器的保管方法	重要
			6	瓷器餐具的洗涤程序	重要
			7	瓷器餐具通常使用的消毒方法	较重要
			8	陶器餐具的洗涤程序	重要
			9	瓷器餐具的洗涤方法	较重要
			10	瓷器餐具的存放方法	重要
			11	台布、口布的保管方法	重要
			12	小毛巾的洗涤程序	重要
			13	餐厅使用棉织品的种类	一般
			14	桌裙的洗涤方法	较重要

第三部分 基础理论知识考试复习要点

第一节 职业道德基础知识

一、道德

1. 道德的含义与内涵

道德是指人们行为应遵循的原则和标准。道德的定义可以概括为一定社会、一定阶级向人们提出的处理个人与个人、个人与社会之间各种关系的一种特殊的行为规范。

道德的内涵是指道德是人类生活所持有的以善恶为标准，依靠宣传教育、社会舆论、传统习俗和内心信念来调整人与人、人与社会以及人与自然之间相互关系的行为规范的总和。

2. 维持道德的依据

道德以善恶为标准，依据社会舆论、传统文化和生活习惯判断一个人的品质，道德主要依靠人们自觉的内心信念来维持。

3. 道德作用的适用范围

法律规章制度的作用范围是有限的，而道德力量却能管制到法律管不到的地方。道德的作用十分广泛，它几乎无处不在，并长期起作用。

4. 道德的核心及特征

道德的核心是利益，主要表现在获取个人利益的时候，是否考虑他人、群体、单位和社会的利益。

5. 餐饮人员最基本的道德要求

每一个公民包括餐饮从业人员，在协调人际关系时，要做到不侵犯他人、整体和社会的利益，这是最基本的道德要求。

6. 道德的定位

道德不是高不可攀的学问，而是发生在人们身边并伴随人们日常生活中的一切事情。它贯穿于每一个人的言行中，包括一个人是否履行了应尽的道德责任和道德义务，以及对社会、他人、工作、集体、家庭、金钱和物质利益的态度。

7. 道德的组成部分

人类活动具有社会性，可分为三类，即社会生活、家庭婚姻生活和职业生活，因此也就相应产生了社会公德、家庭婚姻道德和职业道德。这三种道德不可分割，共同构成社会的全部道德内容。

8. 道德与法律的区别

处理人与人交往的关系时，除道德规范外，还有法律、规章制度等。前者靠个人加强道德修养，靠自觉的内心信念来维持；后者则由国家凭借强制力量来保证实施，且作用范围是有限的。

二、职业道德

1. 职业道德的概念

职业道德是指从事一定职业的人，在工作和劳动过程中，所应遵循的与其职业活动紧密联系的道德原则和规范的总和。

2. 职业道德与社会道德体系的关系

职业道德是整个社会道德体系中的重要组成部分，在社会主义建设时期，它是社会主义道德准则在职业生活中的具体体现。

3. 职业道德的调节作用

职业道德不仅调节本行业与其他行业的关系，也调节行业内部人员相互之间的利益关系。

4. 职业道德对道德素质形成的作用

职业道德覆盖面最广，影响力最大，对人的道德素质形成起决定性作用。

5. 职业道德的特点

职业道德是人们在从事职业的过程中形成的一种内在的、非强制性的约束机制。它具有广泛性、实践性、具体性的特点。

6. 职业道德与社会生活的关系

职业道德与社会生活关系最密切，关系到社会安宁和人际关系的和谐，对社会精神文明建设有极大的促进作用。

7. 搞好服务质量、改善服务态度的核心

搞好服务质量、改善服务态度的核心是加强职业道德建设。

8. 市场经济条件下职业道德的功能

在市场经济条件下，职业道德具有促进人们的行为规范化、提高企业竞争力的作用。

9. 行业职业道德规范产生的原因

随着人类社会的进步与发展，社会分工越来越细，职业种类日益繁多，而各行各业的职业活动都有自己的客观规律。为维护不同行业的正常运转，维护行业的生存和发展，就必须有不同行业的职业道德规范。

10. 各行业共同的道德内容

在社会主义社会里，每个行业都是为人民服务的。因此，各行业共同的道德内容包括为人民服务的宗旨、社会主义道德“五爱”的基本要求、忠于职守和爱岗敬业的自我牺牲精神。

11. 服务态度、服务质量、职业道德三者的关系

搞好服务质量、改善服务态度的核心是加强职业道德建设。服务态度、服务质量是职业道德的外在表现。只有具备良好的职业道德，才可能有持久、良好的服务质量。因此，搞好职业道德建设对促进社会主义精神文明建设具有无法代替的积极作用。

12. 职业实践对道德素质的影响

成功的职业实践对人的道德素质的塑造具有决定性作用。

三、餐饮服务人员的职业道德

1. 餐饮服务出现的时代

餐饮服务是在人类摆脱了茹毛饮血的野蛮时代、进入用火烹调的文明时代之后出现的。

2. 服务的特点

服务作为一种活动，具有无形性、不可触摸性和转瞬即逝的不可储存性的特点。服务不是具体商品，它随着服务开始而出现，随着服务结束而消失，顾客看不见、摸不着，只能感知。

3. 忠于职守的要求

忠于职守就是要求把自己职责范围内的事情做好，合乎质量标准和规范要求，能够完成应承担的任务。

4. 爱岗敬业的含义

职业道德的养成要从忠于职守、爱岗敬业开始，把自己的心血投入到自己的职业岗位上去，把自己的职业当作生命的一部分尽职尽责地做好。

5. 开拓创新的含义

开拓创新在任何社会，都是一种宝贵的精神力量。开拓创新要求标新立异，即人们讲到竞争市场时说的“你无我有，你有我优”。开拓创新需要人才和知识。餐饮行业的品牌服务即是一种开拓创新。

6. 餐饮业品牌服务对服务员的要求

餐饮业的品牌服务要求餐厅服务员不仅要有端庄的仪表、文雅的举止和良好的身体素质，而且更要有良好的文化修养和丰富的服务礼节知识，特别是要有高超的服务技能和对烹调知识的全面了解。

7. 餐厅服务员应了解的菜肴知识

餐厅服务员应了解餐厅提供的每道菜的烹调方法、主料、辅料、刀工、火候和口味特点。此外，餐厅服务员对菜的文化典故也应有所了解，并能生动地给予介绍，还要懂得营养知识和菜肴的营养特点，以及适合哪类人群食用。

8. 新型人际关系的特点

职业道德的作用既包括调节个人与国家、集体、他人的利益关系，也包括调节行业和

企业内部人与人之间的关系。职业道德要求以集体主义精神为指导，搞好企业内部的团结协作、互帮互学，以此建立起人与人之间的新型关系。

9. 团结协作的表现

团结协作表现为互相支持、互相帮助，不能图自己方便而把困难留给他人。团结协作是一种团队精神，是集体主义观念的具体体现，是职业道德的主要内容。

10. 纪律的概念

任何社会组织都需要有约束的规章制度，规定所属人员必须共同遵守和执行，这就是纪律。纪律和法律、政策、法规一样，是按照事物发展规律制定出来的一种约束人们行为的规范。

11. 餐厅服务员贯彻《食品卫生法》的操作规范要求

餐厅服务员贯彻《食品卫生法》，不仅要搞好环境设施等硬件卫生，而且要搞好个人卫生和执行操作规范要求。例如，用托盘上菜时不能直接用手端菜；上厕所不能穿工作服；便后必须洗手等。

12. 服务员廉洁奉公的具体要求

廉洁奉公是服务员必须具备的道德品质，其具体要求是：服务员在接待客人时应做到对生人、熟人一个样；办事实事求是、大公无私；正确对待各种评论；绝不能把自己的工作岗位当成谋取私利的工具。

四、加强职业道德修养的方法

1. 学习的途径

学习的途径包括：一是读书，读书可以丰富人的知识，使人聪敏；二是向周围的人学习，尤其是向餐饮行业模范人物学习，向有经验的老师傅学习。认真学习并刻苦实践，可以使个人道德品质升华到一个较高的境界。

2. 处理好人际关系

在现实生活中，有些人只看到别人的缺点，不尊重他人，对别人百般苛求，不承认别人也有优点，经常和他人发生纠纷，不能与人和睦相处，这与职业道德中处理好人际关系的要求是不相容的。

3. “慎独”的含义

“慎独”的含义是一个人在没有监督的情况下，不做不利于国家、社会和他人的坏事。“慎独”是一种自觉行为，是道德修养的主要方面，是高尚的道德品质。

4. 内心信念的概念

内心信念是指人们对某种观点、原则和理想形成的真挚信仰。

5. 道德高尚的人对人生观的认识

道德高尚的人认为，一个人生活在社会里，要自觉有目的地通过社会实践，主要是通过职业活动去创造物质和精神财富，随时为社会和他人的需要作出贡献；为国家富强创造财富，为国家建设作出贡献；越是贡献大，才越有人生价值；无私奉献、不求回报，这就是道德高尚的人的人生价值观。在社会主义社会里，为人民服务的人生观、作贡献的价值观是衡量一个人有无道德的重要标准。

6. 优质服务的实质

优质服务的实质就是使消费者（客人）得到实实在在的物质利益和满意的服务带来的满足。例如，在为客人服务过程中使用敬语、面带微笑、主动服务等都是优质服务的体现。

7. 自我牺牲精神的含义

餐厅服务员自我牺牲精神越强，处处表现无私奉献的精神，消费者获得的精神满足就越大，给企业带来的效益也越好。

8. 衡量一个人有无道德的标准

在社会主义社会里，为人民服务的人生观，为国家、为民族、为他人贡献的价值观，以及处理利益关系时是否先公后私，是衡量一个人有无道德的重要标准。

第二节　食品饮食卫生基础知识

一、食品卫生基础知识

1. 食品的概念

食品是指各种供人食用或者饮用的物品，以及按照传统既是食品又是药品的物品，但不包括以治病为目的的药品。

2. 食品必须具备的三个基本条件

食品是人类赖以生存的物质基础，它必须具备三个基本条件：第一，应当无毒无害，不能对人体健康产生任何损害，不会造成人体的急性或慢性病及潜在性疾病；第二，应当符合营养要求，能供给人体所需的各种营养素，具有一定的营养含量；第三，应具有相应的色、香、味、形，在感官性状上不应给人以任何不良感觉。在食品卫生中，对食品的无毒无害要求是首要条件，其次是有营养价值和感官性状良好。

3. 食品卫生学的概念

食品卫生学是预防医学的组成部分，它是一门研究食品中有害因素与人体健康的关系及其预防措施，以稳定食品卫生质量、保护食用者安全为目标的学科。食品卫生学研究内容很广泛，其中包括研究食品中的主要营养成分与人体健康的关系，以及如何合理膳食。

4. 灭菌的概念

灭菌是杀灭物体中的所有微生物的技术。灭菌是食品生产经营者为达到较长时间保藏食品的目的而采取的技术措施。

5. 煮沸消毒的方法

煮沸消毒是在100℃的沸水中煮3～5min，可杀灭微生物繁殖体。

6. 煮沸消毒的适用范围

煮沸消毒方法适用于食品餐饮用具、茶具、酒具和直接入口食品的容器、材料器具的消毒。

7. 牛奶的巴氏消毒方法

巴氏消毒法主要应用在牛奶的消毒上。巴氏消毒法可分为低温63℃、30min和高温80℃~90℃、30~60s两种。为提高效率、缩短加热时间、减少对食品质量的影响，多采用后一种方法。

8. 紫外线消毒的适用范围

紫外线是低能量的电磁辐射，杀菌力强，多用于食品超净车间、冷菜间和饮用水消毒。

9. 含氯制剂消毒法

使用含氯制剂消毒时，可将原液配制成3%~5%的溶液，用于餐具、酒具、茶具、工具用具、容器，浸泡3~5min即可；也可以将原液配制成3%的溶液，用于果蔬消毒，浸泡10min后用清水冲洗即可。

10. 配制过氧化物制剂的浓度

使用过氧化物制剂消毒时，其溶液的浓度为0.5%~1%。

二、食品卫生质量的鉴别方法

1. 食品腐败变质的感观鉴别

以人们的感觉器官对食品的感官性状进行鉴别，从色、香、味、形四方面和正常食品进行对比鉴别，称为感观鉴别。

2. 根据食品标识鉴定食品过期的方法

根据食品标识是否完整、清晰，有无生产日期，是否过保质期进行鉴定。

3. 掺杂食品的鉴别

掺杂食品是指在食品中加入了与原有食品形状、颜色相似的杂物，如辣椒粉中加入橘子皮、玉米面、红砖粉，大米中掺沙砾、荧光粉，发菜中掺玉米须，冻肉、冻鸡中注水，味精中加食盐等。

4. 伪造食品的鉴别

伪造食品是指食品的标识和名称与包装内容不符，如用名牌酒商标包装质量伪劣的假酒，用工业酒精勾兑假酒，用虚假广告宣传的各种营养品、保健品、防癌食品等。

三、预防食品污染、食物中毒和有关传染病

1. 食品污染的概念

有毒有害物质进入正常食品，对人体健康构成威胁，称为食品污染。食品在种植、养殖、采收、屠宰、生产、加工、储存、运输、销售、食用等过程中被有毒有害物质污染，人们吃了这样的食品就可能引发传染病、寄生虫病等危害健康的疾病。

2. 预防食品细菌污染的办法

细菌生命力极强，在温度、水分、营养适宜的条件下，每15~20min即可分裂繁殖一

代，在人们的生活中，食品不可避免地会受到细菌污染，污染越多，食品越容易腐败变质，带有致病菌的机会也就越多。因此，我们要采取严格的洗刷消毒措施，保持良好的食品安全环境。

3. 食品化学性污染的种类

食品化学性污染主要有以下三种：

（1）农药污染。人们在食品种植、养殖过程中大量使用农药，农药在除虫去病的同时也会对人体造成危害。

（2）工业的"三废"污染。在工业污染的水域、土壤中生长的食品会给人造成危害。这种危害是慢性蓄积的，其危害性最大。

（3）化学添加剂污染。为改善食品品质和色、香、味及防腐和加工工艺的需要，允许在食品中添加一些化学的和天然的物质，但添加剂在使用时的质量标准、使用方法、剂量都应严格遵守国家法律的规定。

4. 食物中毒的特点

（1）中毒病人在相近的时间内均食用过某种共同的中毒食品，不食用者不发病，停止食用中毒食品后，发病很快停止。

（2）潜伏期较短，发病急剧，病程较短。

（3）所有中毒病人的临床表现基本相似。

（4）不像肠道传染病那样有传染性和连续发病的特点，不存在人与人之间的直接传染。

5. 食品存放于冰箱中的要求

在冰箱中存放食品时要做到生与熟、成品与半成品分开，坚持先进先出原则。

6. 夏天熟肉制品的保管

熟肉制品出锅后要摊开凉透后放入冰箱冷藏，夏季肉制品出锅后24h内不食用必须回锅加热。

四、饮食业食品卫生制度

1. 食品制售卫生要求

制售食品必须在室内进行，冷菜、冰激凌、蛋糕应在密封门窗的室内制作。应遮盖食品，防止积尘。食品操作间应安装纱门、纱窗或风幕等防尘、防鼠设施。

2. 食品入库验收的内容

食品入库时要进行验收、登记。验收时要检查食品的质量、卫生状况、数量、标记（要与食品批号相符），登记食品的保质期。

3. 食品在冷库中保存的最佳温度

冷库需达到应有的温度，熟食品库要保持在－4℃左右；黄油要保存在－15℃～－10℃的冰库内；生鱼、肉类库短期（几天）保存时需要在－10℃～－6℃，长期保存（一个月以上）时，冷藏温度要在－18℃以下。

4. 餐具洗刷消毒工序

餐具洗刷消毒工序为：去残渣、洗涤剂洗刷、净水冲、热力消毒。

5. 餐厅棉织品的卫生要求

消毒的餐巾应在转台进行折叠，服务员在操作前要将双手洗净消毒。台布要一餐一换，小毛巾要一用一消毒。

6. 个人卫生制度中对服务员发型的要求

男服务员不留长发和大鬓角，女服务员头发不能披肩。

7. 个人卫生制度中“四勤”的具体内容

“四勤”，即勤洗手、剪指甲，勤洗澡理发，勤换洗衣服被褥，勤换洗工作服。

8. 个人卫生制度中对餐厅服务员体检的要求

所有员工每年必须进行健康检查，新员工及临时工上岗前必须进行体检，取得健康证和培训证后方可参加工作。

五、食品卫生法相关知识

1. 《中华人民共和国食品卫生法》颁布的时间

《中华人民共和国食品卫生法》于1995年10月30日颁布实施。

2. 《中华人民共和国食品卫生法》的审定机构

《中华人民共和国食品卫生法》经第八届全国人民代表大会常务委员会第十六次会议审议通过并颁布实施，它是新中国成立后第一部经全国人大常委会通过的卫生法律，是食品卫生法律体系中法律效力等级最高的法律文件。

3. 食品卫生许可制度中对用于食品和食品用工具等洗涤消毒剂的要求

用于食品和食品用工具、设备的洗涤剂、消毒剂必须经卫生行政部门批准，未取得省级以上卫生行政部门审查批准的，不得用于食品、食品用工具、设备的洗涤或消毒。

4. 食品场所经营者应承担的民事赔偿责任

根据食品卫生法第四十八条的规定，违反食品卫生法的规定，造成食物中毒事故或者其他食源性疾患的，或者因其他违反食品卫生法行为给他人造成损害的，应当依法承担民事赔偿责任。

六、食品营养卫生知识

1. 平衡膳食的概念

在自然界中只有由多种食物构成的膳食，营养素才会种类齐全、数量充足且比例适宜，才利于人体吸收利用，从而使人体对营养的需求与膳食供给之间建立良好的平衡关系，达到合理营养的目的，这样科学的膳食称为平衡膳食。如果膳食中营养素之间的比例失调，不适合人体的生理需要，就会对人体健康造成不良影响，甚至导致某些营养性疾病或慢性疾病。

2. 膳食摄入量的要求

我国营养学会于1988年重新修订了我国各类人群不同生理阶段每日各种营养素的供给量，不同人群各种营养素的供给量标准有所不同，每日各种营养素的摄入量，在一个周期内（5～7天）平均达到标准供给量正负误差不超过10%即可。一般轻体力劳动者每日摄入各种食物大约1 500g，才能基本保证平衡膳食的数量要求。

3. 膳食中热量的来源

膳食中热量主要来自于粮谷类、薯类、豆类和动物性食物。

4. 人体8种必需氨基酸的来源

人体蛋白质中有8种氨基酸被称为必需氨基酸，人体自身不能合成，所以要由食物蛋白质来提供。这就要求膳食中蛋白质所含有的必需氨基酸数量及相互之间的比例与人体所需要的必需氨基酸数量及比例趋于一致，只有这样，膳食蛋白质才会出现比较高的生物价值。而多数植物性食物氨基酸的比例不合理，不适宜人体蛋白质的合成。为了保持必需氨基酸间的比例关系，应充分利用蛋白质的互补作用，力求粮豆混食、荤素搭配，使食物蛋白质相互取长补短，补充缺乏或含量不足的氨基酸，提高膳食蛋白质的质量。膳食中植物性蛋白质应占65%～70%，动物性蛋白质约占25%，豆类蛋白质约占5%，即优质蛋白质应占蛋白质供给量的1/3。

5. 成人脂类摄入量

膳食中的脂类包括类脂和脂肪。成人每日脂类的摄入量约在50g，应占膳食总热量的20%～25%。其中以植物油为主，占2/3，动物脂肪占1/3。而植物油中的1/5应来自必需氨基酸。或者说，膳食中饱和脂肪酸、多不饱和脂肪酸、单不饱和脂肪酸的比例为1：1：1。

6. 酸碱性食物

由于食物中所含无机盐的成分不同，在人体内最终氧化后有酸性和碱性之别。多数蔬菜、水果、大豆及制品、牛奶，以及坚果类的杏仁、栗子、松子等食物含钙、钾、钠、镁等金属元素量高，在人体内经代谢最终呈碱性，也叫碱性食物。肉、蛋、米等食物及核桃、啤酒等含氯、硫、磷等非金属元素量高，在人体内经代谢最终呈酸性，也叫酸性食物。食物在人体内经代谢呈中性反应的有烹饪油、黄油、淀粉和糖。

7. 平衡膳食的总体设计步骤

（1）根据就餐人员的年龄、性别、劳动强度、生理状况确定每日各种营养素的供给量标准。

（2）根据营养素供给量标准中的热量指标，按照平衡膳食指标确定热量营养素分配比例，计算出就餐者所需要的热量。

（3）根据热量营养素的生理燃烧值，计算出热量营养素的摄入量。

（4）根据蛋白质的摄入量，推算出几大类主要食物的量，再考虑食物品种的搭配，使每日能进食20种以上的食物，再加上植物油、调味品，以及少许的菌藻类、坚果类食物，即可设计一日平衡膳食食谱或一桌营养平衡筵席。

8. 畜肉类食品的价值

畜肉类食品包括牲畜的肌肉、内脏及其制品。它们在蛋白质氨基酸的组成上，尤其是必需氨基酸的组成上，接近人体组织构成的需要，能提供蛋白质、脂肪、无机盐和一些维生素。它们的吸收率高、味美，可以烹调成多种多样的佳肴，食用价值很高。

9. 禽肉类食品的特点

禽类主要指鸡、鸭、鹅等。禽肉类食品一般含约20%的蛋白质，能提供人体多种氨基酸。其特点是脂肪的熔点低，易消化。所含亚油酸占脂肪含量的20%，是一种必需氨基酸。禽类的内脏富含维生素A和维生素B_2，鸡肝中维生素A的含量相当于羊肝或猪肝的1~6倍。由于禽肉中结缔组织柔软，脂肪分布均匀，所以禽肉比畜肉更鲜嫩、味美。

10. 鱼类食品的营养成分

鱼类食品包括各种海鱼和淡水鱼，以及其他水产品动物，为主要蛋白质来源，也供给少量脂肪，含有维生素A和维生素D，无机盐的含量也十分丰富。

11. 蛋类食品成分的比例

蛋类食品可提供极为丰富的必需氨基酸，而且组成比例非常适合人体需要，利用率可达99.6%，为天然食物中生物学价值最高的蛋白质，完全蛋白质的含量为13%~15%。脂肪的11%~15%主要储存在蛋黄中，而且分散成细小颗粒，极易被吸收。蛋类食品的大部分脂肪为中性脂肪，此外还含有卵磷脂和胆固醇。同时蛋类也是维生素和无机盐的良好来源。

12. 奶类食品的营养成分

奶类食品营养丰富，因为奶中的酪蛋白、白蛋白和球蛋白均含有人体必需的氨基酸，其含量与鸡蛋蛋白质相似，故其利用率较高，此外还含有血清白蛋白、免疫球蛋白及酶类等。奶类是人类所需钙的重要来源，且吸收率高，每100g鲜奶可提供人体120mg的钙。

13. 谷物食品的主要作用

谷物食品是我国人民膳食中最经济的热量来源，膳食中蛋白质的一半是谷物提供的。谷类含有大量的B族维生素，大部分存在于谷胚和谷皮中，以维生素B_1和维生素PP较多。谷类含无机盐也很丰富，集中在谷皮、糊粉层和谷胚中。

14. 豆类食品中蛋白质的含量

这里介绍几种豆类食品的蛋白质含量：大豆40%左右，干蚕豆29%左右，绿豆23%左右，赤豆19%左右。豆类食品从蛋白质含量上看，较其他各类食品都高，而其蛋白质质量也很好，其氨基酸组成与牛奶、鸡蛋蛋白质相比相差不大。豆类食品富含赖氨酸，而蛋氨酸含量稍显不足；谷类食品的赖氨酸含量少，而蛋氨酸含量较多，故二者混合食用可提高其营养价值。

15. 蔬菜和水果所含营养素的种类

蔬菜和水果是人们膳食中的重要食品，特别是蔬菜在膳食中所占比例很大。其主要含维生素C、胡萝卜素和维生素B_2，人体所需要的维生素主要靠蔬菜、水果来供给。各种绿叶菜如小白菜、菠菜中维生素含量最丰富，其次是根茎类。

富含维生素C的蔬菜有柿子椒、辣椒、苦瓜、菜花、菠菜、卷心菜等，水果有鲜枣、山楂、橘子、柠檬等。蔬菜水果还可提供人体所需的各种无机盐，如钾、钠、镁、碘等。

16. 平衡膳食中菌藻类食品的营养价值

菌藻类食品不仅美味可口，是佐味之上品，而且含有抗病毒、抗癌、降低胆固醇的物质。菌藻类食品在世界上不仅有“健康食品”的美称，还有“素中之荤”的美称，在配膳中应注意选择。

17. 主食在搭配膳食中的地位

一般筵席中主食的热量可占膳食热量的1/2。正常膳食主食的热量最少占热量的

50%～60%，一般维持在60%～70%。在搭配膳食过程中首先要考虑主食的地位，要做到粗粮细做，并应用到宴会中去，还要充分发挥医食同源的优良做法，达到食疗的效果。

18. 荤素搭配的作用

配菜中注意荤素搭配，有利于营养的全面摄取，维持体内酸碱平衡。如熘肝尖应加木耳和柿子椒或辣椒，再如翡翠虾仁加入豌豆可弥补动物性食物维生素和纤维素的不足。

19. 优化营养素之间比例的具体做法

如豆腐烧鱼，若仅吃鱼，则无机盐、磷过多，钙少；若仅吃豆腐，则钙多，无机盐、磷少；只有两者相互搭配，凑足钙磷之比，才有利于钙磷的吸收。又如奶油菜花、栗子鸡等菜肴，都可促进和提高营养素的吸收率。

20. 营养配菜注重菜肴数量搭配的方法

营养配菜应注重菜肴的数量搭配。由一种原料构成的单一菜肴，选料要精细，要突出主料的肥美、鲜香或细嫩的特点。有主料、配料的菜肴，必须突出主料，配料只起陪衬、烘托和补充营养的作用，主料、配料的比例一般为4∶3或3∶2。

21. 营养配菜注重质量、色、味搭配的方法

营养配菜不但要配质地，即软配软、脆配脆、韧配韧、嫩配嫩等，更要考虑配营养。营养配菜应注意菜肴颜色的搭配，一种是异色搭配，另一种是顺色搭配。不管是顺色搭配还是异色搭配，都要把主料、配料的色泽搭配协调，使其美观大方。味的搭配一般分为浓淡相配、淡口相配和异香味相配等多种形式，但无论哪种形式都不能忽视营养的主要目的。

第三节　餐厅服务礼节礼貌

一、礼节礼貌的基本知识

1. 礼节

礼节通常是指人们在日常生活中特别是在交际场合，表示相互尊重、友好问候、祝愿慰问以及给予必要的协助与照料的惯用形式，它是礼貌的具体表现方式。

不同国籍、不同场合，适用的礼节不同。例如，中国古代的跪拜，现代的握手、敬礼；一些国家的人们在见面时拥抱、双手合十、接吻等，都是不同礼节的具体表现形式。

服务中常见的礼节形式有：握手礼节、鞠躬礼节、致意礼节等。

2. 礼貌

礼貌是人们在相互交往中，通过语言、表情、行为、态度来表示相互尊重的言行规范。礼貌可以分为礼貌行为和礼貌语言两部分。礼貌行为是一种无声的语言，如微笑、点头、欠身、鞠躬、握手、合十礼等。礼貌语言是一种有声的行动，如使用“小姐”、“先生”等敬语。它体现了时代的风尚与道德水准，反映着人们受教育的程度。

礼貌在服务工作中表现为餐厅服务员在服务工作中应做到举止端庄文雅，言语谦虚恭敬，态度诚恳热情。

人们在交往中讲礼貌有助于加强相互尊重、相互合作的关系，有助于调节公共场所人际间的相互关系，也有助于缓解矛盾、避免冲突，让来店用餐的客人有宾至如归之感。

3. 礼仪

礼仪是表示礼节的仪式。礼仪是有形的，其基本形态既受社会的基本原则制约，又受物质水平、历史传统、文化心态、民族习俗等影响。

礼仪存在于人际交往的一切活动中。例如：迎接外国国家元首或政府首脑时的检阅仪仗队和鸣放礼炮，展览会开幕或大桥通车时的剪彩，大型工程的奠基仪式等。

礼仪最基本的三大要素是语言（书面或口头）、行为表情和服饰。任何重大活动都需要具备这三大要素。

4. 握手礼仪

（1）握手的含义包括：友好的表示，和平的象征，现代化的多重含义。

除了在见面时表示友好、和善、应酬寒暄外，还在告辞时表示道别，也可表示对他人的感谢、祝贺和慰问、安慰等。

（2）握手的正确姿势：握手时双眼要注视对方，右臂自然地向前伸出，与身体成五六十度角，手掌向左，掌心微向上，拇指与手掌分开，其余四指自然并拢微向内曲。

（3）握手的正确顺序：

◆男士与女士应让女士先伸手。男女之间，男方要等女方伸手后才能握手，如女方无握手之意，可用点头或鞠躬致意（女士先，在这里体现的是让女士优先有选择权）。

◆主客见面，主人先伸手，表示对客人的欢迎。

◆主客分别时，客人先伸手，表示对主人的感谢和道别。

◆上下级之间握手，应让上级先伸手。

◆职位高者与职位低者握手，应让职位高者先伸手。

◆长辈与晚辈之间，应让长辈先伸手。

◆多人同时握手切忌交叉，要等别人握完后再伸手。

（4）握手时的注意事项：行握手礼时，除年老体弱者和残疾人外，一定要站立；男士与女士握手一般只握女方手指部分，不宜太紧、太久。

5. “礼”的本质

礼节、礼貌、礼仪都涵盖同一个“礼”字，“礼”表示人们在交往中相互表示敬重和友好，其本质就是尊敬人。

6. 礼貌、礼节、礼仪三者的联系

礼貌是表示尊重的言行规范，礼节则是尊重的形式要求。礼节是礼貌的具体表现，礼貌是礼节的规范，礼仪通过礼貌、礼节来体现，三者之间相辅相成，密不可分。

二、礼节礼貌在服务工作中的重要性

1. 服务态度对餐厅声誉的影响

随着社会的发展和人类文明的进步，宾客到餐厅不仅是为了满足就餐的生理需求，而且还有受人尊重的心理需要。宾客不仅要求餐厅具有优雅的就餐环境，提供优质的饭菜，更主要的是要求餐厅提供一流的服务。一个餐厅社会声誉的高低很大程度上取决于餐厅服务员是否具有文明礼貌的服务态度。

2. 餐厅服务员礼貌待客的具体要求

礼貌待客的具体要求是：餐厅服务员对客人应做到尊重与友好；在服务中注重仪表、仪容、仪态，使用文明用语，按规范程序提供服务；用发自内心的满腔热忱向客人提供主动、周到的服务，突出服务员良好的素质和文明的风度。

3. 与客人交谈的方法

服务员在与客人交谈时，要谈吐文雅、表达得体，做到语音标准、音质甜润、音量适中、语调婉转、语气诚恳、语速适当；要讲究语言艺术，说好迎宾语、尊敬语、谦让语、致谢语等；服务中要使用普通话接待客人，把文明敬语贯穿于整个服务过程，表现出服务员良好的语言素养。

4. 对客服务中服务员不应出现的服务态度

对客服务中，服务员不应挑剔客人，更不要挖苦客人，不要因客人的某种缺陷讥笑、讽刺客人，也不要对客人冷漠。

三、服务中礼节礼貌的基本要求

1. 站姿

（1）服务员站立的要领：站姿是服务员全部仪态的根本点，采用正确的站立姿势服务，是餐厅服务人员的基本功之一。站立的具体要领是：上身正直，头正目平，面带微笑，微收下颌，肩平胸挺，直腰收腹，两臂自然下垂，两腿相靠直立，肌肉略有收缩感。站姿的种类包括：分腿站姿、丁字步站姿与扇形站姿。

（2）女服务员站立的要领：女服务员站立时，双脚呈 V 字形，双膝和脚后跟要靠近，张开的距离约为 20 ~ 25cm。女服务员穿礼服或旗袍时，不要双脚并列，要让两脚之间相距 5cm，以一只脚为重心。

（3）男服务员站立的要领：男服务员站立时，双脚与肩同宽，上体保持正直，不可把脚叉开很大。

2. 行走姿势

行走姿势又被人们称为行姿或走姿，指的是服务员在行走时所采用的具体姿势。

（1）行走的基本要求是：挺胸抬头，两眼平视，步度和步位要合乎标准；走路不要低头、后仰，切忌里八字或外八字，走路要用腰力，具有韵律感；男士行走时，两脚跟交替前进，两脚尖稍外展；女生行走时，两脚要踏在一条直线上，称“一字步”，以示优美。

服务员行走姿势可根据服饰的差别，划分为不同的走姿种类：

①穿西装的走姿：直立挺拔，以直线为主，走路的步幅可以略大些，手势要简捷、明了，男子不晃肩，女子不摆髋。

②穿旗袍的走姿：穿旗袍讲究亭亭玉立，曲线之美。因而不能塌腰翘臀，走路时两脚和两手的幅度不宜过大，髋部可随脚步和身体重心的转移稍微左右摆动。

③穿裙装的走姿：穿长裙走路时要平稳，步幅可稍大些，头部不能快速左右转动，穿短裙时要敏捷干练，步幅不宜太大，速度可稍快些，面带笑容，轻盈灵巧。

④穿高跟鞋的走姿：穿半高跟鞋走路时身体要直膝立腰，收腹收臀，抬头挺胸，步幅要小，脚跟先着地，两脚落在一条直线上。

3. 餐厅服务员上岗着装的要求

服务员上岗必须按规定着装，佩戴餐厅标志，服装平整，纽扣系齐；不得卷裤脚，不准穿背心、短裤、拖鞋上岗。

4. 餐厅服务员工作中不应出现的举止

服务员在工时不准饮酒，不能吃葱、蒜等异味食品；服务员在宾客面前不准吸烟、吃东西，不要手叉腰，不可修指甲、剔牙、挖鼻、挖耳、搓泥、搔痒、抓头、打嗝、伸懒腰、打喷嚏、打哈欠；忍不住时，应用手帕掩住口鼻，面向一旁；服务员在工作中不得串岗、喧哗，不要高声应答，如距离过远可招手示意。

5. 为客人引位时的正确姿势

服务员在为客人引位时，应掌心向上，四指并拢，大拇指张开，前臂自然上抬伸直。指示方向时，应面带微笑，上体前倾，眼睛看着目标方向，同时兼顾客人，以示诚恳、恭敬。

6. 引领客人时的服务要求

服务员在为客人提供引领服务时，应迎客人走在前，送客人走在后，遇拐弯或台阶处示意客人。

7. 微笑服务的意义

微笑服务在餐饮服务中是一种特殊、无声的礼貌语言。在服务中，餐厅服务员的真诚微笑可以使宾客心理上产生安全感、亲近感，缩小宾客与企业的距离。微笑是善意的桥梁，能以柔克刚、以静制动、融洽气氛，是企业发展的营销艺术。全球著名的希尔顿饭店成功的法宝就是微笑。微笑服务是爱岗敬业的表现。微笑服务可以促进企业的效益。在为客人提供全方位的服务中，坚持微笑服务，就会得到宾客的尊敬和理解，让宾客有宾至如归之感。

8. 服务中微笑的要求

真诚甜美是对餐厅服务员微笑服务的要求。真诚微笑要自然坦诚、发自内心，不可故作笑颜、假意奉承。在正式场合不能放声大笑，不能笑得前仰后合、捧腹捶胸。甜美微笑的关键是口角的两端均向上翘起。工作中轻蔑的笑、忧郁的笑、傻笑、呆笑、假笑等，都是对客人不尊重的表现。

9. 餐厅服务员提高语言艺术的途径

餐厅服务员可通过看、听、想、说四个方面提高语言艺术，即看客人的情况、听客人的语意、想客人之所想、说出客人的需求。

10. 与客人交谈的注意事项

服务员与客人说话时，要保持 1m 的距离，面带笑容，语调亲切，讲话音量应低于客人。

11. 客人进入餐厅时服务员应使用的招呼用语

客人进入餐厅时服务员的第一句问候应是：“您好，欢迎光临。”当餐厅已满员时，迎宾员应对客人说：“请稍等，我马上为您安排。”

12. 席间进行食品服务时的礼貌用语

服务员向客人推荐菜肴时可以说：“您不介意的话我向您推荐一道……”“您是否品尝一下我们的特色菜?”“我们餐厅属……风味，您喜欢……这道菜吗?”

客人的菜上齐后，服务员应有礼貌地告诉客人：“您的菜上齐了，请慢用。”

席间询问客人是否需要添加食品时应说：“给您再添点米饭好吗?”“您看，您是否再添点别的?”

客人提出有关菜肴问题不清楚时应说：“对不起，我问清楚后马上告诉您。”

四、餐厅服务员的仪容仪表

仪表即人的外表，一般来说，仪表包括人的容貌、服饰、个人卫生和姿态等方面。仪容主要指人的容貌。

餐厅服务人员的仪容仪表在一定程度上体现了饭店的管理和服务水平。所以在上班期间，服务员上岗时除戴手表和领带外，一般不戴项链、手镯、戒指、手链、耳环、胸针等饰物，否则是对宾客不尊重的表现。

女服务员在进行面部修饰时，要树立正确的意识，化妆一定要达到美化面容的目的，唇膏的选用要与肤色相配，不要反差太大，肤色较白的人宜选用浅红色。涂好唇膏后，要对着镜子检查是否均匀、有无缺漏处，用双唇吮匀，并用口纸去掉浮色。

第四节　饮食风俗习惯

一、中华饮食文化习俗

1. 北京人的饮食特点

北京地处华北平原的北端，华北平原地势平坦，土地肥沃，盛产小麦、玉米、水稻、高粱、小米及各种蔬菜，山区产板栗、红枣、核桃、杏、柿子、桃等果品。北京人以面食为主，也喜欢吃大米和一些杂粮。北京的小吃品种繁多，代表品种有艾窝窝、豌豆黄、芸豆卷、小窝头、焦圈、扒糕、炸三角、灌肠、炒肝、茶汤、豆汁等。北京人都喜欢喝茶。

2. 山西人的饮食特点

山西省地处黄河流域腹地，历来“专事农耕”，粮食作物有莜麦、大豆、谷子、玉米和小麦。主食花样之多为外地人称奇，有“一面百样吃”的说法，以“刀削面”著称。主食的做法有蒸、煮、烤、烙、拌、炸等，每类不下几十种花样，有面条、拨鱼、削面、饸饹、煮疙瘩等，配上不同浇头、菜码和小料，风味独特。醋是山西城乡居民日常生活必备的调料。山西人饮酒之风历来很盛。

3. 广东人的饮食特点

广东省大部分地区属亚热带，高温多雨，常年无冰雪。粮食作物以水稻为主，经济作物种类繁多，主要有甘蔗、水果、茶叶等。广东海域广阔，江河密布，海洋捕捞和淡水养殖业发达。以上自然地理环境和经济资源条件形成了广东饮食习俗的多样性、复杂性和特殊性。

“一日三餐先茶后饭”是广东饮食的一大特色。广东人不仅吃猪、牛、羊、鸡、鸭、鱼、虾、蟹，而且吃狗、蛇、龟、蛙、虫等。广东菜调味以甜为主，以清淡少油的菜肴为适口，酸辣次之。菜肴的制作有蒸、炸、烤、煎等三十多种烹调方法，重色彩，讲味道。广东人还讲究吃时菜，即饮食随着时令季节的变化而变化。

4. 四川人的饮食特点

四川省地处长江上游，有“天府之国”的美称。四川以种植稻米为主，其次是小麦、玉米、荞麦、豆类等。养殖的家禽有猪、牛、羊、禽类。蔬菜品种丰富，调味品品种齐全。

四川人一般以鲜咸、麻、辣、浓味的菜肴为适口。泡菜是四川人餐桌上不可少的小菜品种，普遍自家泡制，吃起来清淡爽口、开胃鲜脆，久吃不厌。四川人喜欢用腌制腊肉的盐水腌鸭蛋，其蛋黄油多，质量极佳。此外，“夏天吃火锅”也是四川人的一大特点。四川名吃有担担面、钟水饺、龙抄手、酸辣粉、赖汤圆、叶粑等。

5. 东北人的饮食特点

东北人主食多吃杂粮，除大米、白面、小米、玉米、高粱等外，还喜食豆饭和二米饭。副食品种类多，猪肉消耗量大。猪肉炖粉条是东北农村地区的大众菜肴。城镇饮食以京菜、鲁菜、火锅为主。在哈尔滨一带，俄式等西式菜品也深受欢迎，吃面包夹红肠喝啤酒已成为当地一景。不论男士女士均能豪饮，东北人人均啤酒消费量大大超过其他地区。东北地区重要的佐餐食品还有大酱、酱制品、酸菜、腌菜、冻豆腐等。

东北地区民间饮食烹调方法除炖、炒、熬、蒸和火锅外，还喜欢用拌、蘸的食法。概括地说，东北人一般喜欢吃肉、鱼、虾、野味，嗜肥浓腥膻，重油偏咸。

6. 香港人的饮食特点

香港食物品种繁多，世界各地的鲜美食品应有尽有，四季供应不断，是一个名副其实的美食世界。香港人口味喜清淡、香脆，不爱食酸辣，最喜欢吃鱼、虾、蟹、鲍鱼、鳝等海味品，制作时很讲究火候，以刚熟而未透的为最鲜，喜欢用清蒸的烹调技法。香港人还根据季节的变化选择菜品，爱吃各种蔬菜。“吃早茶”是香港人食俗的一大特色。饮茶时，不只是饮茶，还要吃点心、粥等。茶楼里的点心用小碟或小笼盛装，去饮茶的人一般至少要叫上两小碟或两小笼。在香港茶楼，最少也有二三十种点心，其中，虾饺和叉烧包是香港人首选的品种。

二、我国部分兄弟民族饮食文化习俗

1. 回族人的饮食禁忌

回族人一日三餐的饮食习惯与汉族人差别较大。回族人日常饮食因聚居各地区的主要农产品不同而略有变化，以面粉、大米为主，辅以玉米、豌豆等杂粮。回族人喜欢吃牛肉、羊肉、鸡肉、鸭肉和带鳞的鱼类，爱吃蔬菜，但不吃马肉、驴肉、骡肉、狗肉，尤其忌食猪肉。回族人不食动物的血液，不食自死的禽畜和非穆斯林宰杀的牲畜及牛羊肉罐头，也不吃非清真店制作的食品。

2. 维吾尔族人的饮食特点

维吾尔族人饮食很有特色。一种用白面或玉米面在特别的火炕中烤制而成，形似面饼，被称为“馕”的食品，是维吾尔族人家常主食之一。维吾尔族人吃馕是很有讲究的，都是用手掰开后再食用，不允许拿着整个馕咬食。维吾尔族人喜爱的食品有烤羊肉串、手抓饭、拉面、手抓羊肉等，副食品有牛肉、羊肉、鸡肉和各种蔬菜，维吾尔族人不吃素菜，做菜必须加肉。此外，维吾尔族人喜食水果，可以说瓜果是维吾尔族人的生活必需品。

3. 藏族人的饮食习惯

在饮食上，藏族人忌食奇蹄五爪类、禽兽类动物的肉。大部分地区的藏族人也不食海味及鱼类。藏族人可以食用偶蹄动物的肉，如牧养的牛、羊和野生的鹿等。藏族牧民的饮食多为一日四餐，早七点为第一餐，多食糌粑，喝酥油茶；十点吃第二餐；午后两点吃第三餐，亦称午餐，以食用肉食为主；晚八点吃第四餐，食品以粥为主。糌粑是藏族人的日常食品。藏族人日常生活中不能没有茶，酥油茶是藏族人时刻不可缺少的饮料佳品。青稞酒是藏民过节必备的饮料。

4. 蒙古族人的饮食习惯

在牧区，蒙古族人以牛羊肉、乳食为主食，烤肉、烧肉、肉干、手抓肉均为蒙古族人的家常食品，其中手抓肉最为有名，四季均可食用。蒙古族人将吃全羊作为宴请远方宾客的最佳方式，炒米也是蒙古族人特别喜爱的一种食品，可干嚼或泡奶，是牧民外出放牧时的极好食物。蒙古族人在夏季里喜食酸奶，或拌饭或清饮，以清暑解热；夏天还喜欢饮马奶酒。

5. 朝鲜族人的饮食特点

朝鲜族聚居区盛产大米，主食以大米为主，其次是冷面和米糕。米糕的品种较多，有打糕、切糕、发糕等。朝鲜族人不喜欢吃馒头，口味以咸辣为主。咸菜品种丰富，式样美观，非常可口。辣椒是每个朝鲜族家庭必备的调味品。朝鲜族人的饮食特点之一是每餐必喝汤，常用于吊汤的原料有牛肉、鸡肉、狗肉、兔肉等。朝鲜族人对猪肉的消耗量相对较少，不喜欢吃羊肉、河鱼，喜欢吃狗肉、牛肉、鸡肉、蛋品、海味、大酱和泡菜等，常以狗肉招待客人。

6. 傣族人的饮食习惯

傣族聚居地盛产水稻，傣族人以大米为主食，最喜欢吃糯米，而且能用糯米加工食品。傣族人喜欢酸、辛辣和香味。傣族人以酸竹煮鸡、鱼等视为待客的最佳菜肴。傣族的“南米”（即“酱”）风味独特，不同的菜蘸食不同的酱吃。傣族人爱饮酒和茶，会自己酿酒；吃饭时不喝酒，而是饭后或空闲时饮用。

三、主要客源国饮食文化习俗

1. 英国人的饮食习惯

英国人以英、法菜为主，口味清爽，菜肴量少而精，花样众多，讲究营养成分及菜肴的色、香、味、形。英国人喜欢吃牛肉、羊肉、鸡肉、鸭肉、蛋品、野味和新鲜蔬菜，爱吃面包、甜点及水果，夏天喜欢吃冷甜点，冬天喜欢吃热布丁。英国人在进餐时一般先喝啤酒，还喜欢喝金酒、威士忌等烈性酒。咖啡、红茶是英国人常喝的饮料。英国人不喜欢吃用动物内脏做成的菜肴。大多数英国家庭一日四餐，即早餐、午餐、茶点和晚餐，晚餐是一天中最重要的正餐。

2. 法国人的饮食习惯

法国的酿酒业闻名世界，红白葡萄酒是法国的特产。法国人喝酒很讲究，吃饭前往往先喝一点威士忌、罗姆、利口酒之类度数较高的甜酒；吃饭时讲究菜肴与酒搭配，从不在餐桌上喝烈性酒；饭后喝一点白兰地之类的酒，以助消化。用餐时，一般清汤海味配白葡萄酒，肉类野味配红葡萄酒，烤火腿、火鸡配香槟酒。

3. 美国人的饮食习惯

美国人在吃午餐和晚餐之前，通常要喝鸡尾酒，但在加利福尼亚州，人们大多喝葡萄酒吃一盘色拉。在吃主食之前，一般都以炸蘑菇和炸洋葱圈作为开胃食品。以牛排和鸡腿为主食。

美国人在吃饭时是刀叉并用，而且他们的用餐方式也很讲究，一般情况下，餐桌上摆放有一副餐刀和两副餐叉，外边的餐叉用于吃鱼，里边的餐叉用于吃主食和其他点心食品，餐刀用来切肉食。如果你两手并用，应左手握叉，右手握刀，而且一次握刀时间不能太长。

美国人一般不用真正的酱油，而是用一种辣椒油。此外，美国人没有食醋的习惯。

4. 日本人的饮食习惯

日本料理的最大特点是以鱼、虾、贝类等鲜活产品为烹调原料，并有冷热生熟各种食用方法。日本人讲究菜点的色泽和形态，很注意营养成分。口味多为咸鲜、清淡少油，稍带甜酸和辣味。

日本人尤其爱吃鱼以及各种海味，喜好瘦肉、牛肉、鸡、鸭、鸡蛋和各种野生禽类、蔬菜、豆腐、紫菜，但不吃羊肉、猪内脏。日本人鱼的做法很多，生吃鱼时要蘸酱油，配上辣根（绿芥末），以解腥杀菌。

5. 俄罗斯人的饮食习惯

对于俄罗斯人来说，正餐包括：凉菜（前餐）；热菜（第二道）；汤；甜点；主食是面包、土豆泥、通心粉，一般以白面包为主，也有人偏爱荞麦做的黑面包；凉菜以餐后色拉为主，还有香肠、烤鸡等。他们很重视晚餐，早餐喝牛奶、烤面包，中午多数人都不能回家吃，就在单位食堂解决或从家带来夹着香肠的面包，所以晚餐回家吃饭对他们来说是一件很重要的事情。

四、主要节日饮食文化习俗

1. 汉族元宵节的习俗

农历正月十五日是汉族的元宵节，也叫上元节、灯节。这天要吃江米（糯米）面或水磨面汤圆，馅心大致有白糖玫瑰、黑芝麻、豆沙、什锦、椰奶等。民间有“正月十五闹元宵”的习俗，元宵节之夜还有猜谜语、观灯、放灯等民间活动，更增加了节日热闹的气氛。

2. 春节的习俗

正月初一拜年，“年”的正式称谓在周朝，正式将“年”字定为岁首在汉朝。正月的头一天俗称“三元”，又称“三朝”、“元朔”，又有“上日”、“三朔”、“三始”等别称。初一早上开门大吉，先放“开门炮仗”，爆竹之后，碎红满地，称为“满堂红”。俗传初一为扫帚生日，这一天不能动扫帚，否则会扫走运气、破财，而把“扫帚星”引来，招致霉运。

正月初二，嫁出去的女儿带着夫婿与孩子回娘家，俗称“归宁”。拜年时先去舅舅、岳父家。

正月初三，有些地方俗称“赤狗日”，这一天不出门，不宴客。初三又叫“小年朝”，应该祭祀祖先和诸神，但不能扫地、起火、打水。

大年初四有“接神”的习俗。家家户户准备牲礼、四果、生仁、炸枣等迎接，烧金纸、神马。此外，初四不动刀、剪刀。

3. 伊斯兰教的主要节日

伊斯兰教的主要节日有开斋节、古尔邦节和圣纪节等。

开斋节时间是回历（即希古拉历）9 月 29 日或 10 月 1 日，在我国新疆地区又称肉孜节。

古尔邦节，亦称宰牲节，定在伊斯兰教历每年的 12 月 10 日。

圣纪节在伊斯兰教历 3 月 12 日，相传是伊斯兰教创始人穆罕默德诞生和逝世的日子，因此又称为“圣忌日”。

第五节　财产、服务环境安全

1. 餐厅财产的管理办法

（1）爱护餐厅财产，对各种设备要有专人管理，定期进行维修保养，发现故障及时抢修。

（2）要建立财产登记卡和财产管理制度，做到专人使用、专人保管、转移有手续、损坏有登记，并进行核对，使账、卡、物相符。

2. 衣帽间服务要求

衣帽间要有存取手续，厅房内衣帽间由餐厅服务员负责接衣接帽并保管好。

3. 发现客人遗留物品的处理办法

客人离开餐厅时，餐厅服务员要主动提醒客人带好随身物品，要先检查现场有无遗留物品，要及时汇报、上交、尽快归还失主。

4. 各种机器设备的操作规范要求

（1）使用各种机器设备时，要按操作规矩办事，绝对禁止带电作业。

（2）要熟悉服务现场的各种设备，不懂不会的要请教领班。

（3）严格遵守工作纪律，对于各种设备要严格按照企业管理规定使用，未经批准，不得随意启动各种设备。

（4）在服务工作中发现各种隐患或可疑情况时，要及时向领导请示、报告。

第六节　宾客就餐心理及服务

1. 餐厅客人就餐的心理需求

就餐宾客的需求具有多样性与多层次性，将就餐者的心理需求按其重要性和发生的先后次序排列，可分为：生理需求、安全需求、社会群体感需求、受尊重需求与自我实现需求。

2. 满足宾客心理需求的最佳方法

（1）掌握与人交往的技巧。

（2）学会与客人沟通的艺术。

（3）服务员行为模式：

①超前服务："先行预计客人的需要，提供超前服务"是服务人员优秀素质的最高表现。高水准的服务，需要服务人员真正"想宾客所想，做宾客所需"。在最短的时间内了解宾客的需求、动机与兴趣，为客人提供及时、热情、周到的服务。

②个性化服务：服务员针对不同的顾客，需要提供个性化的服务，满足不同客人的需求，如服务员可以根据不同年龄层次的客人提供个性化的服务与菜单。

③超值服务：是指所提供的服务除了满足顾客的正常需求外，还有部分超出正常需求以外的服务，从而使服务质量超出顾客的正常预期水平。

3. 不同气质类型宾客个性的表现形式

（1）胆汁质：这种人多数热情而性急，其特点表现为好冲动、直率、热情，反应迅速、行动敏捷、暴躁有力，同时又具有较弱的抑制力、自我控制力差，具有明显的外倾性。

（2）多血质：具有这种气质的客人多数是十分好动、活泼的人，这种人的特点是热情活泼、爱说爱笑、为人随和、处事果断，善于与人交往，具有外倾性。

（3）黏液质：这种气质的客人沉静稳重，心平气和，冷静、少言寡语，不轻易动情，有明显的内倾性。

（4）抑郁质：这种人多半情感深沉而敏感性很高，外表冷漠，不想说话，且动作缓慢，与人接触中常流露出回避的态度，严重内倾。

4. 如何使服务交往取得成功

（1）重要的第一印象；

（2）微笑；

（3）目光；

（4）肢体语言；

（5）积极有效的倾听；

（6）艺术的语言表达。

5. 服务交往中寻求良好宾客关系应遵循的原则

（1）尊重、理解宾客的原则；

（2）热情礼貌、讲究礼仪的原则；

（3）讲究效率、优质服务的原则；

（4）诚信无欺、宽厚待人的原则。

第七节　餐厅插花知识

一、插花历史和风格知识

1. 中国插花艺术的起源年代

中国的插花艺术大约始于5 000多年以前的原始社会后期，那时我们的祖先将美丽的花卉纹饰烧制在陶器上。

2. 隋唐时期对插花程序的要求

隋唐时期对插花程序已有了严格的要求，而且非常讲究排场，在当时对插花所用工具、放置场所、养护水质、几架形状等都有严格的规定。

3. 宋代的插花选材

宋代的插花特别注重构思的理性意念，花材多选用寓意深刻的松、竹、梅、兰、水仙等上品花木。

4. 元代的插花风格

元代的插花风格逐渐摆脱宋代理学的影响，常用花材的寓意与谐音来表达作品的主题，人们称之为“心象花”。

5. 插花艺术在明代成熟时期的具体体现

明代插花进一步利用了花卉的数量、品种，取数字之特点突出插花艺术精髓之所在。明代是插花艺术复兴、繁荣、昌盛和成熟时期，同时很多有关插花艺术的专著也相继问世。

6. 插花艺术的含义

插花艺术的含义主要体现在人们对自然生长的植物，经过构思、设计、选材、剪切、造型、插摆而形成的植物艺术品。

7. 插花艺术的原则

插花艺术的原则是：在保存花材原有的自然状态下，灵活插制，随意造型，以达到“虽由人作、宛天开、天人合一”的自然境界。

8. 插花艺术选材的寓意

自然界的花草树木是有灵性、有感情之物，我国人民历代都有寄情花木之风，各种花木被人格化和神化，人们赋予花木许多象征和寓意，借以明志、寄托情思、舒展情趣。因此，在插花中，人们不单单将花材作为造型的素材与表现形式美的主要物质基础，而且将其作为构思传情的语言和工具。插花艺术选材自古以来便是凡材有意、意必为吉祥，追求枝情花韵之美，从而突出花卉的最高艺术境界。

二、常用花材的主要类型

（1）线状花材；
（2）团块状花材；
（3）散状花材；
（4）特殊形花材。

三、餐厅插花的主要形式

餐厅插花应根据餐厅的装饰风格、餐桌的形状、主题等要素而定，就插花形式而言，大致有餐台插花、茶几插花、迎宾吧台插花等。

餐台插花常见的形式主要有半球形、长腰形、艺术造型插花。

茶几插花常见的形式主要有直立形、倾斜形与瓶插等。

迎宾台、酒吧台、账台插花常见的形式主要有直立形、倾斜形、悬崖形、平卧形等艺术造型插花。

四、东方式插花的特点

东方式插花指以中国与日本为代表的插花艺术。其特点是：崇尚自然，讲究诗情画意；注重线条造型；花材人格化；注重季节变化和注重作品与环境的协调统一。

五、西方式插花的特点

西洋式插花艺术一般以欧美一些国家为代表。其主要特点是：构图格式化，形式有三角形、扇形、球形、菱形、椭圆形和新月形等；花材排列整齐，形成丰满的各种图形。

六、色彩的基本常识

1. 色彩

（1）色彩的基本要素为：色相、纯度、明度。

（2）艺术插花色彩配置的方法：调和色配置法与对比色配置法。

2. 艺术插花的造型配置基本原则及构图的基本形式

（1）艺术插花造型配置基本原则：①统一原则；②调和原则；③动势均衡原则；④韵律和节奏原则；⑤比例尺度原则。

（2）艺术插花构图一般有两种构图形式：对称平衡的形式和不对称不平衡的均衡构图形式。

对称平衡的形式主要有：球形、半球形、塔形、扇形、放射形、椭圆形、等腰三角形，这些构图形式在西方插花中常被采用，其特点是具有寂静、坚固、韵律的感觉。

不对称不平衡的均衡形式主要有：L 形、S 形、新月形、不等边三角形，其特点是具有动态趋势，显得生动、活泼、有生机，讲究线条的优美流畅。

七、各种花语

1. 荷花的象征

荷花被视为清净、高洁之佳品。因其“出淤泥而不染”，带有天生的傲气，故被称为“净友”。荷花是佛前供花的首选品种。

2. 牡丹的象征

牡丹花因其花大色艳，是雍容华贵、国色天香之象征，被誉为“花中之王”。

3. 桂花的象征

桂花象征着金银富贵、官运亨通、文思长进和中秋团圆。

4. 百合的象征

百合花新鲜饱满，象征着平安合好，是“百年好合”题材中不可缺少的主要花卉。

5. 剑兰的象征

剑兰花色五彩缤纷，花开节节向上，挺拔、苍劲、艳丽、催人奋进、勇攀高峰。

6. 花中四君子

梅、兰、竹、菊被历代文人称为“花中四君子”。

八、餐台插花要求

1. 餐厅插花原料选用的要求

餐厅插花原料选用的要求是：三星级以上的饭店或一星级以上的酒楼基本全部摆放鲜花实木。随着人们对美好生活的不断追求，餐厅装饰所用的花卉应首选鲜花真草，杜绝使用纸花、绢花和塑料花。

2. 餐厅插花形式与餐台的关系

餐厅插花形式应根据餐桌样式的不同而变化，方桌应使用合适的花瓶插上一两枝鲜花，宴会的圆餐台的插花应用四面观赏的形式。

3. 圆形餐台摆放花坛的要求

圆形餐台摆放花坛状插花时，花坛的大小要根据餐台面的大小而定，花坛的设置应注意不要影响摆放冷菜，花坛的高度不得高于客人落座后平视的高度。

4. 餐台插花原料使用的要求

插花所选用的花草使用前应先用清水冲洗，去掉杂物和枯萎黄叶，为花朵、花蕾整形，给花叶剪枝，给草修形。

5. 餐台插花具体操作要求

在插花过程中，不论采用哪种形式的插摆，都要求做到花枝疏密有间，花朵大小适宜，主花与副花分明、争让有错，花多而不乱、花少而不单，花色协调美观。

6. 常用于插花的容器

常用于插花的容器的种类有金属容器、天然容器、景泰蓝容器、漆器及木（竹）制容器、陶瓷容器、塑料容器、玻璃容器等。其形状千姿百态，色彩各有不同，不同的插花器皿与植物花材相互映衬，形成了艺术美与自然美的高度统一。

7. 用于餐厅的插花花形

常用于餐台插花的花形有艺术造型插花、雕刻式插花、单面观式插花、三面观式插花和团式插花等多种形式。

8. 中餐餐台花形的类别

中餐餐台花形按使用的物品，可分为两大类型：一类是使用餐具、用具、菜肴、果品等而塑造成的象形花台；另一类是使用天然植物如鲜花、草等塑造成的鲜花台。

9. 象形花台设计应遵循的原则

象形花台设计与摆放应遵循的原则是：设计合理，造型与名称贴切；寓意深远；清洁卫生；方便使用，便于服务；台面主题突出，协调一致。

10. 植物花台选用花草的要求

植物花台种类繁多，选用花草时应根据宾客的风俗习惯而定，不宜使用非植物花草，可使用果蔬雕刻的花、鸟、鱼、虫与鲜花配用。

11. 摆放花坛式花台的要求

摆放花坛式花台的餐台，其直径不可小于2.2m，一般花台的花草摆放分为三层。上层花草摆放的方法有两种，一种为堆插式，另一种为插摆式。

12. 七星式花台摆放要求

七星式花台的图案由一个中心圆和6个半圆形花瓣组成。花形居餐台正中，主人位、副主人位应正对一个半圆形花瓣的中心位置，其设计要与冷盘设计相协调。

13. 插花式花台的具体要求

插花式花台是将花草放在插花台上，经过修剪后插入插花器中，根据特定的宴会主题，塑造出不同的花形，同时还可设有与之相配的胸花式餐巾花。

14. 中餐餐台插花的注意事项

（1）花朵的主花、副花要搭配得当，颜色搭配要协调，以免喧宾夺主，花与草的搭配做到草衬花、花依叶，草密而不丰、稀而不疏。

（2）有毒的花卉不宜做插花及餐台用花，如一点红、夹竹桃等。

15. 西餐中心型插花花台的设计要求

中心型插花花台通常使用于一字形长台，其花插的长直径为 40 ~ 50cm，短直径为 20 ~ 25cm，花插应放置在餐台正中位置。

16. 西餐花环式花台的设计要求

花环式花台使用于贵宾宴会，通常制作一个花环环绕餐台四周，花环多用冬青草和鲜花点缀，并注意颜色的协调、距离的均匀、花草品种的搭配对称。

17. 西餐拉链式花台设计要求

在花台的中心设有两层花插，中心花插选用一个 70cm 高的柱式玻璃插花器，在其底部设有一菱形花插，菱形花插的长角两端用花草接至餐台的两端，并在两端各设一个小插花器插摆花草。

九、延长花期和修剪方法

1. 延长花期的基本方法

餐台使用鲜花点缀的成本较高，所以掌握延长花期的方法很重要。其方法主要有蜡封法、烫封法、添加剂法和花泥插花法等。

2. 蜡封法的具体做法

蜡封法的具体做法是：首先把花的茎端用剪刀斜面剪至适宜插花高度的位置；然后将石蜡点燃，侧拿起，将蜡珠滴在花茎的切面处，待切面处滴满后封好，立即放入清水中。

3. 花泥插花法中花泥的使用方法

将花泥在使用前浸泡于清水中 1 ~ 2h，因花泥吸有水分，所以使用花泥时必须选用适宜的隔水容器。

4. 标准切花技巧

切花的技巧是完成插花工作的基础，标准的切花技巧包括茎要斜切、去尖定型、开蓓、修枝和剪草等。

5. 去尖定型的方法

由于鲜花品种不同，有的一枝多花，就需要适当去尖整形。在去尖时切忌用剪刀剪，而要用手把应去掉的花蕾根部掰去，这样去尖的效果既显得自然，又不失其美观。

6. 开蓓的方法

开蓓适用于似开又不完全开的花朵，如康乃馨为了便于使用，可用双手将花朵下边的花托从瓣形处拉开，再轻轻地将花瓣掰一掰，使花朵既显大，又不影响花期。

7. 剪草的方法

好花还需有草衬，花台用草无论采用哪种都要选色绿枝嫩、草叶丰满、形状美观的，其长度应为 20 ~ 25cm。使用时，首选草尖部位，利用其自然长势更显作品的自然艺术性。

十、色彩寓意和运用

1. 红色的寓意

红色给人以光明、温暖、幸福、美好、热情及生命的活力之感。

2. 黄色的寓意

黄色给人以温和、光明、高贵、豪华之感，同时在特定的场合，人们又视其为特权的象征。

3. 绿色的寓意

绿色被人们视为大自然的主色，有生命永恒、青春延续、轻盈舒适之感。

4. 紫色的寓意

紫色被人们视为华贵、典雅、娇艳、优雅之色。

5. 橙色的寓意

橙色具有明亮、华丽、高贵、庄重之感。

6. 白色的寓意

白色给人以纯洁、神圣、清爽、寒凉、轻盈之感。

7. 正确运用色彩的原则

（1）确定色彩基调；

（2）合理利用色彩的协调性；

（3）注意色彩布局的平衡性；

（4）发挥色彩的对比性；

（5）运用色彩的特性，从而体现出色彩与主题的贴切。

十一、餐厅服务工作中遇到问题的解决方法

1. 客人在餐厅醉酒，服务员应怎样处理

客人醉酒后的表现各不相同，服务员应该以照顾客人的身体健康为原则，尽力地帮助他们，与此同时，应避免由于他们醉酒后的失态影响餐厅的正常营业。如果客人醉酒较严重，已经影响到其他客人的用餐和餐厅的服务工作，餐厅服务员应该将客人请到一个比较安静的、相对能够隔离的空间里，请客人先醒醒酒，同时为客人送上热茶和小毛巾。如客人发生吐酒时，餐厅服务员应立即将污物清扫干净。此时，客人正处在不清醒状态下，在态度和语言上我们不应该过多地计较，但要防止客人太过强烈的举动，要注意服务员个人的人身安全，最好请保安人员同时在场。如果客人醉酒程度不是很严重，餐厅服务员应该运用服务技巧，使其停止饮酒，请客人用饮料代替酒，用低度酒代替高度酒。一定要注意服务用语，决不能有不尊重客人的言行。此时的客人特别挑剔，如不小心对待，会引起很大麻烦。也有的客人醉酒后，借机打架，打砸餐厅家具、餐具，作为餐厅服务员应立即与保安部门联系，请求协助，尽快平息事态。要记下被损餐具、家具的数量，查清金额，事后要求肇事者照价赔偿，决不姑息迁就。

2. 服务员为客人点菜时未听清，上错了菜应怎样处理

一旦出现这种情况时，服务员应该向客人道歉，表明自己的态度，然后可以用试探的口吻向客人推销出此菜。如果客人要了，要表示感谢。如客人不愿意要，也不可以勉强客人，应立即撤下此菜，同时，应该让客人点出其想要的菜肴，并马上通知厨房快速做好客人要的菜肴。预防此情况发生的做法是客人点完菜后，服务员向客人重述一遍，就可以避免这样的错误了。

3. 客人在进餐中不慎碰翻酒杯怎样处理

客人用餐时，由于不慎将酒杯碰翻导致酒水流淌时，服务员应安慰客人，及时用干餐巾将台布上的酒水吸去，然后用干净的干餐巾铺垫在湿处。同时查看酒具有无破损；若已损坏，立即撤走，用托盘换上新酒具；若无损坏，将酒具扶起，摆好，重新斟好酒水。

4. 客人在进餐中反映菜肴不熟，服务员应怎样处理

反映菜肴不熟，其原因一般有两种：有可能是厨房生产过程中火候不够，也可能是用餐客人不很了解菜肴的风味特点。其处理的方法应该是：若菜肴确实火候不够，餐厅服务员首先应向客人表示歉意，立即将菜肴重新上火加工，再上桌也是可以的，这应根据具体情况而定。假如客人不很了解某种菜肴的风味特点，餐厅服务员也应该先向客人表示歉意，然后要婉转而有礼貌地向客人介绍其特点和食用方法。因我国南方的有些菜肴讲究鲜嫩清脆，可能表面上看好像不熟。但餐厅服务员在解释时，语气要婉转客气，决不让客人感到自己露怯，要照顾到用餐客人的自尊心。如客人不同意你的解释，也只好送回厨房再次加工，直到让客人满意。

5. 客人在用餐中要求换菜，服务员应怎样处理

客人进餐中要求换菜，无论是自点还是服务员安排的菜，服务员应先去厨房向厨师长反映，听从厨师长的决定。一般情况是，若客人要改的菜还没有烹制，即可改换，但如果已上火制作，就不好再改了，服务员在得到答案后要立即返回餐厅告诉客人，一定要客气地向客人解释清楚，而且菜肴要在短时间内送上餐台。

6. 客人餐后要求服务人员代其保管食品时，服务员应怎样处理

有的客人在餐厅用餐后，将没吃完的食品请餐厅服务员代为保管，遇到这种情况，餐厅的服务员可耐心向客人说明，食品为入口的饮食，为了防止意外，为了对客人的健康负责，餐厅规定一般不代为客人保管食品。对不住店的客人，餐厅服务员可主动为客人打包，请客人带走。如是住店的客人，餐厅服务员在征得客人同意后，可将剩余食品整理好送到客人的房间。有时，客人要求临时将食品放在餐厅里暂存一段时间，餐厅服务员可请示领导后为客人代存，存前将客人的食品包好，写好标签，放在冰箱内，餐厅服务员之间要交接清楚，要有专人负责，待客人来取时及时交给客人。

7. 餐后结账，客人反映账单价格不对时，服务员应怎样处理

用餐客人在结束用餐时，对送上的账单有异议，也是常有的事情。此时，餐厅服务员要做的第一件事就是耐心，千万不要让客人有认为你做了手脚的想法，你应该这样想：消费者有权利把消费的金额在付款之前搞清楚，假如换了你，你也会这样做，在处理这种情况时，应该先向客人道歉，马上把账单拿回账台重新核对。多数情况下，账单不会有问题，因为在给客人送上账单之前，必须将账单核对清楚，如果你没有做到这一步，说明你

的工作粗心大意，值得反思。在账台重新核对后，将账单重新送给客人，此时应耐心地和客人共同核对客人点的菜肴、主食、饮料等，待客人认可后再收款，这时决不能有任何不耐烦的态度和不礼貌的语言。收款后按要求向客人表示感谢。如果我们的工作在结账收款这个环节出现了失误，我们应该立即改正，并诚恳地请求客人原谅；如果客人算的不对，我们应该巧妙地掩饰过去，以免使客人难堪。

8. 发现未付账的客人离开餐厅怎样处理

服务员遇到这种情况要沉着，不要惊慌，我们应该这样告诉自己，客人是忘记了。采取的方法是立即拿好账单追上前去，当走到客人面前时，应该有礼貌地小声把情况说明："先生，对不起，由于刚才工作较忙，没有及时把账单送给您，这是您的账单。"请客人补付餐费。如果客人是请朋友吃饭后离去，服务员应请付款的客人到一边然后将情况讲明，以照顾客人的面子。服务员不得质问客人，不要高声与客人讨论此事，更不能得礼不让人。

9. 客人要点菜单上没有的菜肴时，服务员应怎样做

服务员首先要做的是向厨师长了解厨房是否能够制作此菜，当厨师长的答复是肯定的，服务员还要问清楚该菜的价格，然后立即回复客人；如果客人点的菜厨房不能做，如厨房暂时没有原料或制作时间较长等原因，应向客人解释清楚，请客人下次预订，并请客人谅解。

10. 客人在进餐中要求退菜时，服务员应怎样处理

客人要求退菜大致有几种情况：一是说菜肴质量有问题。如菜有异味、欠火候或过火等。经过检查，如确实如此，即是属于企业自身的问题，服务员应无条件地退菜，并诚恳地向客人表示歉意。二是说没时间等了。这时服务员应马上与厨房联系，如可能就先做，否则也应退菜。三是客人订餐人数多，实到人数少。这可经过协商酌情退菜。四是送上客人自己点的菜时，客人又要求退。这种情况如确实不属质量问题，不应同意退菜，但可尽力帮助转卖给别的客人。如实在无人要，只好耐心地讲清道理，劝客人不要退了，吃不了可帮助他打包带走。

11. 客人在进餐中损坏餐具，应怎样处理

客人损坏餐具大致有两种情况：一种是无意的，一种是有意的。所以应该首先弄清楚是属于哪一种情况，对于无意损坏餐具的客人，首先餐厅服务员应该耐心和气地给予安慰，询问客人是否受伤，并立即将损坏的餐具撤离餐桌，为客人送上新的餐具，然后客气地向用餐客人讲清有关赔偿的规定，争取客人的合作，在餐后结账时一并付账；对有意损坏餐具的客人，应指出其错误的同时，要求其照价赔偿，与这样的客人打交道，必须十分注意我们的态度和做法，必要时应请保安人员到场，以保证餐厅营业的正常进行。

12. 客人餐后要求服务人员代其保管酒品时，服务员应怎样处理

客人没喝完的酒品，餐厅应根据酒的种类和客人的具体情况酌情处理。一般葡萄酒类，开瓶后不宜保存时间过长，假如客人用餐时没有喝完，要求代为保管，餐厅服务员可为其服务，代为保管，当客人再次用餐时，马上取出，请客人饮完。为客人保管的酒品，要挂上有客人姓名的牌，放在专用的冰箱里，冰箱应有锁，由专人负责。如果是高度烈性酒，放在酒柜里即可，但也要上锁，并有专人负责。从安全角度讲，一定要对客人负责，

保证不出任何问题。

13. 客人在进餐过程中突发疾病怎样处理

客人在用餐过程中，因为兴奋、激动、饮酒过多等方面原因突发疾病，餐厅服务员不要惊慌，应该根据客人的具体症状，给予适当的护理，同时，要立即打电话，请求急救中心的协助。电话号码每个餐厅服务员都应该知道，以备万一。在急救车到之前，有条件的应将病人与其他用餐客人隔离，将有病的客人转移到安静、干扰较少的房间内，但要注意，如是心脏病、脑溢血之类的病症，千万不要移动病人，否则后果只会更糟。再有，对于发病客人所用的菜肴食品要留样保存，以备检查。

14. 客人订了宴会，过了时间还未到，服务员应怎样处理

一般宴会的客人特别是住房的客人若提前到达，他们要查看宴会各方面的准备情况。但如果客人过了时间还没到，服务员应该按照以下方法进行操作：①服务员应马上与预订部门联系，根据客人的姓名或单位电话，设法与客人联系；②如果联系不上，或者联系上客人得知其因故无法前来，应马上向经理汇报及时解决，并把冷菜和酒水退回；③客人应按有关规定付赔偿费。

15. 客人用餐后要将餐具拿走，服务员应如何处理

餐厅有些餐具很别致新颖，出于好奇客人有时会擅自拿取。餐厅服务员在发现客人要将餐具带离餐厅时，应该首先了解客人要餐具的目的是什么，对于要留作纪念的客人，服务员应该立即向经理汇报，由经理出面视情况或根据规定的价格出售，或者免费送给客人。如果客人是要使用，服务员应该婉转地讲明，从卫生角度看餐具是不宜外带的。

16. 宴会临时加人应怎样处理

对宴会临时增加人数时，摆上相应的餐具用品，可以分散插入各桌，同时征求宴会组织者的意见是否需要加菜。若无法容纳，同样征求宴会组织者的意见，安排到附近的空宴会厅，无论哪种情况，需要加菜要立即通知预订部门和厨房开单制作。根据最后实际人数计算总账单。

17. 客人用餐时突然被食物噎住，服务员怎样处理

客人在用餐时由于高兴、讲话、吃得过快等原因，也可能发生食物噎住的情况，一般的反应是脸色铁青，停止说话，用手指捏咽喉。餐厅服务员在服务中如遇到此种情况，应该立刻上前帮助客人。要富有同情心，决不可以讥笑或袖手旁观。如若食物哽噎较轻，可立即送上一杯水请客人喝下；若食物哽噎较重，餐厅服务员站在客人后面，双臂把住客人腰部，用拳头拇指背面靠在客人肚脐靠上一点，另一只手握拳，迅速向上挤压，振动客人肚子，如此反复几次，即可排出食物，然后送上一杯水供客人喝下。

18. 餐厅服务员由于工作不慎将汤、菜汁洒在客人身上应如何处理

如果服务员不慎将汤、菜汁洒在客人身上时，首先向客人表示歉意，立即拿一块半湿的毛巾为客人擦拭。擦拭时应注意，如是女客人，应让女餐厅服务员为其擦拭。如果将客人衣服弄脏的面积较大，应请客人到无人的包间，将脏衣服换下，立刻送洗，将店内准备的干净衣服暂请客人穿上，继续用餐。送洗的衣服最好能够在客人用餐完毕时拿回，送还给客人衣服时，服务员还应带着经理的道歉信函，以求得客人谅解。

19. 客人进餐时餐厅突然停电怎样处理

餐厅服务员遇到此情况时，自己首先要镇静，不要慌，同时要安慰客人也不要惊慌，

告诉客人最好不要来回走动，以免绊倒，对要离去的客人提醒他们拿好自己的物品，同时提醒所有的客人看管好自己的物品，以保安全。如果经常发生停电现象，服务员要向客人做解释工作。如果偶尔发生停电情况，服务员应该向客人表示歉意，说明可能某个地方出了毛病。与此同时，服务员应立即开启应急灯。如果没有这种设备，服务员应立即取来蜡烛等其他照明用具，为客人照明，一般情况下，在停电期间，已经在餐厅的客人就要继续为其服务，但服务员要注意观察，特别留意用餐完毕没有结账的客人，防止跑单。在餐厅门口，要有迎宾员对新来的客人说明情况，请客人到别的餐厅去用餐。

20. 宴会临时减少用餐人数怎样处理

宴会如果临时减人，服务员要根据具体情况而定，如果宴会的标准不高，减人的数量也不多，服务员就要与客人商量，最好不要减菜，因为厨师已备好料或已把菜式加工成半成品了。如果宴会的标准高，减的人数多，服务员如果拒绝客人减菜的要求，容易引起客人的不满，服务员应该请示经理，尽可能适当减量，满足客人要求。

21. 客人带小孩用餐时，餐厅服务员确保小孩安全的方法

在条件允许的情况下，服务员可以帮助客人看好小孩，应该将小孩客人的餐位安排在离门口或过道远些的地方。餐桌上的玻璃杯、烟灰缸、调味壶等餐具物品要放在小孩够不到的地方，同时为小孩拿来儿童专用座椅。

22. 为盲人客人服务的注意事项

为盲人客人服务时，服务员应该将菜单读给客人听，并告之其菜肴的特点。在为盲人客人介绍菜肴时，服务员应尽量避免使用带有色彩漂亮、美观之类的语言来解释菜肴。在服务过程中，要主动为客人添饭、续斟酒水，适时移动餐盘。在为盲人客人结账时，要耐心向客人解释账单，让客人明白。

第四部分　专业理论知识考试复习要点

第一节　高级餐厅服务员专业基础知识

一、接待服务基本要求

1. “八字”服务的基本要求

餐厅服务员要掌握接待服务的“八字”服务基本要求，即主动、热情、耐心、周到。

2. 主动服务的具体要求

主动服务的具体要求包括主动当好宾客参谋，主动服务、遵守程序和主动满足宾客用餐的特殊需求。

3. 餐厅服务员为客人当好参谋的具体要求

餐厅服务员要主动当好宾客的参谋，要学会研究宾客的用餐心理、用餐习惯、口味和用餐需求。

4. 餐厅服务员是企业形象代表的含义

餐厅服务员是企业形象的代表，餐厅服务员能否主动为宾客服务将直接影响企业形象。

5. 主动服务、遵守程序的具体要求

餐厅服务员在服务的全过程中，要主动服务、遵守服务程序、主动报菜名、主动向客人介绍菜品的有关知识。

6. 热情服务中真诚待客的含义

热情服务要求餐厅服务员细心体察宾客的需要，自然微笑、真诚待客，使客人感到亲切、温暖。

7. 热情服务“三个一样”的内容及具体要求

热情服务要做到“三个一样”，其内容是：对待生人熟人一样热情，对待本地人外地人一样热情，对待内宾外宾一样热情。

其具体要求包括：餐厅服务员要一视同仁，对待熟人热情服务；对待生人，特别是第一次来餐厅用餐的客人更应满腔热忱，热情打招呼，主动介绍菜品，做好餐中服务，使宾客感到餐厅服务员接待生人熟人都一样热情。在热情服务标准中，要求服务员接待本地人和外地人一样热情，不要让客人有“欺生”的感觉；不要模仿、嬉笑外地客人；对来当地旅游的客人要热情介绍本地情况，当客人问到交通、旅游方面的情况时，要热情解答。而对待内宾与外宾时，餐厅服务员应树立“在外宾面前我代表中国”的服务境界，既不能崇洋媚外、卑躬屈膝，又不能有“老大自居”的思想。对外宾应做到不卑不亢、彬彬有礼，对内宾要热情服务、落落大方。对待内宾和外宾都要做到买卖公平、热情待客。

8. 耐心服务的概念及具体要求

耐心服务是指餐厅服务员以高尚的道德修养，对服务过程中出现的各种情况和问题做到恰当、理智地处理。

耐心服务的具体要求是：解答问题要耐心，化解矛盾要耐心，对待客人要耐心。

9. 耐心解答客人进餐中提出问题的方法

客人在用餐中会提出一些问题，例如“芙蓉鸡片怎么没有鸡肉啊？赛螃蟹怎么不见蟹肉呀？”等。对此，餐厅服务员应耐心介绍菜品的有关知识，不要讥笑或嘲讽顾客。

10. 餐厅服务员化解矛盾的方法

在繁忙的业务中难免会发生一些服务矛盾，餐厅服务员应找出矛盾的症结所在，耐心给客人以圆满的答复，如实在解决不了，可向值班经理报告。

11. 耐心劝说客人的方法

在餐厅服务工作中，虽然过了下班时间，客人还不愿离去，对待这类客人，餐厅服务员要耐心接待，不要催赶，这是服务工作性质决定的。另外，对待大声喧哗影响他人的客人，要耐心劝阻；对待酗酒过度的客人，要耐心动员同桌客人劝解。

12. 周到服务的概念、具体要求

周到服务是指餐厅服务员在语言表达、服务态度、用餐照顾等全过程中，要处处为宾客提供方便。

周到服务的具体要求是：服务语言周到、就餐服务周到和超值服务周到。

13. 服务语言周到的要求

语言是餐厅服务员与客人交流的首要元素。使用语言时，嘴要甜、调要轻。餐厅服务员语言要礼貌、耐心、欢快、协调。

14. 对客人使用服务语言的作用

（1）使用礼貌语言，可以表现出餐厅服务员对宾客的恭敬。

（2）使用耐心语言，可以使餐厅服务员对客人的不同性格和爱好，包括客人的挑剔甚至刁难，都能应对自如。

（3）使用欢快语言，目的在于给客人以快乐与轻松的感觉。

（4）使用协调语言，可以使服务的声、情、意、行相互配合、协调统一，追求最佳服务效果。

15. 就餐服务周到的具体内容

顾客在用餐中需要餐厅服务员周到的服务。当遇到有老人和儿童的家宴时，餐厅服务员要周到地照顾好老人和儿童；遇到酗酒的客人时，要在劝解的同时介绍一些适宜的青菜和水果；对生病的客人，应征得客人同意后根据需要安排病号饭；对残疾客人，应视情况周到地为其安排座位、分餐，提供方便。

16. 超值服务的内容

在餐饮服务过程中，很多情况下，顾客提出的是用餐以外的需求，是间接用餐服务。在这种情况下，餐厅服务员要凭经验和阅历，善于观察、揣摩客人心理，让顾客满意。例如，在雨天，餐厅服务员要周到地为客人准备雨伞，接送客人等。餐厅除了根据宾客的需要采取有针对性的服务措施外，应尽可能增加一些服务项目，如备有针线、交通图等，以便客人用餐同时得到超值的服务享受。

17. 运用“八字”服务要求的重要性

“八字”服务要求表现了一个餐厅服务员崇高的思想境界和良好的职业道德，也体现了餐厅服务员高超的服务技艺；并且它还可以给企业带来经济效益，提高企业的信誉。餐厅服务员必须高度重视，不断提高接待服务水平。

二、中、西式早餐接待服务

1. 中式早餐接待服务

（1）中式早餐开餐前应准备的工作包括：环境准备、餐具佐料和服务用品准备、当日菜品准备和个人卫生准备。

（2）早餐环境准备的主要内容包括：餐台、餐椅摆放整齐无坏损，台布铺放要符合标准，环境要清洁卫生。

（3）餐厅清洁卫生工作的内容包括：清洁环境，掸净天花板和墙壁及各种物品上的灰尘，清洁地面，并检查整理墙饰物等；擦亮门窗玻璃及手柄；清洁桌椅，使之光亮、无尘，并摆放整齐。

（4）中式早餐开餐前要准备好餐具、佐料和服务用品，如牙签、火柴、烟灰缸、毛巾等。

（5）餐前对当日菜品的准备工作包括：中式早餐开餐前，餐厅服务员应了解当天早餐供应品种和其他原材料情况，并将与平日不同的菜肴写在通知板上，其内容的顺序要有规律，名称、价格要写清楚，字迹要端正。

（6）为客人问位开茶服务的方法：

餐前饮茶习惯流行于我国南方，在东南沿海一带，问位开茶已成为餐前必不可少的环节。

开茶时要注意卫生，用茶勺按茶位放茶，茶量准确。斟茶时，在客人的右侧斟倒，用右手执壶，左手自然下垂或托托盘，杯中茶水至七分满为宜，不宜太满。

（7）开餐服务的内容：

中式早餐开餐服务时，在客人确定品种后，服务员要迅速开单，并签上自己的姓名或工号。在给客人送上食品时，要把专用餐具、佐料等一同上桌，便于客人用餐。在客人用餐时，餐厅服务员要勤巡视，照顾到各位客人的需求，应做到有问必答、态度和蔼、语言亲切。

（8）为客人提供结账收款服务的方法：

客人要结账时，餐厅服务员应把账单给客人过目，收款时要向客人道谢，同时，要注意同桌有无搭台的另外客人，不可造成错单、漏单和跑单，服务员应主动用食品盒或食品袋包装未食用完的食品，包装妥帖后交给客人带走。

（9）客人用餐结束时服务员礼貌送客的方法：

在服务工作中，送客与迎客一样重要。客人用餐完毕，餐厅服务员要做到礼貌送别，虚心征求和听取客人的意见，对服务不周的地方表示歉意，对误会可做解释，以便消除误解。客人离座时，餐厅服务员要提醒客人不要忘记带自己的东西，并欢迎再次光临。如因工作忙不能相送时，服务员也要打个招呼或致意，表示相送。

（10）中式早餐清理台面的操作要求：等客人离开后及时清理，动作要轻、稳，尽量不要发出大的声响，各种餐具和物件要清洗消毒、分档存放。

2. 西式早餐服务

（1）西式早餐餐具摆放的要求：主叉摆在口布左侧，主刀右侧摆放甜食勺，主叉左侧摆放面包盘并配黄油刀；早餐所用的糖盅、椒盐瓶等都要按要求依次摆好。

（2）西式早餐领位员引领客人入座的方法：

西式早餐领位员要保持正确站姿和仪态在餐厅门口欢迎客人；当客人到来时，应根据客人人数及需要分别将客人领到适当的餐台；对于不吸烟的客人应安排到非吸烟区入座。

（3）西式早餐对客服务的内容：

西式早餐一般提供自助餐和零点两种，供客人选择。早餐客人一般都饮用咖啡或红茶，服务员在宾客就座后应马上提供服务。为客人提供鸡蛋时，应将面包、黄油同时送上。客人用餐中，餐厅服务员应适时为客人添加咖啡或红茶，撤下客人用过的空盘，更换烟灰缸，并提供其他服务。咖啡厅早餐翻台率很高，当客人离去后，餐厅服务员要立即清理台面并重新摆台，准备迎接新来的用餐客人。

三、餐巾折花

1. 餐巾折花的分类

按装物不同分类：盘花与杯花。盘花是指放在碟中的折花，而杯花则是在杯中完成最后造型，从杯子中取出散开的折花。

按餐巾花的造型分类：植物类、动物类和实物类三种。

2. 餐巾花的选择与运用

（1）根据宴会的性质选择花形。

（2）根据宴会的规模选择花形。

（3）根据季节选择花形。

（4）根据客人身份、宗教信仰、风俗习惯和爱好选择花形。

（5）根据冷盘的名称选择花形。

（6）根据宾主席位选择花形。

（7）餐巾花的新趋势。

3. 餐巾折叠注意事项

（1）折花前必须做好准备工作。

（2）折花操作必须讲究卫生，操作使用的工具和双手都要干净，不能用牙咬餐巾，不能多说话。

（3）餐巾花造型要美观大方、逼真、挺括，给人以美感。

（4）折花时要分清正反两面，一次折成。

4. 举办大型宴会对餐巾花的要求

餐巾折花的造型要根据宴会的主题、规模和档次而定。举办大型宴会要求折叠成统一的花和叶，花形要简单挺括，要突出主人席位。

5. 祝寿宴会对餐巾花的要求

在餐巾折花中，适用于祝寿宴会的花形有仙鹤、蟠桃献寿、老树新芽等，这些花形象征着吉祥长寿。

6. 餐巾颜色选用的依据

餐巾颜色的选用要与环境装潢色调和光线明暗相适应。光线柔和或光线偏暗的厅堂，适用于白色餐巾。

7. 餐巾折花的摆放

（1）主花摆在主位，一般的餐巾花则摆插在其他客人的席位上，要高低均匀，错落有致。

（2）摆放餐巾花时，适合正面观赏的花形，要将正面朝向客人，适合侧面观赏的花形，要选择一个最佳观赏面朝向客人摆放。

（3）在同一餐桌上摆放不同品种的花形时，要将形状相似、高低大小相近的花形错开对称摆放，不宜将相同的花形摆放在一起。

（4）插入杯中的餐巾花要掌握好深度，一般可插入杯子的2/3。

（5）摆放餐巾花时距离要均匀，餐巾花不能遮挡台面上的用品，更不能影响服务操作。

四、上菜与分菜服务

1. 中餐上菜服务

（1）菜点服务的含义：

餐厅服务员为客人进食菜肴、点心、主食所进行的服务工作称为菜点服务。

（2）上菜的位置与方法：

上菜的位置应注意避开儿童与老人，也不能在主要宾客之间进行，以免不慎将汤汁滴在客人的身上。散餐的上菜位置在较宽敞的位置上，如果是宴会则在副主位右边第一、二位客人之间上菜。

上菜的方法：在上菜的位置用双手将菜肴送上客人的桌面，同时报上菜名。

（3）上菜的时机：

中餐宴会的第一道菜是冷盘，一般在宴会开始前几分钟摆好，当冷盘吃到剩1/3时，可上热菜，上完最后一道菜时，应低声告诉副主人，再上主食。

（4）特殊的上菜方法：

①易变形的菜肴，一般出锅就要端上餐桌。

②上有响声的菜肴时，速度要快，使之发出响声，以起到烘托宴会气氛的作用。

③上拔丝菜时，应先上数碗凉开水，再用汤碗盛装热水，将装有拔丝的盘子放在汤碗上再送上桌。

④带有佐料的菜肴，其佐料应跟菜肴一起上桌。

⑤上原盅炖品菜时，上桌后要当着客人的面揭盖。

2. 西餐上菜服务

（1）西餐的上菜方式：

厨师将菜装在一只分菜盘内，由服务员分给客人，分菜时，服务员站在客人的左侧，用左手托盘，右手用服务叉匙分菜。

菜肴在厨房内装入餐盘，直接由服务员端上桌给客人。

（2）西餐上菜的操作位置：

西餐上菜时，服务员应站在来宾的左侧，左手托盘，右手拿叉匙分派。西餐上菜的次序是女主宾、男主宾、主人和一般来宾。

3. 中餐分菜服务

无论中餐厅还是西餐厅，分菜服务都是餐厅服务员的工作之一。如分鱼服务时，要求餐刀、餐叉、餐勺使用手法得当，不得在操作中发出声响；做到汤汁不滴不撒，保持盛器四周清洁卫生，操作时动作要干净利落；鱼骨剔出后头尾相连、完整不断，鱼去骨后完整美观，分鱼装盘时要均匀、准确。下面先介绍中餐分菜服务：

（1）分菜的顺序：

分菜的一般顺序是主宾、副主宾、主人，然后按顺时针方向依次进行。或者从主宾开始按顺时针方向进行。

（2）中餐分菜的方法：

①叉勺分菜法；

②转台分菜法；

③服务桌分让法；

④美式服务分菜法。

（3）分菜服务的重要性：

无论中餐厅还是西餐厅，分菜服务都是餐厅服务员的工作之一。分菜服务既体现服务员的工作态度，又反映餐厅的服务水平。

（4）分菜工具的准备：

餐厅服务员在分菜服务时，要根据不同菜肴配备不同餐具，分菜前应准备相应数量的骨碟，分汤菜前应准备分汤菜所需要的汤碗和长柄汤勺；分蟹类菜肴时，应按相应的人数准备好骨碟与蟹钳。

（5）分让式餐台分菜注意事项：

分菜服务的方式一般有三种，即餐台分菜、分菜台分菜和厨房分菜。分让式餐台分菜要求服务员左手垫上餐巾，将菜盘托起，右手拿分菜用的餐具进行分让。

①分菜服务时，餐厅服务员应站在宾客左侧，站立要稳，不可斜靠影响宾客，脸部略

斜与菜盘成一直线，腰部稍向前弯。

②分菜服务时，餐厅服务员要向客人介绍菜点的名称、特色、风味、营养、典故等方面的内容，要注意讲话时不要距离太近，鼻子部位要避开菜点。

③餐厅服务员分菜时要掌握好数量，做到分让均匀，特别是主菜，最先分的和最后分的应基本一样；要将菜肴的优质部位分配给主宾和主人，但不要有太大的差异。

④分菜时要做到一勺准，一叉准，绝不可将一勺菜分给两位客人，同时要注意菜的色彩搭配均匀。

⑤分每道菜时，第一次分完后，盘中宜余 1/10 ~ 1/5 的菜肴的宽裕以方便想再添用的客人。

（6）分菜服务具体要求：

在宴会接待中，分让菜品是一项带有技术性的重要工作，要想熟练地掌握它，就必须熟悉各种菜肴的烹制方法及菜肴成熟后的质地、特点等。餐厅服务员要快速、均匀地将菜分好并呈送至客人面前。分菜时应注意不可拖带菜汁，不可将菜汁滴落在桌面上或溅洒在宾客衣物上。

（7）特殊宴会的分菜方法：

①在宴会接待中，宾客中儿童多时，餐厅服务员在分菜服务员时应先分给儿童，然后再按先后顺序进行常规的分菜服务。

②遇到老年人多的宴会，分菜服务应采用快分慢撤的方法进行。

③政府间会晤性宴会，服务员不仅要照顾好宾主的进餐，还要照顾好翻译人员的用餐，应将菜肴中易食或骨刺少的部分分给翻译人员，以便保证宾主交流。

④商务洽谈宴会在进行时往往会出现宾主只顾谈话而冷落菜肴的现象，这会直接影响菜的风味、特色及质量。出现这种情况时，餐厅服务员应抓住客人谈话瞬间的有利时机向客人介绍菜肴，提供快捷的分菜服务。

（8）汤类菜肴的分让方法：

在分菜服务中，餐厅服务员在进行汤类菜肴的分让时，应先分汤和辅料，再将其他均匀分好送给宾客，在分宽汁烩菜时，应注意快入慢出地搅动，避免出现汁瀣，影响菜品美观效果；餐厅服务员手要稳，入碗分装要准，以免汤汁滴洒。

（9）造型类菜肴的分让方法：

造型类菜肴的分菜服务一般均按具体情况将菜品分送到宾客碟内，冬瓜盅类菜肴各菜系做法不同。有的当作盛器，有的当作菜肴，因此分菜方法也不相同。

如冬瓜盅作为菜肴的盛装器皿时，其冬瓜一般不食用，因此在分菜时，只将冬瓜盅内的菜肴分净即可。对于将冬瓜盅一同入菜的菜肴，应先将冬瓜盅内的菜肴分光，然后按就餐人数用餐刀将冬瓜盅分切成所需数量分给客人。

（10）北京烤鸭的分让方法：

北京烤鸭是一道合吃的菜肴，一般由客人自己动手取拿卷食。但是如遇有老人多或少年儿童多的时候，则需要分菜服务，其方法是：餐厅服务员将餐碟摆放于菜肴周围，放好鸭饼，逐一将葱、酱、鸭肉放于饼上卷好，利用转台分送给每位客人。

（11）烤羊腿菜肴的拆分法：

在拆分带骨烤羊腿时，餐厅服务员左手持一块消毒干净的餐巾，折成小方形状压放于羊腿骨端部，右手持餐刀由小腿端部顺切到大腿部。顺切开后，再横切成若干块。切割完毕后，餐厅服务员右手持餐叉、餐勺将切割好的羊腿肉分装入餐碟内送给客人食用。拆分完毕后，应将所剥下的羊腿骨及未分完的肉保持原状置于盘内，以备客人继续添用。炸羊腿一般由厨房拆切后装盘，餐厅服务员在拆分时，应注意保持盛器干净，保持腿骨原状。

4. 西餐分菜服务

俄式分菜服务技术要求较高，需配备不锈钢制的餐叉和餐勺等分菜用具。俄式分菜服务使用餐叉、餐勺的姿势是：餐叉在上，餐勺在下，叉、勺成相对式。法式西餐分菜服务侧重于分切技术，因此分菜服务所需的用具较多，有服务车、分割切板、刀、叉和分调味汁的叉、勺。无论俄式或法式分菜服务，所配的用具均应保证其洁净无污迹、无异物，每分一次菜均要换一次用具。另外，准备分菜用具时，还要准备与客人人数相应的加热过的主盘。

五、餐前准备

1. 餐具、用具的准备

餐厅服务员在餐前应根据就餐顾客的人数、桌数及菜单安排，准备充足的摆台所用餐具及餐间更换用餐具和用具。各种餐具中，用量最大的是骨碟。上甜菜时应为顾客更换骨碟，宴会服务时应保证一菜一碟。烟灰缸是备用量较大的用具之一，在准备餐具、用具时，筷子、酒杯、餐勺、茶具、毛巾也应留有一定的备用量，以免客人需要时不能及时服务到位。

2. 本式菜单的特点

本式菜单的特点是：既广泛又灵活，同时又方便客人阅读。

3. 饮料的饮用方法

饮料可加温或冰镇饮用，如椰汁等，服务员应根据客人的需要加温或冰镇。

4. 白酒的饮用方法

白酒除冬季应准备有温酒器皿外，一般在常温下备用。

5. 桌裙餐桌的作用

桌裙餐桌是较高档的餐厅流行的一种铺台方法。增设桌裙可提高宴会的规格，使宴会厅显得更加美观大方，同时给赴宴的宾客增加高雅、舒适的感觉。

六、中餐宴会餐台布局与摆设

1. 大中型宴会对设置讲台位置的要求

大中型宴会均应在第一主宾桌的后侧设置讲台和麦克风。

2. 宴会厅餐桌安排的依据

宴会厅餐桌应根据餐厅的形状、室内陈设和特点、主办单位对宴会的要求及就餐人数进行安排，餐桌安排要做到整齐有序、间隔适当、合理利用宴会厅堂的场地，既要体现宴会的规格标准与主办人的用意，又要方便顾客就餐及餐间服务人员服务。

3. 大型宴会对通道的要求

大型宴会的主宾席区与来宾席区应留有一条2m左右的通道，以便宾主出入。

4. 宴会厅餐桌安排注意事项

（1）宴会厅餐桌安排应做到合理、美观、整齐、大方。

（2）餐桌排列要突出主宾席，大中型宴会的主宾席餐桌要大于其他来宾席餐桌。

（3）要合理使用宴会厅场地。

（4）宴会如安排文艺演出或乐队演奏，在安排时应留出一定的场地。

（5）多桌宴会餐桌区与区之间的距离应不小于1.5m，餐桌距四周墙壁不小于1.2m。

5. 服务员工作台设置的要求

工作台应根据餐桌位而设置，一桌宴会应设一个工作台；两桌宴会在同一餐厅时一般也只设一个工作台，但如果宴会的规格档次高，就应考虑设两个工作台；多桌宴会主宾席要设有专用工作台，其余各餐桌可视具体情况设立相应数量的工作台。工作台的大小可视餐厅的规模而定，工作台的位置应设在距餐桌较近的地方，以便于服务操作时使用。

6. 多桌宴会位次安排的方法

正式宴会一般均安排位次。大中型宴会往往只安排主桌席位次，其他宾客则按桌次就位即可，多桌宴会宾客的位次和桌次往往都印在请柬上，使宾客做到心中有数。

七、宴会服务

1. 宴会服务程序

（1）宴会开始前的准备工作：

①掌握情况：餐厅服务员在接到宴会通知单后，应做到“八知”（人数与桌数、宾主身份、客人的国籍、用餐标准、开餐时间、菜肴品种和酒水要求、主办单位或个人信息、付款方式和与主办单位的联络方式），“五了解”（客人的风俗习惯、生活忌讳、特殊要求、进餐方式、主宾和主人的特殊爱好等）。

②明确分工。

③熟悉菜单。

④准备物品与摆台。

⑤摆放冷盘：摆放冷盘通常在宴会开始前15min，然后斟好预备酒。

（2）宾客来到时的迎接工作：

①热情迎宾：

根据宴会的入场时间，宴会主管人员和迎宾员应提前在宴会厅门口迎接宾客，值台员站在自己负责的餐桌旁准备服务。

宾客到达时，要热情迎接，主动微笑问好，回答宾客问题和引领宾客时注意用好敬语。

②接挂衣帽：

在接挂衣帽时，应握住衣领，切勿倒提，以防衣袋内的物品倒出，贵重的衣服要用衣架，以防衣服走样，重要宾客的衣服，要凭记忆进行准确的服务。贵重物品请宾客自己保管。

③端茶递巾：

宾客进入休息室后，服务员应主动招呼客人入座，并根据接待的要求，递上香巾、热茶或酒水饮料，宾客抽烟时，应主动为其点火。递巾送茶均按先宾后主的顺序。

（3）就餐服务：

①入席服务：

当客人来到席位前时，值台员要主动上前为客人提供拉椅入座的服务，要先宾后主，先女后男；待客坐好后，宴会开始前要收撤台号、席位卡，并帮助客人打开餐巾，除去筷子套，斟好酒水。

②斟酒服务：

为宾客斟酒水时，要先征求宾客的意见，根据客人的要求斟倒各自喜欢的酒水饮料，一般酒水斟八分满，红葡萄酒斟五分满。斟白酒时，如客人提出不要，应立即将客人席位前的空杯撤走，大型宴会为了保证宾主致辞干杯的顺利进行，还可以提前斟倒。

当客人的酒杯还剩 1/2 时即可提供斟倒酒水服务，在斟倒时要注意不能将酒水弄错，当客人干杯或互敬时，服务员应迅速拿酒瓶到台前准备好添酒，主人和主宾祝酒讲话时，要注意观察客人杯中的酒水中是否已准备好，在宾、主离席讲话时，服务员则应提前准备好酒杯，斟好酒水，左手托盘在致辞客人旁边站立静候，随时准备供客人祝酒。

③上菜服务：

上菜应根据菜单出菜顺序一道道菜趁热上。掌握好上菜的时机，多桌宴会的上菜应根据主桌进餐的速度，听从宴会管理人员的指挥，做到行动统一，以免造成早上或迟上，多上或少上现象。

为客人上菜应站在副主人右边第一、二位客人之间进行，上菜时要介绍菜名和风味特点，并将菜盘转向主位一边，凡是鸡、鸭、鱼等整体菜或椭圆形的大菜盘，应将头朝向正主位这边。

如桌上的盘中还有分剩的菜，应征询宾客是否需要添加，在宾客表示不再需要时方可撤走。根据宴会的标准、规格，按照宴会上菜和分菜的规范进行菜肴服务。可采用餐台分菜、旁桌式分菜、厨房分菜。分让时，要根据宾客的就餐情况来选择分让的方法。分派时要胆大心细，掌握好菜的分量、件数，分派准确、均匀。凡是有佐料的菜，在分派时要先蘸（夹）上佐料再分到餐碟里，分菜的次序也是按先宾后主，先女后男的顺序进行。

④撤换餐具：

一般有以下情况可更换骨碟：上翅、汤、羹之前，上一套小汤碗；吃完带骨、芡汁的食物后；上甜菜、甜品之前；上水果之前，换上干净的餐碟和水果叉刀；残渣骨刺较多或有其他脏物也要更换；客人餐具掉在地上，餐具也要更换。

⑤席间服务：

宴会进行中，服务员要做到“三勤”，即勤巡视、勤斟酒水、勤换烟缸，并能细心观察客人的表情及需求，主动提供服务。

上甜品、水果前，应送上相应的餐具和小毛巾，撤去酒杯、茶杯和牙签以外的全部餐具，客人用完水果后，撤去水果盘并摆上鲜花，以示宴会结束。

（4）客人离开前后的服务：

①结账服务；

②热情送客；

③收台检查；

④清理现场。

2. 西餐宴会服务

（1）西餐宴会常见的台型：

西餐宴会常见的台型有一字形、豪华一字形、U 字形、E 字形、鱼骨形、星形、回字形等。

（2）西餐宴会用于庆典酒水的品种：

在很多重要宴会中，客人需要香槟酒服务，香槟酒在西餐宴会中一般用在庆典或款待贵宾的场合，服务时机要根据主办人的要求确定。

（3）西餐宴会上菜的顺序：

西餐宴会要依据菜单，按头盘、汤、第一主菜、第二主菜、甜食的顺序上菜。

（4）西餐宴会上菜服务的原则：

西餐宴会上菜要严格遵循依宾主顺序先宾后主、女士优先的原则进行服务。在一般情况下，给第一主宾和第二主宾上完菜后，就可以按顺时针方向依次服务，最后给主人上菜。

西餐宴会一定要遵循先女士后男士的服务原则，特别是对待西方国家的宾客。如果主人为女士，可灵活掌握，根据女主人的示意决定服务顺序；但如果女主人没做任何示意，则应按先女主宾后女主人，最后给男主人上菜的原则。

如果是东南亚顾客享用西餐，最好在宴会开始前，婉转地询问主人服务顺序，然后按主人的要求提供服务。如果是日本客人，他们比较注意就餐宾客的身份，而相对忽视女士第一的服务原则。

西餐宴会的上菜顺序一定要灵活掌握，根据顾客的具体需要决定服务的先后顺序。

（5）西餐宴会服务员的配置：

西餐宴会服务，看台服务员可分为斟酒服务员和菜肴分让服务员，他们的平均工作量是每人负责 5 位左右客人，服务员和迎宾服务员的工作量基本与中餐宴会相近。

（6）西餐宴会服务的类型：

西餐宴会服务有：法式服务、俄式服务、美式服务与英式服务四种。

①法式宴会服务：

法式宴会服务的特点包括：属贵族式服务，它需要豪华的环境和设施，对餐厅服务员的要求严格；宴会服务成本高，服务程序繁多，且需要训练有素的餐厅服务员；法式宴会服务要求服务员着标准的燕尾服套装，戴白手套。

法式宴会的上菜方式是台前托让式，即餐厅服务员左手端盛有精美食品的大银盘，按先宾后主、女士优先的原则，从客人右侧为客人托让食品，客人接过餐厅服务员右手递送的叉和勺，自己取适量的食品，并将食品放在客人餐台上的主盘内。

②俄式宴会服务：

在俄式宴会中，服务员采用小组作业方式进行服务，即一个餐厅服务员专拿荤菜，另一个拿蔬菜，他们在厨房排列成行，然后选择适当时机进入餐厅。

俄式宴会的上菜方式采用餐台分让式，即餐厅服务员向客人展示菜肴后，将食品放在服务台上，并迅速将热餐盘放在各位贵宾面前，然后左手托起大银盘，右手持勺、叉为客人分让菜肴。餐厅服务员在分让菜肴时应作出判断，为顾客提供认为足够的菜量，并要保证最后一位客人也得到足够分量的菜肴。

③美式服务：

美式服务又称为“盘子服务”，在美式服务的餐厅，食品都由厨房人员烹制好，分别装入菜盘内，并加以装饰，主菜由值台员送到餐厅，直接从客人的右侧送给每位宾客。

特点包括：操作服务简单、快捷；一名服务员可以同时为很多客人提供服务，劳动成本低。

八、特殊酒水开启

1. 特殊酒水服务的概念

在酒水服务中，有些酒水在包装或饮用方法上与一般酒水不同，被称为特殊酒水服务。

2. 特殊包装酒水的开启方法

特殊包装瓶封的酒水，在开启时除常用工具外，还要准备尖嘴钳子和小刀，以便将瓶塞外面的金属铂削掉。

3. 香槟酒的开启方法

开启一般酒水与香槟使用的工具有所不同，常规酒水一般使用起子或酒钻，而开启香槟酒则使用尖嘴钳子和小刀。

在酒水服务中，香槟酒在开瓶时要用左手大拇指压紧塞顶，用右手持钳剪断金属丝，用小刀削掉瓶封处的金属铂，待瓶封的木塞暴露后，右手拿一块干净的餐巾布捏瓶塞的上段，左手轻轻转动酒瓶，在转动过程中，借助瓶内的压力将瓶塞顶出瓶口。瓶塞拔出后，酒瓶应继续保持45°角，以防止酒液溢出。

4. 开启香槟酒的注意事项

开启香槟酒时应注意：将瓶口朝向餐厅服务员的右手掌方向，使右手随时能起到遮挡的作用。

服务员开启香槟酒时，瓶口始终不能朝向顾客或天花板，以防酒液喷溅到顾客身上或天花板上。

香槟酒开启后，应检查酒液质量，通常采用嗅辨的方法，嗅瓶塞是否有酸败或霉气味，从而检验酒液是否变质。

打开香槟酒后，服务员要用干净的布巾仔细地擦拭瓶口，在清洁的过程中注意不要让污垢落入瓶内。

5. 开启香槟酒时木塞暴露后的处理方法

开启香槟酒时，待瓶封的木塞暴露后，服务员右手拿一块干净的餐巾布紧捏瓶塞的上段，左手轻轻地转动酒瓶。

6. 香槟酒瓶封与其他酒的不同处

因香槟酒瓶内的压力比其他带有二氧化碳的酒都大，而且大部分瓶塞被压进瓶口，只留有一段帽形塞子露在瓶外，并由金属铂盖做顶封，金属丝绕扎固定住，所以香槟酒与其他酒的开启方法不同。

7. 开启香槟酒不应采用的方法

开启香槟时，不要采用拧瓶塞或直拔瓶塞的方法，以免瓶塞碎后爆出。

九、特殊酒水服务

1. 特殊酒水斟倒的方法

服务员在斟倒加温或冷却的酒水时，要将盛装酒水的盛器用布巾包垫后方可进行斟倒，以免滴在客人身上。

斟倒加温酒时，应在宾客落座后进行斟倒服务，续斟冰镇啤酒时，酒温以最低温度为宜，从而保证最佳的饮用温度。

2. 特殊酒水斟倒要求

特殊酒水在开封之前一定要请宾客确认酒水品牌，在确认无误后方可开封进行斟倒服务。斟倒特殊酒水时，一定要配用专用酒具附属用品，如加温器、冰桶、布巾等。

3. 续斟加温酒的要求

续斟加温酒时，因杯中酒易冷却，酒温应保持在最高温度。

4. 特殊酒水斟倒程序

特殊酒水斟倒程序是：确认酒水品牌、正确选用饮具、正确掌握斟酒标准。

5. 特殊酒水开封前的要求

斟酒前一定要请客人自己选酒，当顾客选定酒后，在酒品开封前，请顾客再次进行确认，在确认无误后方可开封。

6. 正确掌握斟酒标准

不同酒品斟倒标准不同，餐厅服务员应按照酒品特点准确地将酒水斟入杯中。

7. 特殊酒水服务要求

在特殊酒水服务中，服务员针对不同酒品的特点提供相应的酒水服务，以满足宾客的特殊要求。

8. 斟倒加温酒与冰镇酒的区别

服务员应掌握特殊酒水斟倒方法，客人落座后斟加温酒，客人入座时斟冰镇酒。

十、酒水保管

1. 罐装酒品的日常保管方法

酒水由于品牌、种类、包装、保质期不同，因此保管方法也不同。罐装酒品在日常保管中将开口朝上，存放在温度较低处，瓶装啤酒也应如此。

2. 木塞封酒类存放的方法

木塞封酒类在日常存放时，应将酒瓶瓶口朝下、瓶底朝上倒置，以免造成木塞干化。

3. 坛装酒品的日常保管方法

坛装酒品在日常保管中要经常检查有无漏酒现象，造成酒液泄漏，从而影响酒的质量。

4. 酒水服务中应注意的问题

在酒水服务中，尤其是高档酒品服务，要根据宾客的需求做好针对性服务。遇到宾客饮用加温酒时，服务员要随时掌握温度，以保证服务质量。

5. 酒水饮料日常保管注意事项

酒水饮料在日常保管中一定要注意其保质期，从而保证质量。

6. 为客人保管开封斟用后剩余酒液的方法

顾客提出餐厅代为保管斟用过的余酒时，餐厅服务员应进行重新封瓶，并写清顾客的姓名，以便为客人代为保管。

7. 罐装酒与木塞封酒保管时瓶口的区别

罐装酒品应将开口朝上，木塞封酒类在日常存放时应将酒瓶瓶口朝下。

8. 酒水在保管中对温度的要求

酒水在日常保管中，要注意温度。啤酒不可冰冻，也不可温度过高。汽酒不可在高温处存放。

十一、餐具的配备

1. 中餐厅配备各种餐具、用具的依据

各种餐具的数量和质量要根据餐厅档次的高低、餐位的多少和所经营菜肴的特点配备，力求做到准确、协调，并能方便客人和餐厅服务员的使用。

2. 餐饮业常用餐具的种类

餐饮业普遍使用瓷器餐具。瓷器餐具的种类繁多，花色各异，各有功用。瓷器餐具按其种类、形状、用途可分为盘、碟、杯、勺、茶壶、茶碗、茶碟等，另外还有其他常用餐具，如筷子。

3. 直径12~18cm平盘的用途

直径12~18cm平盘一般作为布碟、骨碟或装小吃点心用。

4. 西餐中吃甜品应配用的器具

西餐中吃甜品（如蛋糕、冰激凌、水果）时，应配用甜叉、甜勺、水果刀和叉。

5. 黄酒杯的用途

黄酒杯一般是瓷杯，多用于喝加热的绍兴酒、加饭酒。

6. 西餐厅酒具的种类

大多数西餐厅使用玻璃酒杯。玻璃酒杯按其用途可分为香槟酒杯、水杯、波尔多酒杯、白兰地酒杯、伏特加酒杯、鸡尾酒酒杯等。

十二、餐饮器皿的管理

1. 银器的概念

银器是餐厅的高档用具，它大多是以铜质金属做胚，外镀一层银。常用的器具有刀、叉、勺、筷、碗、壶、毛巾碟。

2. 清洗银器的步骤

银器具清洁通常分5个步骤：

（1）冲洗，用清水或热水冲掉银器上的残留物；

（2）配药，用药水配制成洗银溶液；

（3）浸泡，将银器放入药液中浸泡20～30min，重污可浸泡50～60min；

（4）二次冲洗，用清水冲掉银器上面的药液；

（5）消毒，放入洗碗机过机消毒。

3. 银器的保管方法

银器属贵重物品，应设银器台账登记造册，设专柜分档存放，由专人负责保管，实行领出收回制度。

4. 玻璃器皿的洗涤方法

洗涤玻璃器皿应先用冷水浸泡去其酒味，然后用洗涤灵进行洗涤消毒，最后用清水冲洗。器皿洗净后要控干水并用洁净的布巾擦干。

5. 玻璃器皿的存放方法

在存放玻璃器皿时，应按不同规格分档存放，防止碰撞损坏。

6. 陶器的清洗方法

清洗陶器的方法是：用洗涤液洗涤消毒，用净水冲洗，控水擦干。

7. 高档陶器的保管方法

陶器质地较脆，在保管中应做到：少磕碰，少堆叠，按其大小形状分类存放。高档陶器不用时应予以包、垫保管。

8. 瓷器餐具的洗涤程序

瓷器餐具的洗涤程序是：一刮、二洗、三消毒、四冲。一刮即刮出残渣；二洗即用经过卫生监督部门批准使用的洗涤剂刷油污；三消毒是用消毒液进行消毒；四冲是将洗过的餐具用流动水冲掉消毒残迹，然后进行消毒。

9. 瓷器餐具通常使用的消毒方法

瓷器餐具采用的消毒方法是：煮沸消毒、蒸汽消毒、干热消毒和化学消毒。

10. 瓷器餐具的存放方法

瓷器餐具应设专柜分档存放，但不能堆叠过高。长期不用的餐具如再次使用时必须重新进行清洗消毒。

11. 台布、口布的保管方法

台布、口布保管的方法是：设专人负责，实行领用收回制度，以防丢失；每天用完后要及时清点数字，送洗衣店进行清洗，洗完后要分类保管，以待备用；台布如有破损应及时停止使用。

12. 小毛巾的洗涤程序

小毛巾每天用完后应及时清洗，洗涤程序是：先用清水泡，再用专用洗毛巾液、漂白剂洗涤，清水冲洗，最后消毒。

13. 餐厅使用棉织品的种类

餐厅常使用的纯棉织品有：台布、口布、小毛巾、托盘垫布、软绒消音垫、桌裙等。

14. 桌裙的洗涤方法

清洗桌裙时一般采用手洗，以保持桌裙原有的形状。

第二节　中级餐厅服务员专业基础知识

一、我国几大菜系烹饪知识

1. 山东济南菜的特点

山东菜的形成可追溯到春秋战国时期，南北朝时发展迅速，经元、明、清三代，现在被认为是中国菜的第一大流派。山东菜主要由内陆的济南菜和沿海的胶东菜构成。济南菜以省会济南为中心，以烹饪方法独特多样、制作精细、长于制汤、讲究用汤为主要特色。菜品以清、鲜、脆、嫩著称，口味多以咸、鲜为主。山东菜的代表菜有汆芙蓉黄管脊髓、奶汤八宝鸡、荷花鱼翅、糖醋黄河鲤鱼、清炒虾仁等。

2. 四川菜的组成

四川菜在秦、汉、两晋时已见于志，至唐宋时屡为诗文称颂。明清以后，其影响已达海内外。四川菜主要由成都菜、重庆菜、自贡菜和佛斋菜组成，原料多选山珍、江鲜、野蔬和家禽畜肉，其风味特点在相当大的程度上取决于四川的特产原料。四川菜运用辣椒调味，使巴蜀时形成的“尚滋味、好辛香”的调味传统有所发展。四川菜由筵席菜、便餐菜、家常菜、三蒸九扣菜、风味小吃五大类组成了一套完整的风味体系，其风味清、鲜、醇、浓并重，并以善用麻辣著称，有“味在四川”之誉。其代表名菜有水煮牛肉、樟茶鸭子、菠饺鱼肚、家常海参、干烧鹿筋、官燕孔雀等。

3. 淮扬菜的组成

淮扬菜由来已久，始于先秦，隋唐时已有盛名，明清两代发展较快，并形成流派。淮扬菜由淮扬、金陵、苏锡、徐海等几大地方风味组成。

淮扬菜以扬州为中心，口味以清淡为主，南北皆宜。金陵菜以南京为中心，口味以醇和为主，素以鸭馔驰名。苏锡菜以苏州和无锡为中心，口味清爽，浓淡适宜。徐海菜指自徐州沿东陇线至连云港一带的菜品，风味咸鲜，五味兼容，淳朴实惠。

淮扬菜具有原料以水产为主，注意鲜活，加工精细多变，因料施艺，烹制善用火候，口味调和、清鲜、平和的特点。其代表名菜有翠珠鱼花、宫灯里脊、东坡肉、白玉虾圆、淮杞炖鳖裙、鸡包鱼翅等。

4. 广东菜的特点

粤菜即广东菜，古代聚居于广东一带的百粤族人善鱼农，尚杂食。粤菜在汉魏、南北朝时已见于文献，清末驰名于海内外。由于粤菜自秦汉以后广受中原文化的影响，加之近代又汲取西餐技艺之长，经融会贯通，因此形成了今天具有鲜明地方特色的风味流派。

粤菜由广州菜、潮州菜、东江菜组成，以广州菜为代表。广州菜包括珠江三角洲各市、县及肇庆、韶关、湛江等地在内的菜肴。其特点是：用料广博奇异，选料精细，野味肴馔甚多。

广州菜烹调技法多样善变，风味清鲜，注重菜质，力求本色原味；潮州菜其风格自成一派，刀工精细，注重造型，口味清醇，以烹制海鲜见长，甜菜荤菜更具特点；东江菜（即客家菜）多以家养禽畜入馔，较少使用水产品原料，菜肴主料突出、量大，造型古朴，口味偏咸，力求酥烂香浓，尤以砂锅菜著称。粤菜的代表名菜有蚝油牛肉、柠汁煎鸭脯、百花清汤肚、金龙乳猪、三色龙虾等。

5. 北京菜的特点

北京菜又称京菜。京菜融合了汉、蒙古、满、回等民族的烹饪技艺，吸收了全国主要地方风味，尤其是山东风味，形成了自己的特色。北京菜色花样繁多，调味精美，菜肴质地讲究酥、脆、鲜、嫩。北京是多代帝王的都城所在，名人志士的往来为北京菜的发展奠定了一定的基础，同时国际交往的日益广泛也使北京菜更加完善。其代表名菜有三元牛头、炒芙蓉鸡片、挂炉烤鸭、三不沾、罗汉大虾等。

6. 上海菜的特点

上海菜是我国江南一带的代表菜肴，上海菜以本帮菜为主，融合了京、鲁、扬、苏、锡、川、广、闽、杭、甬、豫、徽、湘等肴馔及素菜、清真菜和西餐等的特色风味，适合各方人士的口味需求。上海菜的口味注重真味，讲究清淡而多层次，质感鲜明，款式新颖精致，由此形成了引导趋势的海派风格。其代表名菜有鸡汁排翅、松仁玉米、炒蟹黄油、炒素鳝丝、扣三丝、灌汤虾球等。

7. 福建菜的特点

福建菜也称闽菜，起源于闽侯县，由福州、厦门、泉州等地方菜组成。福州菜清鲜、淡爽、偏于甜酸；厦门菜讲究调料、善用甜辣；泉州菜稍偏咸辣。福建菜汇集三路菜之长于一身。福建地处沿海一带，因此福建菜以烹饪山珍海味而著称。福建菜以清鲜和醇、荤香不腻为其风味特色，制汤有“一汤十变”之誉。福建菜在全国著名菜肴中别具一格，在中国的烹调史上也占有重要地位。其代表名菜有荷包鱼翅、白炒龙虾片、鲟鱼煨鱼肚、佛跳墙、白炒香螺片、莲蓬过鱼等。

8. 河南菜的特点

河南菜又名豫菜，具有鲜香清淡、四季分明、色彩典雅、质味适中的风味特色，菜肴调味匀和，适应八方食客的口味要求。其代表名菜有清汤荷花莲蓬鸡、三鲜铁锅烤蛋、奶汤炖广肚、芙蓉海参、玉珠双珍、兰花竹荪等。

9. 湖南菜的特点

湖南菜又称湘菜，它以衡阳、湘潭为中心，并以长沙为代表，风味重鲜香、酸辣；洞庭湖区，其菜讲究芡大油厚、咸辣香软；湘西擅制山珍野味，注重咸香酸辣，山乡风味浓郁。由此形成了湘菜讲究入味、重酸辣、鲜香、软嫩的特点。其代表名菜有红煨八宝鸡、荷花鱼肚、腊味合蒸、鸡汁透味参鲍、柴把桂鱼、香酥嫩斑鸠等。

10. 陕西菜的特点

陕西菜也称秦菜，由关中菜、陕北菜、汉中菜组成。关中菜料重味浓，香肥酥烂；陕北菜以滚熟软烂而著称；汉中菜味多鲜而辣，近于川味。陕西菜形成了调味突出主味、味醇正而主次分明、以酸辣为长的特点，并影响着我国西北地区的菜肴特色。其代表名菜有麻辣羊肝、鸡米海参、青衣仙子、草堂八素、三皮丝等。

11. 山西菜的特点

山西菜也称晋菜。山西既有山珍特产，又有鱼虾水产，更添乌金作燃，使烹饪菜肴别有天地。山西菜由太原菜、运城菜、临汾菜、五台菜组成。太原菜兼收南北之长，以咸味为主、酸甜为辅，菜肴重色、重味，多具清淡、酥烂、香酥的特点；运城菜、临汾菜讲究鲜味；大同、五台山为佛教圣地，盛产山珍，菜肴讲究清淡素雅，并重色、重油。山西菜的代表名菜有香酥鸭、奶油扒龙须菜、金钱口蘑、金丝吊葫芦、五彩里脊丝、百花珍珠鱼等。

12. 清真菜的特点

清真菜又称回族菜，指信奉伊斯兰教民族肴馔的总称。目前盛行的清真菜，主要由西北地区的清真菜、华北地区的清真菜及西南地区的清真菜组成，同时也包括新疆维吾尔等少数民族的菜肴。清真菜由于组成地域广阔，民族众多，因此具有菜肴品种繁多、风味独特的特点。其味清鲜而不寡淡，风格古朴典雅，因此深受其他各族人民喜爱。其代表名菜有它似蜜、桃仁肉卷、玉米全烩、鸡肚爆、扒羊肉条、烧牛尾等。

二、西餐服务知识

1. 西餐零点服务的特点

西餐零点服务的特点有以下三点：第一是客人依据餐单订餐；第二是注重质量标准，以获得稳定的客源；第三是零点服务时间性强。

2. 西餐接受客人预订时的注意事项

预订方式有电话预订和客人来餐厅预订两种方式。不论哪种预订方式，领位员都要能熟练地回答客人的问题，积极地向客人提出就餐建议，并准确地记录客人姓名、用餐时间、用餐人数与特殊要求。

3. 客人来到餐厅时服务员首先要做的工作内容

客人来到餐厅后，领位员首先应热情地问候客人，常客应道出客人的姓名，然后确认客人预订，引领客人到位。引领客人时，领位员应走在客人左前方，保持 1 ~ 1.5m 的距离，来到餐台前，协助客人入座，并将客人介绍给餐厅服务员。

4. 向客人递送菜单的方法

餐厅服务员按客人人数呈送相应数量的菜单。当客人入座后，服务员打开菜单的第一页，站在客人的左侧，按先宾后主、女士优先的原则，依次将菜单送至客人的手中，同时用礼貌的语气对客人说："先生（女士），请看菜单。"

5. 西餐零点订餐前的工作

客人看菜单时，餐厅服务员应向客人征询是否需要提供餐前酒、鸡尾酒服务，并准确记录客人所需要的酒。3 ~ 5min 后，用托盘从客人右侧提供餐前酒服务。服务餐前酒以后，应撤去多余的餐具，并从客人的左侧送上新鲜面包和冷冻黄油。

6. 西餐零点订牛排的服务方法

餐厅服务员向客人介绍菜单内容，回答客人的问题，帮助客人选择食品，对客人的特殊要求给予积极的回应，准确记录客人所订的食品，并重述订单以确认。

客人订牛排、羊排时，服务员应询问客人喜欢吃老的还是嫩的，厨师要依照客人的喜好来烹饪。牛排的成熟度有四种：全熟、八分熟、半熟和三成熟。

客人在订蔬菜沙拉时，服务员应询问客人配何种沙拉汁。蔬菜沙拉汁有千岛汁、法式汁、油醋汁和奶酪沙拉汁。这几种汁是厨师已经制好放凉的，用时浇在沙拉上即可。除此之外，还有一些食品也需要询问客人的要求。订单完成后，将订单送交厨房，并准确传递有关客人对食品的特殊要求。

7. 西餐零点佐餐葡萄酒的服务

客人订完食品后，餐厅服务员要主动为客人推荐与客人所订的菜肴相适合的葡萄酒，并提供葡萄酒的展示、开启、品评酒质、斟酒等服务。

8. 西餐零点订餐后餐具摆放的位置

餐厅服务员根据客人所订的食品摆放餐具，按照每位客人所订菜肴的上菜顺序摆放刀、叉、勺。最先食用菜肴餐具放在最外侧，其他餐具按顺序依次向里侧摆放。

9. 西餐零点服务头盘的方法

餐厅服务员必须为客人提供新鲜的热面包和冷冻黄油，并使用清洁的面包篮和黄油碟。头盘有冷、热之分，应注意凉菜要凉，热菜要热，并用相应温度的餐盘。服务时先给女士和贵宾；从客人的右侧为客人上菜；对于同餐台的客人，应在同一时间内按客人订单的内容准确地分别送到每位客人的面前。客人全部放下刀、叉后，询问客人是否可以撤盘，得到客人允许后，从客人的右侧将盘和刀、叉一起撤下。头盘与下一道菜不应中断，因此，应在客人开始享用头盘数分钟后，请厨师制作下一道菜。

10. 西餐零点服务汤的要求

服务汤时，汤盘应配垫盘。餐厅服务员应小心地把汤放在客人面前，并准确报出汤的名字。对于同一餐台的客人，应同时提供汤服务。客人用完汤后，征得客人同意，从客人右侧将汤盘连同垫盘和汤勺一同撤下。

11. 西餐零点服务主菜的注意事项

（1）上主菜以前，要提供系列的餐中服务，如客人需要，应为客人添加面包和黄油。客人的酒杯仅剩 1/3 酒时，要为客人添加酒。客人用餐时，矿泉水也要随时为客人添加。

（2）服务主盘时，要准确地按照订单为客人上菜，不能再次询问客人。上菜时，右手拇指根部卡住盘边，按先宾后主的原则，从客人右侧服务。如餐盘过热，应提示客人注意。从客人右侧服务各种配汁、配菜及调料，服务容器的底部要垫花纸和面包盘。

（3）待客人全部放下刀、叉后，征得客人的同意，将盘和刀、叉从客人右侧撤下。

12. 西餐零点服务甜食的注意事项

客人用完主菜后，应为客人提供甜食菜单以供选择。客人订完甜食后，从客人右侧为其摆上甜食叉、勺，叉在左侧，勺在右侧。服务甜食时，从客人右侧用右手从托盘中取出甜食，将甜食摆在客人餐盘的正中，并告诉客人甜食的名称。

13. 西餐零点服务咖啡的注意事项

为客人服务咖啡或茶时，应先将糖盅、奶罐摆放在客人的餐台上。糖盅内应该放三种袋糖：白砂糖、咖啡糖和减肥糖。糖必须保证新鲜，无结块，糖量为盅容量的4/5。奶罐内应注入新鲜的冷冻淡奶，如客人要求用鲜奶，则应为客人准备鲜奶。咖啡用具要配合使用，咖啡碟上摆咖啡杯，杯柄朝右下方，咖啡勺斜放于咖啡杯右上侧。

14. 西餐零点结账工作时的要求

餐厅服务员应用适当的方式把账单送给客人，并按服务程序请客人结账。结账时应真诚地感谢客人的惠顾。当客人准备离开餐厅时，应协助客人挪开座椅，并表示欢迎客人再次光临。

三、宴会服务基础知识

1. 宴会服务的岗位设置

宴会设置的服务岗位有迎宾服务员、看台服务员、传菜服务员及宴会组织指挥人员等。

2. 宴会前卫生检查的要求

（1）重点检查参加宴会服务人员的个人卫生情况及是否按规定着装、有无违反仪表仪容要求的做法。

（2）进行餐酒用具卫生检查、餐厅环境卫生检查及菜肴食品的卫生检查等。

3. 中餐宴会服务员的配置

中档中餐宴会，一般1名看台服务员要为10位客人提供餐台的就餐服务，1名传菜员要为20位客人提供传菜服务，1名迎宾服务员要为20～50位客人提供引位、迎送服务。

高档宴会，一般1名看台服务员要为10位客人提供餐台的就餐服务，1名传菜服务员要为10位客人提供传菜服务，1名迎宾服务员开餐前要为10～20位客人提供迎接与引位服务，送客时要为10～30位客人提供服务。

如遇有重要宴会时，应设专门的迎宾服务员，负责专人的迎送服务。

4. 传菜服务员的工作职责

传菜服务员的工作应做到服从指挥，统一行动。工作职责如下：

（1）餐前协同看台服务员做好各项准备工作，准备好传菜工具。掌握宴会服务要做到的“八知三了解”的各项内容（八知：知宴会日期及开餐时间、知宾主身份、知参加宴会人数、知宴会标准、知菜式品种、知出菜顺序、知主办单位或房号、知收费办法；三了解：了解宾主风俗习惯、了解宾主生活忌讳、了解宾主特殊需求）。

（2）及时将菜肴、点心、水果等送到看台服务员的手中，做到不错、不漏、不提前、不落后。

（3）餐中协助看台服务员做好联系，协助整理菜台、服务桌，当好助手。

（4）注意个人的仪表着装，保持干净、整洁。

5. 宴会指挥员的工作职责

（1）将宴会的各种情况了解清楚，掌握宴会前的全部准备工作。

（2）认真审阅宴会菜单，拟订宴会服务的组织方案和具体服务措施。

（3）根据主办单位的要求，确定宴会场地的布置形式、布置的具体时间，并指挥落实。

（4）与有关部门协调配合。

（5）根据宴会的标准，拟订宴会成本核算单，拟订酒水饮品所需种类和数量。

（6）筹备宴会所使用的餐具、酒具及其他所需物品。

（7）确定各服务区域负责人和贵宾席、主宾席的服务人员及其他岗位的人员名单。

（8）向饭店有关领导汇报宴会组织安排情况。

6. 宴会准备场地布置要求

高档宴会布置场地时，要考虑到宴会的规格、标准、性质、目的及参加宴会宾主的身份等情况，使场地的布置既能反映出宴请的目的，又要使宾客进入厅堂后有清新、舒适的感受，能够体现高档次、高质量、高水平的服务。

7. 高档宴会摆台要求

高档宴会摆台要做到：餐具摆放要规格化；各种餐具、酒具齐全、卫生、无破损；餐巾花的折叠和摆放要美观，符合宴会要求；台面的布局要合理，花草摆放要规范。

8. 宴会前安全检查的要求

为保证宴会顺利进行，保证参加宴会宾主的安全，必须进行安全检查。主要内容包括：

（1）检查宴会厅的各出入口有无障碍物。

（2）检查太平门的标志是否清晰。

（3）检查洗手间的一切用品是否齐全、完好。

（4）检查各种灭火器是否按规定位置摆放，灭火器周围有无障碍物。

（5）检查宴会场地餐桌椅等家具是否牢固可靠。

（6）检查地面有无水迹、油渍等，如新打蜡的地面应立即磨光，以免客人滑倒。

（7）检查地毯缝处对接是否平展，如不平展要及时修整。

（8）检查宴会需用的酒精、固体燃料等易燃品是否有专人负责，放置的地点是否安全可靠。

四、对客服务方法

1. 客人就餐消费心理需求的具体内容

大多数用餐客人的消费心理需求具体包括：要求饮食品干净、卫生；要求得到尊重；要求饮食品符合口味；要求得到快捷的服务，求知求新；要求食品饮料价格实惠；要求餐厅环境雅静舒适、怀旧等。

2. 生理性消费类型的特点

生理性消费类型就是必需的饮食消费，指的是餐饮消费场所提供的能够直接食用的食物。这种消费类型是以吃饱和满足生理要求为目的，多为单一的个体购买，属于经济型，是必需的、自动的消费类型。

3. 理智型消费类型的特点

理智型消费的目的性很强，是为了达到某个目的而产生的消费需求，如祝寿宴、迎宾宴、婚宴、节日宴等。这种消费类型的消费者对餐厅用餐环境及食品的规格、品种、价格都有所选择，对服务的优劣非常在意，在消费的标准上有很强的计划性，在时间上具有规律性。

4. 非计划性消费类型的特点

这种饮食消费的情况比较复杂，往往是一时决定的饮食消费活动。例如，老同学、老同事、老战友很久没有见面，偶然相遇又恰逢吃饭时间；有的是新的饮食企业开张营业，有了创新菜肴，或是有了新的服务方式等。这些情况都将促成非计划性的饮食消费。这种非计划性的饮食消费对消费者来说不是生活必需的，从心理上讲是请客和品味兼而有之，比较讲究排场。饮食企业对这种消费是难以预测和掌握的，因其偶然性多于规律性，餐饮企业的管理人员若注意观察、调查、研究这样的消费一族，搞好其服务工作则不难。

5. 性急求快客人的特点

性急求快客人容易心情急迫，甚至烦躁易怒。餐厅服务员要坚持耐心服务，以准确、娴熟的服务，做好接待工作，并注意及时结账。餐饮接待服务工作不但要满足宾客的物质需求，还要满足他们的精神需求。

6. 对性急求快客人的服务方法

对待性急求快的宾客，要突出一个“快”字，这样的客人时间观念强，要求速战速决，一般在价格、品种上不太计较，但在时间上要求快。餐厅服务员应随着客人的快节奏，从找座位、开菜单、上酒水直至通知厨房出菜，均需突出一个“快”字。同时可以向客人推荐快餐食品或半成品。

7. 对寻求环境幽雅客人的服务方法

对寻求环境幽雅的客人服务要突出一个“静”字。餐厅服务员应为他们选择幽雅的空间、柔和的光线，适时配以轻柔的音乐，以增强氛围，让客人感到温馨舒适、便于交流。

8. 寻求环境幽雅客人的用餐目的

寻求环境幽雅客人餐饮的目的不单纯是饮食，他们主要是想寻求环境幽雅的空间，延伸社会生活，寻求良好的人际关系。

9. 对寻求知识的客人的服务方法

对寻求知识的客人，服务中要突出“文化”二字。有一些国外宾客对中国餐饮情有独钟，一方面想交流烹饪技艺，另一方面想了解中国菜肴的历史渊源。他们对菜系的烹调方法、逸闻趣事很感兴趣，餐厅服务员要向这样的客人介绍餐厅历史、菜肴典故、经营特色及风土人情。

10. 为满足客人求知求新的心理需求服务员应掌握的知识

来餐厅用餐的客人，特别是旅游客人很希望了解当地菜肴的特点。为满足客人的求知心理，餐厅服务员应熟练掌握餐厅菜单内各式菜肴的名称、用料、配料、烹调制作方法、食用方法，对于有历史典故的菜肴要了解清楚，对于有食疗价值的菜肴要能讲出对人体的益处。特别是当餐厅推出特色菜肴和每日时菜时，餐厅服务员必须立即掌握。只有这样，才能在为客人点菜服务时进行充分介绍，在回答客人的各种询问时应答自如。有些餐厅为了满足客人对菜肴求知的心理，还在餐厅内安设炉灶，挂上菜牌，请客人当场点菜，现时烹调，让客人观看制作的全过程。

求新也同样是客人的一种心理需求。住在饭店的常客，包括团队客人，如果总是在一个餐厅内用同样的餐食，时间稍长自然会产生一种乏味的心理，想换一换口味。餐饮部门应该满足客人的这种需求，有计划、周期性地安排更换菜单，为客人提供一些新鲜的菜肴，让他们感到菜肴有变化有吸引力，而不是千篇一律。

11. 满足客人受尊重心理的具体服务方法

服务中要突出一个“敬”字。当客人进餐中出现失误时，餐厅服务员应视而不见，或体面地帮助客人摆脱困境，或者避开。对生理有缺陷的客人，应加倍给予关照，让客人体会到热情周到的服务。为此，餐厅服务员应在服务全过程中，突出敬语服务，尊敬客人。

餐厅服务员在服务中能否得到客人的赞许或认可，很大程度上取决于餐厅服务员是否懂得如何去保护、满足客人的自尊心。为此，餐厅服务员在服务时必须注意以下几个方面：

（1）整洁的仪表仪容，这是对客人无声的尊重。

（2）注意服务语言的使用。餐厅服务员使用的敬语应规范、到位，像“请、谢谢、对不起”等用语应该挂在口头。使用服务敬语要得体、婉转、谦恭。从客人进入餐厅的第一句问候开始，一直到客人用餐完毕离开餐厅，每一个服务环节都要使用规范的、经过仔细斟酌的敬语。

（3）引领和安排座位时也应满足客人自尊的需求。

（4）满足客人的自尊心要表现在餐厅服务员的服务操作上。

（5）了解餐厅服务员为客人服务时的先后顺序。懂得服务顺序表明餐厅服务员懂得礼貌要求，是受过培训的，也是对客人的一种尊重。

（6）餐厅服务员应该认真领会“客人总是对的”这句话的真正含义。服务中会遇到各种不同的客人，他们都是有个性的，餐厅服务员应时刻从尊重客人的角度出发，把“对”让给客人，这其实就是对客人最好的尊重。

12. 竭诚为客人服务的含义

服务中要突出一个“超”字，随着餐饮市场竞争日益激烈，餐厅服务员在为宾客服务中，要树立“超前服务”的意识，一切想在客人预料之前，使客人到餐厅有宾至如归之感。

13. 采取灵活服务方式的原因

在服务接待中，由于用餐形式、标准、目的的不同，常会遇到宾客提出一些具体要求的情况，对此，在经营范围许可的情况下，餐厅服务员要采取灵活的服务方式满足宾客的要求。

14. 餐厅服务员提供超前服务的具体内容

服务员要树立“超前服务”的意识，如雨天为客人备伞，雪天为客人铺路防滑，平时为客人擦洗车辆，为带小孩的客人照看小孩，为外地客人提供旅游指南，为带行李的客人提取重物等，使宾客有宾至如归之感。

15. 服务员运用语言表示情感因素的重要性

由于餐厅服务的对象是广大宾客，因此情感因素具有很大的作用。客人的情感对餐饮企业具有十分重要的意义，餐厅服务员运用好语言艺术的情感因素，可以提高企业效益。

16. 服务员真诚表达美好情感的方式

服务员应运用语言真诚表达美好情感。为创造一流的服务，服务员应广泛运用有声语音和形体语言的种种情感要素，通过语言、表情、手势的选择和具有感情色彩的词汇的运用，以及微笑等形体语言的表露，真诚表达美好的情感。

17. 常用服务语言的语言要素

常用服务语言的语言要素包括：表谦表敬的谦辞敬语，庄重典雅的措辞，亲切柔和的语调，以及温和委婉的语气等。餐厅服务员要养成文明用语的习惯，不断提高语言艺术。

18. 服务语言要注意的问题

（1）服务用语要真诚质朴、亲切大方，力戒轻率怠慢、模棱两可。

（2）服务用语要直言明快，不宜隐隐约约、吞吞吐吐。

（3）服务用语应字斟句酌、话语稳重，不要信口开河。

（4）语言艺术要注意性别、年龄、心理、环境等多种因素。

五、酒类知识

1. 餐厅服务员对酒品质量感官鉴定的方法

餐厅服务员通过自己的感官看酒色、嗅酒味、品酒体，以简便迅速地对所出售的酒水进行优劣鉴定，从而为顾客提供优质的酒水服务。

2. 高端优质酱香型白酒“香”的质量标准

酱香突出，优雅细腻，空杯留香持久，是高档优质酱香型白酒“香”的质量标准。

3. 高档优质黄酒酒色的质量标准

酒液呈黄色至深褐色，清凉透明，有正常的瓶底聚积木，是高档优质黄酒酒色的质量标准。

4. 高档优质黄啤酒泡沫的质量标准

优质黄啤酒泡沫多，持久，洁白细腻。

5. 世界六大蒸馏酒

中国白酒是世界著名的六大蒸馏酒之一，其余五种为白兰地、威士忌、朗姆酒、伏特加和金酒。

6. 茅台酒的香型

茅台酒是酱香型白酒，茅台酒酒液纯洁微黄、晶莹透亮、酱香突出、优雅细腻，香气成分多达 110 多种，柔和醇厚、不刺喉咙、不上头、回味悠长，饮后空杯能长时间余香不散，故人们又称之为“留香酒”。茅台酒的乙醇含量有 38 度、52 度和 53 度三种。

7. 五粮液的产地

五粮液酒产于四川省宜宾市五粮液酒厂。五粮液以红高粱、糯米、大米、小麦及玉米等为原料，用小麦制曲，故又称为“杂粮酒”。乙醇含量有38度和58度两种。

8. 泸州老窖特曲的香型

泸州老窖特曲属于浓香型大曲酒类，以糯米、高粱为主要原料，它的特点是酒液无色、晶莹透明、酒香芬芳、醇香馥郁、口味纯正、清冽甘爽，酒味协调纯浓，饮后余香悠长。乙醇含量有38度和60度两种。

9. 汾酒的香型

汾酒产于山西省汾阳县杏花村汾酒厂，汾酒以名为“一把抓”的高粱为主要原料，用大麦和豌豆制曲，属于清香型白酒。酒液清澈透明、清香馥郁、入口绵柔甘冽、香甜醇厚、饮后爽口、回味悠长。因此被誉为色、香、味俱佳的美酒。乙醇含量为60度。

10. 杜康酒酒名的起源

杜康酒的名称源于始造者的姓名。它以糯高粱为主要原料，用小麦制曲，属浓香型酒。乙醇含量为60度。

11. 董酒原料的特点

董酒以糯高粱为酿造原料，并加入中药材的大曲和小曲。乙醇含量为58度~60度。

12. 烟台红葡萄酒的特点

烟台红葡萄酒属甜型玫瑰红葡萄酒。乙醇含量为15.5度~16.5度，酒液颜色鲜艳，为红宝石色。

13. 沙城白葡萄酒的产地

沙城白葡萄酒产于河北省沙城酒厂。

14. 特制五星啤酒的乙醇含量

特制五星啤酒的乙醇含量为3.5度。

15. 味美思酒的配制

味美思酒是以葡萄酒为基酒，配以白兰地，再加入其他原料制成的。

16. 绍兴加饭酒的乙醇含量

绍兴加饭酒的乙醇含量为17度~18度。

17. 法国名酒名称监制制度

法国政府于1935年7月30日颁布的法律中规定，凡是法国生产的质地优良、享有盛誉的著名品牌酒均受到国家法律保护，同时建立了法国名酒名称监制制度。这条法律确保了法国著名品牌葡萄酒的商业地位，并为法国所酿制葡萄酒的等级分类、识别酒质优劣提供了依据。现在，凡是葡萄酒商标上标有“名称监制”印记的葡萄酒，均是法国生产的真正合格的著名品牌葡萄酒。

18. 外国葡萄酒的分类方法

外国葡萄酒包括以下几种分类方法：按酒的含糖量分类、按酒的酿造方法分类、按酒是否含二氧化碳分类以及按酒色分类等。

外国葡萄酒按含糖量可分为干型、半干型、甜型、半甜型四类，其中酒含糖量大于50g/L的是甜型，半甜型的含糖量为12.1~50g/L，干型葡萄酒含糖量小于4g/L，半干型的含糖量为4.1~12g/L。

葡萄酒按是否含二氧化碳分类，可分为静酒、香槟酒或起泡葡萄酒和葡萄汽酒。

外国葡萄酒按色泽分类可分为红葡萄酒、桃红葡萄酒和白葡萄酒三种。

19. 天然葡萄酒的酿造特点

天然葡萄酒在酿造发酵过程中不添加糖或食用酒精、葡萄酒精。

20. 鸡尾酒的特点

鸡尾酒具有良好的口味，不过甜、不过苦、不过香，以免掩盖味蕾知酒味的能力。

21. 鸡尾酒的分类方法

鸡尾酒的分类方法主要是按是否定型、按酒精含量、按饮用温度、按饮用时间、按不同基酒来分类。

22. 鸡尾酒常用的命名方法

鸡尾酒常用的命名方法包括：用形象和寓意命名；按酒的色、香、味、功效命名；以鸡尾酒的材料命名；以人名、地名、公司名等命名；用相关故事命名。

23. 鸡尾酒的调制方法

鸡尾酒的调制方法有摇和法、调和法、兑和法、漂浮法和搅拌法。

六、茶饮品知识

1. 日常生活中茶叶的分类方法

在日常生活中，人们习惯把茶叶分为红茶、绿茶、花茶、乌龙茶、白茶和紧压茶等几种。

2. 红茶的工艺处理方法

在制作红茶时，通常选用新鲜的茶叶，经过凋萎、揉捻、发酵、干燥等工艺使其由绿色变为红色。

3. 祁门红茶茶汤的特点

祁门红茶冲泡后，茶汤色红艳透明，带有蜜糖香，叶底红亮。

4. 绿茶制作工艺的四大分类

绿茶按制作工艺可分为炒青、烘青、晒青和蒸青四大种类。

5. 绿茶名品的品种

绿茶名品的品种包括珍眉茶、西湖龙井茶、信阳毛尖茶、太平猴魁茶等。

6. 明前茶的含义

在清明节前 3 天采摘的茶叶叫明前茶。

7. 茶中珍品西湖龙井茶“四绝”的内容

西湖龙井茶具有色翠、香郁、味醇、形美“四绝”，成为茶中珍品。

8. 花茶的制作方法

花茶主要以绿茶为原茶，经过干燥，加入鲜花窨制而成。

9. 按加工工艺划分乌龙茶的种类

乌龙茶介于红茶与绿茶之间，属半发酵茶。

10. 白茶的形成

白茶是用优种茶树大白、水仙白、小白等的嫩幼芽尖加工而成。

11. 普洱茶的主要产地

普洱茶主要产于云南西双版纳地区。

12. 紧压茶的形成方法

紧压茶属加工复制茶类，它用黑茶、绿茶、红茶等作原料，再经蒸压，制成各种不同形状的茶砖或块。

13. 泡茶时的水温要求

一般冲泡乌龙茶等特种茶时，需100℃的开水；冲泡西湖龙井等高档细嫩茶叶时，需80℃左右的水温。

14. 中国汉族人的饮茶习惯

北方人喜欢花茶，华南一带的人比较喜欢乌龙茶，江浙一带的人喜欢西湖龙井茶，边陲地区的人喜欢紧压茶。

15. 饮用红茶的作用

红茶有丰富的蛋白质和糖，可给人增加热量和营养，还有助消化、去油腻的作用。

16. 为客人献茶的顺序

为客人献茶时，其顺序的礼仪形式是先宾后主、先老后少。

七、宴会厅环境布置

1. 重要宴会环境布置要求

国宴及政府机构举办的重要宴会，其环境布置一定要显示出隆重、庄严友好、热情的气氛。

2. 悬挂国旗的国际惯例

悬挂国旗的国际惯例是主办国在右，客方在左，其尺寸、规格、悬挂形式一定要相同，国旗下方可装点代表各国的花卉，但不能遮挡国旗。

3. 宴会厅的布置原则

宴会厅的布置原则是庄重、整齐、清洁、美观大方，提供给客人舒适愉快的就餐环境。

4. 中国园林式建筑风格宴会厅的特点

中国园林式建筑风格宴会厅中有山石、流水、亭台楼阁，具有江南幽雅僻静的格调，使人进入后感到轻松幽静，体会到休闲的乐趣。

5. 布置中餐宴会厅时应注意的问题

布置中餐宴会厅时，要处理好家具与观赏品的关系，处理好“围”与“透”的关系，处理好“突出”与“陪衬”的关系，搞好餐桌的设计与摆放，搞好花卉绿化布置，处理好光线、色彩与客人喜好的关系等。

6. 宴会厅堂中各种装饰与设备的作用

宴会厅堂中的各种装饰与设备都是为提高饮宴气氛、烘托进餐情趣、为客人增强舒适感而准备的。

7. 中餐宴会厅对所用家具的要求

中餐宴会厅所用的家具是宴会服务所必需的物质保证，各种家具应力求配套组合，颜色、样式、格调一致。

8. 宴会厅堂里光线的作用

宴会厅堂的光线一般以暖色为佳，它可以引起人们的食欲，而冷色则使人的食欲减退。不同的光线色彩会给人们带来不同的感受，西方人认为紫色有雍容华贵的美感。

9. 宴会厅堂摆放花卉的要求

花卉有很强的装饰作用，不同的花卉所含的寓意不同，喜庆宴会可摆放牡丹花，以示荣华富贵；朋友相聚可以摆放兰花、火鹤，以示文雅不俗；商务洽谈可以摆放长青植物、剑兰花卉，以示双方合作友谊长存、生意兴隆。

10. 中高档宴会每桌占地面积

通常中档宴会每桌占地面积为 10 ~ 12m^2，高档宴会每桌占地面积为 12 ~ 15m^2。

11. 西式建筑的特点

西式建筑又称现代式建筑，是近代从西方传入我国的一种建筑形式。其特点是结构多为几何形体和直线。

12. 古典英式宴会厅的典型特征

古典英式宴会厅的典型特征是有深色的护墙板；墙面与壁炉的装饰协调；家具以典雅、庄重、简明的直线为造型的主基调。

13. 法式建筑的特点

具有代表性的法式建筑出现在路易十四至十六时期。法式建筑在天花板的设计上喜欢使用 C 形和 S 形或漩涡形的曲线，并配有清淡、柔和的色彩，体现出很强的自然主义特点。

14. 意大利式建筑的风格

意大利宴会厅的建筑风格为文艺复兴和巴洛克风格，即教堂的建筑风格。其典型的特征是：宴会厅内以铜色为主基调，大量使用铜色和黄金色；厅内装饰大量使用大理石制具；厅堂内的观赏品以壁画和雕刻艺术品为主。

15. 西餐宴会常用的台型

西餐宴会的餐台一般使用长台和椭圆形台，人数多的情况下有时也采用圆桌的形式，同时根据宴会的人数等情况也可摆成其他不同的台型。西餐宴会无论选择哪种台型，均要求在布置中体现出庄重、美观、大方、对称平稳。

16. 蜡烛在西餐餐台布置中的作用

蜡烛是西餐宴会餐台布置时应摆放的，在西餐宴会开始时点燃，它给人一种温馨、柔和的感受。

17. 高档西餐宴会厅堂布置上保留的传统做法

高档西餐宴会经常有客前烹饪的服务，因此要求摆好客前烹饪所需的各种餐车和用具，同时要求照明光线是可以调节的。

18. 西餐宴会餐酒具摆放的依据

西餐宴会餐具摆放是以宴会菜单内容为根据的，酒具的摆放以客人所选用的酒水内容而定。

19. 高档宴会摆台的特点

高档宴会摆台的特点之一是餐酒具要用金、银、玉器、水晶类等器皿，此外在餐具的摆放形式上与一般宴会摆台也有差异。

20. 高档宴会餐台装饰的具体做法

（1）高档寿宴选用杏黄色台布和餐巾，用紫色丝绒做台裙，这样会使宴会气氛更加浓烈。

（2）宫廷宴选用象征皇家特权的明黄色台布和餐巾，配以绣有龙凤丝织品的黄色台裙，更加体现出皇家特有的富丽堂皇的气派。

（3）婚宴配红色台布和餐巾，将会带给新人温馨幸福的感觉。

八、餐酒用具管理知识

1. 酒吧选用酒杯的标准

酒吧选用酒杯时应遵循两个标准：一是习惯性标准，二是美观性标准。酒吧使用杯具的原则一般是以传统和习惯上的做法为主。

2. 鸡尾酒杯的特点

鸡尾酒杯通常呈倒三角或梯形，容量为3.5盎司（约99mL），专门用来盛放鸡尾酒和各种短饮料。鸡尾酒杯不可使用塑料杯，因为塑料杯会使酒变味。

3. 白兰地杯的特点

白兰地杯杯形酷似郁金香，酒杯腰部丰满，杯口缩窄。白兰地酒杯的容量为8盎司（约227mL）左右。饮用白兰地时一般只在杯中斟倒1盎司（约28mL）左右，因为酒太多不易很快温热，难以充分品尝到酒香。

4. 香槟杯的特点

香槟杯种类很多，最常用的有浅碟形杯（也称阔口杯）和郁金香形香槟杯。香槟杯的容量为85～170mL。香槟杯常用于庆典场合，也可用来盛鸡尾酒。

5. 葡萄酒杯的容量

白葡萄酒杯容量为6盎司（约170mL），红葡萄酒杯容量为8盎司。

6. 西餐宴会常用酒杯的种类

西餐宴会一般需要三种形态的酒杯，供饮用佐餐酒、餐后酒和汽酒。

7. 高档酒杯的使用与保养

高档玻璃餐酒具要经常检查，妥善保养。酒杯用过后都要及时清洗、消毒，然后用干净餐巾布擦干。

8. 高档玻璃杯的清洁方法

玻璃杯的清洁方法为用洗涤剂清洗，洗后用热水冲洗干净，然后用干净的专用巾布仔细擦干净。高档玻璃杯在使用过程中一定要轻拿轻放。洗过的杯具要杯口朝下，依次摆放在专用的杯具盒中以待使用。

9. 高档金器的保养

餐厅所用的金器主要有餐具、茶具、毛巾盘、垫盘等。无论是中餐还是西餐都十分讲究餐具与菜肴的配用。餐厅服务员在摆台时应戴白手套，以免在餐具上留下手印。金器在使用过程中应尽量减少磨损。

10. 装饰烛台的使用与保养

装饰烛台一般用于西餐宴会，烛台一般使用金、银、铜、玻璃制造。烛台使用后应及时卸下，用开水把烛台上滴落的烛液烫掉，然后用洁净的干布擦干净。

九、人身安全

1. 安全用电的具体要求

（1）各种电器（如加热毛巾箱、电饭锅、微波炉、空调等）使用后一定要切断电源，电器设备周围严禁堆放易燃易爆物品。

（2）对室内的电器设备要经常检查，发现电线老化、接触不良、绝缘不好时，要及时向有关部门报告，进行维修。

（3）电闸周围绝对禁止存放易燃易爆物品。

（4）下班前要有专人检查各种电器设备是否断电，并关闭电源。

（5）搞卫生时，要注意用水安全，避免电线插座进水、电机进水，禁止带电作业。

2. 使用煤（天然）气的操作要求

（1）使用煤（天然）气时要遵守“火等气”的操作规程。先点火，然后由小至大启动煤气开关，直至煤气完全燃烧。点火时脸不能贴近炉口，熄灭时应完全关闭总闸。

（2）煤（天然）气在使用中要有人看管，注意检查管道开关是否跑气。

（3）工作完毕后，应由专人检查炉灶全部熄灭后才能离开。

3. 餐厅服务员应掌握的防火知识

（1）下班前要仔细检查餐厅内是否有未熄灭的烟头及火种。

（2）烟灰缸内烟头、烟灰要单独湿灭倒掉，不得放入台布内一同处理。

（3）发现煤（天然）气漏气，要打开门窗，同时不要使用明火。

（4）要掌握消防器具的使用方法。

（5）切勿携带易燃易爆物品进入餐厅。

4. 餐厅出现火情的处理方法

（1）切断气源、电源，熄灭一切明火。

（2）立即报告领导，拨打119报警电话。

（3）有组织地进行灭火，阻止火势扩散。

（4）如果餐厅营业当中出现火情，要迅速疏散客人，以保证顾客安全。

5. 餐厅服务员使用各种机器设备的操作规范要求

（1）使用各种机器设备时，要按操作规程办事，绝对禁止带电作业，每种电器设备电源插座应单独使用。

（2）要熟悉服务现场的各种设备，不懂不会的要请教领班。

（3）严格遵守工作纪律，对于各种设备要求严格按照企业管理规定使用，未经批准，不得随意启动各种设备。

（4）在服务工作中发现各种隐患或可疑的情况时，要及时向领导请示、报告。

6. 餐厅服务中遇到酗酒闹事情况的处理方法

在餐厅服务中，经常会发生意想不到的情况。一旦发生意外，一要镇静，二要采取措施，三要向领导汇报，四要妥善、及时处理。遇到酗酒闹事的客人时餐厅服务员要与餐厅内保安人员及时联系，向领导报告，必要时拨打110报警，与公安部门一同解决。

7. 雨雪天气餐厅应为客人提供的安全服务

遇到下雨、下雪天气，要在餐厅门前放警示牌，告知客人路滑。下雨时应为客人撑伞，下雪时要在通道上铺地毯、胶皮等防滑物品。

十、餐饮企业经营管理知识

1. 餐饮企业工作的特点

（1）间歇性。餐饮劳动与生产工作不同，它不是连续性很强的劳动，餐饮劳动的连续性取决于消费者购买餐饮产品的连续状态，它具有时断时续的特点。

（2）劳动强度不均衡。餐饮劳动的强度取决于在一定时间内消费者流量的多少，消费者用餐的时间有早有晚，有时人少，有时又人满为患。正是由于消费者流量的不均衡性，形成了餐饮劳动生产和接待的时紧时松、时忙时闲的特点。

（3）接待工作的差异。餐饮服务因人而异，有很大程度的不确定性。从餐饮员工工作效率来看，由于技术水平及熟练程度的差异，在一定时间内接待的消费者人数不同，创造的经济效益也不同。从厨房菜肴食品的质量来看，不同技术水平或同一技术水平的厨师在不同时间生产出的菜肴食品也可能存在着一定的质量差异，不可能完全达到始终如一。

（4）消费者评价的综合性。餐饮服务效果的评价是社会效果、经济效果的综合性评价，它一方面反映出餐饮企业所作的贡献，另一方面也反映出为消费者服务的质量。

2. 影响餐饮企业人员定额的因素

第一，服务类别。餐饮企业向消费者提供的服务可以分成多个档次。有的餐饮店大量使用销售机器，采取自助餐、快餐等比较简单的服务方式。高雅的法式晚餐服务则费工费时，是复杂的服务。同样高档、高规格的中餐宴会服务也很复杂，而美式服务和中餐零点服务则是复杂程度中等的服务。服务复杂程度低的餐厅需要较少的服务人员，要求其掌握的服务技术也相对简单，而服务复杂程度高的餐厅则需要不同技术的专职服务人员，同时餐厅服务员的数量也要多。

第二，客流量和生产规模。由于餐饮企业产品生产和销售几乎是同时进行的，产品的生产数量与当时的客流量大小直接相关。又由于餐厅产品储存生命期短，因而餐饮企业的人员配备要与不同时段的销售量相一致。

第三，加工技术的复杂程度。在餐饮经营过程中，加工技术复杂程度的差别是很大的。有的企业加工程度几乎为零，相反，加工程度高的企业所有购进的原料都需要经过复杂的制作，这样的企业不仅需要很多职工而且需要多种技术的工作人员，不仅要求厨师烹调水平高，而且要有受过专业训练的人员负责对成本高、易腐原料的采购、验收、储存和发料。

3. 企业收入与劳动生产率的关系

餐饮企业的劳动生产率指标主要有两个，一是劳动生产力，二是劳动分配率。劳动生产力是餐饮企业中平均每位职工所创造的毛利额。劳动分配率表示人工费占毛利额的比率。如果企业能精简人员或者雇用低薪职工，劳动分配率就会降低；劳动分配率越低，说明劳动生产效率越高。如果企业收入增加，节约开支，提高毛利额，而职工人数不变，那么企业的劳动生产力就提高了。如果企业要保持原有的劳动分配率，则企业可以提高每位员工的人工费，换句话说，职工可以加薪，而企业的净利润仍有提高。

4. 配备涉及变动成本的员工数量的依据

为了提高劳动生产率，合理配备员工，有必要根据对员工的需要量将餐饮企业的员工分成两类，一类为涉及变动成本的员工，另一类为涉及固定费用的员工。

与变动成本有关系的员工数量的配备，是与餐厅的销售额有关系的。当餐厅的销售额增加到一定限度时，就必须增加雇用人员，这类员工的人员费用会随之增加。反之，这类员工的需要量就会下降。这类员工在高峰期比在低谷期需要配备的人数要多。除了餐厅内的服务员之外，餐饮部门也有工种是属于涉及变动成本的员工，如厨师、洗碗工，他们的工作量是随着餐厅接待客人量的增加而增加的。在消费者需求变化较大的餐饮企业，如季节性很强的避暑胜地、旅游景点的餐饮企业，在旺季就会比淡季雇用更多的涉及变动成本的员工。

5. 属于固定费用岗位的员工

涉及固定费用的员工的需要量与营业量的关系不是很大。在营业量增加或减少时，这类员工的需要量大致保持不变。在餐饮企业中，这类员工包括餐厅经理、主管及业务骨干，还有如厨师长、会计、采购、维修工等。尽管餐饮企业在经理、厨师长领导下的员工随营业量的变化有所增减，但这类工作人员的配备与营业量关系不大。

6. 影响劳动定额的因素

劳动定额是指各工种员工在一定服务时间内提供的服务或应生产的产品的数量。劳动定额通常以供餐的时数作时间单位，也有的以小时或每班的工作时数作时间单位，如每餐服务数、营业收入金额等来表示。对于餐厅服务员来说，可用每餐服务的客人数和每小时服务的客人数作劳动定额。每餐服务数定额反映不同餐别服务数量的差别，因为不同餐别服务的复杂程度及客人用餐的时间都不同。不同档次的餐厅、不同的餐别、不同的设备条件都会对劳动定额产生影响。一般来说，客人数和菜品供应份数越多，平均每位员工的服务数也就越多。

7. 餐厅预测每日营业量的依据

餐饮产品与其他产品不同，在一个星期的每一天中往往需求量不同，这种需求量的变化大体上有一定的模式，所以有必要对每日的营业量作具体分析，每日营业量的分析要以客人统计数据为依据，做好客人数和菜品服务数的统计，就能较精确地预测每日的营业量。这样，餐饮企业的管理人员就能根据对每日营业量的预测来配备员工数。但是某一天的数据不能反映客源的规律，因而以一天的数据来安排员工数显然是不明智的，必须连续收集多个星期中该天的数据，将这些数据列成表格，找出各数据的中位数，以此作为配备员工数的依据。

十一、餐厅服务员培训知识

1. 对初、中级餐厅服务员的培训内容

对初、中级餐厅服务员的培训内容主要包括专业素质、服务知识和服务技能三大方面。餐厅服务员的专业素质包括行为规范、工作与服务态度、语言交流技能、服务英语、仪表仪态、着装与发型等。培训内容应能使学员心领神会，服务技能是初、中级餐厅服务员考核标准的技能部分。

2. 培训步骤

培训步骤一般包括培训需求分析、制订培训计划、实施培训、培训评估以及不断辅导。

3. 讲授法的适用范围

讲授法即课堂教学，这种方法可以在短时间内将特定的知识信息传递给群体学员，适合于向群体学员传授某单一课程内容。这种方法要求训导师掌握较好的授课技巧，特别要考虑如何使学员始终对培训内容感兴趣。即使这样，单独的课堂教学仍然容易使学员忘记培训内容，因此，对初、中级餐厅服务员的培训应尽可能地把讲授法与其他培训方法结合起来使用。

4. 采取情景表演法培训的好处

情景表演法也称扮演角色法。这种培训的优点是有助于现场评估，鼓励学员进入角色，从而使学员对客人的需求及应如何满足客人需求等方面的技巧有较直接的感受。情景表演法需要训导师事先准备好一系列的培训现场，并制定出每个情景表演的情景、角色、对话内容及评估标准。只有这样，才能使学员对情景表演产生兴趣，从而达到培训预期的效果。

5. 培训新服务员上岗的部门

在餐厅中，新餐厅服务员上岗培训应由餐厅人力资源部或培训部来承担。但餐厅管理人员应了解上岗培训必备的相关内容，并适时与训导师沟通，完善上岗培训内容，保证其质量。高级餐厅服务员是对初、中级餐厅服务员实施培训的主要承担者。

6. 餐厅服务员上岗之初的培训内容

一名餐厅服务员在上岗之初应得到不少于3天的培训，其内容包括：

（1）迎新演说。总经理应亲自向新餐厅服务员致欢迎词，表示对餐厅服务员到来的欢迎，并鼓励他们在未来的工作中表现出色。各部门总监、经理也应分别向新餐厅服务员简单介绍本部门的基本情况，使新员工认识高级管理人员，并体会到餐厅对他们的重视。

（2）餐厅发展史、传统与基本方针。此部分的讲解意在帮助新餐厅服务员建立团队归属感，使他们了解自己将要就职的餐厅的情况。基本方针的讲述可以达到告知新服务员餐厅经营理念、价值观的目的。

（3）组织结构及各部门基本职能介绍。介绍本餐厅组织形式、各部门名称、负责人、工作内容及工作程序。

（4）餐厅产品知识、经营信息培训。新餐厅服务员必须掌握餐厅产品和经营信息。产品知识应包括各经营部门的相关信息，如名称、地理位置、营业时间、经营项目及特色等，以便回答客人，这部分的培训内容应要求新餐厅服务员在上岗前熟练掌握。

(5)“餐厅服务员守则”规章制度培训。“餐厅服务员守则”被视为“红炉政策”，餐厅服务员不去触犯相关处罚条例，自然不会被处罚，但如有违规行为，则应受到批评与警示。因此，“餐厅服务员守则”是必须培训的内容。培训时要认真讲解，用案例教学，使员工重视这方面的学习。

(6) 仪表仪态、行为规范的培训。将相关仪表仪态、行为规范标准分发给新餐厅服务员，并逐一讲解，示范教学，帮助新餐厅服务员养成良好的职业风范。

(7) 此外，新餐厅服务员上岗培训还包括防火与安全、劳动合同、薪酬制度、社会保险等方面的内容。

十二、公共关系与协调知识

1. 烹饪、服务与消费的关系

餐饮服务工作是整个餐饮企业的代表，餐厅服务员承担为消费者提供服务和为本餐饮企业获得应有的经济效益和社会效益的双重任务。烹饪、服务、消费是饮食业不可缺少的三个环节。烹饪是饮食产品的制作阶段，服务是中间环节，消费是饮食产品的最终目的。不可缺少的是服务这一中间环节。因此，烹饪与服务有着相辅相成、相互依托、不可分离的关系。

2. 协调餐厅服务员与后台厨师之间关系的方法

餐饮企业是向客人提供有形产品并直接为客人服务的。餐饮企业内部的前台和后台完全是由于工作需要而形成的分工。前台工作者是直接为客人服务的餐厅服务员，后台工作者是为前台服务、提供烹饪产品的厨师及其他工作人员。为保证餐饮企业的效益，餐厅服务员要协调与后台厨房的关系。

第一，反映客人的意见，密切厨房与客人的关系，进而密切餐厅服务与厨房制作的关系。餐厅服务员通过热情礼貌的优质服务，把厨房生产的各式菜肴销售给用餐的消费者。餐厅的经济效益是在满足客人的需求中取得的，满足了客人的需求就赢得了客源，根据宾客的需求，改进厨房制作是餐饮部门取得持续效益的保证。

第二，餐厅服务工作与厨房厨师的工作要相互协调、互为补充。良好的餐厅服务员和优质的美味佳肴，两者都是客人需要的，所以二者应互为补充、相辅相成。餐厅服务员要尊重厨师的辛勤工作，厨师在准备各种美味菜肴的色、香、味、形上都倾注了心血，因此餐厅服务员在端取菜肴时一定要保护好菜肴的色、香、味、形。

第三，为了与厨师搞好协作，餐厅服务员要虚心向厨师学习，请教有关的烹调知识。这样餐厅服务员在为客人服务时，建议和促销会更加切合实际，提高促销的成效。同时，餐厅服务员在为客人服务时，也要积极地宣传厨师，应该从企业的高度来宣传厨师的拿手菜，多向客人介绍店内的名厨。

3. 缓冲客人与厨房矛盾的方法

餐厅服务员的优质服务也能够起到缓和客人与厨房工作的矛盾、减少冲突的作用。客人就餐时可能会对某种菜肴的味道、上菜时间的拖延产生一些不满，通过餐厅服务员周到、热情的服务则可以使这些矛盾和不满得到缓解和消除。当然，这其中也需要餐厅服务员良好的应变能力。

第五部分　中级餐厅服务员理论知识试题精选

一、选择题

1. （　　）是服务员在引领客人时的要求。
   A. 遇拐弯处稍停伸手示意
   B. 服务员只管在前边带路，无须照顾客人
   C. 遇到台阶时为照顾客人，服务员让客人先走
   D. 无论迎、送客人，服务员始终走在前边
2. 以下，（　　）是中餐厅配备各种餐具和用具的依据。
   A. 餐位的多少、领导要求、洗碗间的面积
   B. 餐厅档次的高低、餐位的多少、经营菜肴的特点
   C. 经营菜肴的特点、餐厅的面积、餐具柜的多少
   D. 餐厅档次的高低、厨房布局
3. 下列（　　）不属于掺杂食品。
   A. 辣椒面中加入红砖粉　　B. 发菜中掺玉米小穗
   C. 在食品中添加廉价食物　　D. 味精中加食盐
4. 穆斯林忌食（　　）食品。
   A. 非穆斯林宰杀的牲畜　　B. 蔬菜
   C. 带鳞的鱼类　　D. 烤鸭
5. 餐饮人员（　　）是不侵犯他人、整体、社会的利益。
   A. 岗位责任内容之一　　B. 最基本的道德要求
   C. 敬岗爱业的具体体现　　D. 优质服务的核心
6. 个人卫生制度要求，新员工及临时工上岗前必须（　　），取证后方可上岗。
   A. 体能训练　　B. 学习外语
   C. 进行体检　　D. 普通话测试
7. 中式早餐清理台面，操作要求（　　）。
   A. 等客人离开及时清理，动作要轻稳，物件清洗消毒分档存放
   B. 客人餐毕即可清理，动作要轻、稳
   C. 客人餐毕未离店，可清扫地面
   D. 等所有客人全部离店，再收拾台面

8. 下列选项中哪项是八字服务的基本要求（　　）。

A. 实在、热情、耐心、周到　　B. 主动、周到、热情、和蔼

C. 主动、热情、耐心、周到　　D. 耐心、周到、协调、主动

9. 洗涤玻璃器皿应先用（　　），洗涤灵洗涤消毒，清水冲洗。

A. 热水浸泡　　B. 冷水浸泡　　C. 洗涤灵水泡　　D. 开水烫

10. 餐厅服务员能否主动为宾客服务将直接影响（　　）。

A. 餐厅收益　　B. 餐厅客源　　C. 企业形象　　D. 餐厅质量

11. 宴会厅餐桌安排，正确的选项是（　　）。

A. 应根据餐厅的形状、室内陈设和特点、主办单位对宴会的要求及就餐人数

B. 业务情况、餐厅陈设和特点

C. 就餐人数、宴会标准

D. 主办单位对宴会的要求及订餐标准

12. 分菜服务中餐厅服务员应（　　）将菜分好并呈送至客人面前。

A. 熟练、美观　　B. 快速、美观

C. 快速、均匀　　D. 美观、均匀

13. 冬瓜盅类菜肴各菜系做法不同，有的当作（　　）有的当作（　　），因此分菜方法也不相同。

A. 盛器　　菜肴　　B. 盛器　　辅料

C. 装饰　　菜肴　　D. 装饰　　辅料

14. 早餐前环境准备包括：餐台、餐椅摆放整齐无坏损、（　　）、环境清洁。

A. 台花摆放标准　　B. 摆台摆放标准

C. 水杯摆放标准　　D. 台布铺放标准

15. 中式早餐开餐前，将与平日不同的菜肴写在通知板上，内容顺序（　　）。

A. 随时调整　　B. 随意调换　　C. 经常变换　　D. 要有规律

16. （　　）是中餐复合味型。

A. 甜辣、咸麻　　B. 清香、辣味

C. 麻味、浓厚　　D. 咸味、甜味

17. 热情服务标准中，要求做到生人熟人一样，本地人外地人一样和（　　）三个一样。

A. 点菜多寡一样　　B. 着装优劣一样

C. 内宾外宾一样　　D. 外貌美丑一样

18. 广东人的饮食特点是菜肴的（　　）为适口。

A. 清淡少油，重色彩，讲味道　　B. 咸、鲜、麻、辣、浓

C. 口味稍重，油大偏咸　　D. 口味清淡，香脆

19. 下列选项中（　　）不是陶瓷正确的清洁程序。

A. 用洗涤液洗涤消毒　　B. 净水冲洗

C. 控水擦干　　D. 用化学法消毒

20. 在酒水开启服务中转动酒瓶借助瓶内压力顶出瓶塞的方法是（　　）

A. 葡萄酒　　B. 香槟酒　　C. 威士忌酒　　D. 白兰地

21. 整形菜肴的拆分服务中，一般烤羊腿是（　　）而炸羊腿则是（　　）。

A. 带骨　　脱骨　　B. 脱骨　　带皮

C. 横斩　　带骨　　D. 竖切　　去皮

22. 洗涤餐具应按（　　）程序进行。

A. 热水泡、洗、消毒　　B. 刮、洗、消毒、冲

C. 冲、刷、洗、消毒　　D. 刮、冲、洗净

23. 使用煤（天然）气火熄灭时，正确的操作是（　　）。

A. 用嘴吹灭　　B. 见不到明火即可

C. 关闭煤气开关　　D. 完全关闭总闸

24. 香槟酒开启时不能使用的方法是（　　）。

A. 拧瓶塞，直拔瓶塞　　B. 酒钻起

C. 使用小刀　　D. 使用钳子剪断

25. 餐饮业打品牌服务，要求服务员除一般条件外，更要有良好的文化修养和(　　)。

A. 修长的身材

B. 四级以上的外语水平

C. 喜爱各种娱乐活动

D. 丰富的服务礼节、高超的服务技能和全面了解烹调知识

26. 微生物污染不属于（　　）污染。

A. 细菌　　B. 寄生虫　　C. 化学性　　D. 生物性

27. 煮沸消毒要求在（　　）的水中煮 3～5min。

A. 100℃　　B. 110℃　　C. 120℃　　D. 180℃

28. 超净车间应采用（　　）方法消毒。

A. 蒸汽消毒　　B. 干烤灭菌

C. 紫外线消毒　　D. 红外线消毒

29. 服务中微笑的要求是（　　）。

A. 前仰后合　　B. 捧腹捶胸

C. 口角的两端均向上翘起　　D. 放声大笑

30. 美国人很少使用（　　）。

A. 普通酱油　　B. 辣酱油　　C. 胡椒粉　　D. 味精

31. 北京烤鸭分菜服务一般是（　　）情况下需要。

A. 老年人多　　B. 儿童多

C. 少年人多　　D. 老年人多、儿童多、少年人多

32. 下列选项中，哪项是大型宴会应留的通道正确的距离（　　）。

A. 2m 左右　　B. 2.5m 左右　　C. 3m 左右　　D. 1.8m 左右

33. （　　）不是周到服务的具体要求。

A. 服务项目周到　　B. 服务语言周到

C. 服务态度周到　　D. 照顾熟人周到

34. 食品的标志和名称与（　　）不符属伪造食品。

A. 进货单内容　　B. 顾客的需要　　C. 产品的价格　　D. 包装内容

35. 西式早餐餐具摆放主叉（　　）主刀（　　）。

A. 在右　在左　　B. 在左　在右　　C. 在上　在下　　D. 在前　在后

36. 礼节、礼貌、礼仪三者之间（　　）。

A. 相辅相成，密不可分　　B. 没有任何联系

C. 是同一内容的三种名称不属同义词　　D. 是前提、过程、结果的关系

37. （　　）不符合男服务员的站立要领。

A. 上身斜腰　　B. 上身保持正直

C. 双脚与肩同宽　　D. 双脚不能叉开很大

38. 服务中应有的服务态度是（　　）。

A. 冷漠　　B. 挑剔　　C. 讥笑　　D. 热情

39. 下列不属于食品的是（　　）。

A. 茶　　B. 咖啡　　C. 金华火腿　　D. 感冒冲剂

40. 餐厅服务员在介绍菜品知识时，应做到（　　）。

A. 耐心详细　　B. 顾客问时再介绍　　C. 夸大其词　　D. 喋喋不休

41. 餐厅服务员在接待熟人和游客时应做到（　　）。

A. 熟人为主　　B. 游客为主

C. 一视同仁　　D. 先接待熟人，再接待游客

42. 特殊酒水指在包装或（　　）上不同于一般的酒水。

A. 颜色　　B. 配料

C. 饮用方法　　D. 开启方法

43. 餐厅服务员在接待外地客人时，应做到本地人外地人一样，下列选项中，哪项是错误的做法（　　）。

A. 同样热情服务　　B. 同样真诚服务

C. 同样提供超值服务　　D. 以着装提供相应的服务

44. 用于食品和食品用工具、设备的（　　）未取得省级以上卫生行政部门审查批准的不得使用。

A. 价格　　B. 规格

C. 商标的设计　　D. 洗涤剂、消毒剂

45. 以下答案符合“内宾外宾一样热情”的服务要求的是（　　）。

A. 对外宾殷勤备至、对内宾一般接待

B. 对外宾彬彬有礼、对内宾爱答不理

C. 对外宾不卑不亢、对内宾落落大方

D. 对外宾百般殷勤、对内宾礼貌有度

46. 超值服务是指顾客提出的（　　）的需求。
A. 用餐以外　B. 合理以外　C. 用餐中间　D. 不合理
47. 服务员用干净的布巾仔细擦拭（　　），是香槟酒打开后的卫生要求。
A. 酒瓶　B. 瓶口　C. 商标　D. 瓶底
48. 食品存放于冰箱中要做到（　　）、成品与半成品分开存放，且应先进先出。
A. 冷与热　B. 生与熟
C. 主食与副食　D. 啤酒与饮料
49. 以下，（　　）是法式宴会的上菜方式。
A. 家庭式　B. 台前托让式
C. 餐台自取式　D. 客人传递式
50. 西式早餐领位员要保持正确的站姿和仪容在（　　）迎客。
A. 服务台　B. 雅间　C. 餐厅外　D. 餐厅门口
51. 酒水服务中遇到宾客饮用加温酒，服务员要随时掌握（　　），以保证服务质量。
A. 温度　B. 续杯　C. 饮用情况　D. 酒的颜色
52. 海水鱼中（　　）在烹制时要先去皮再制作。
A. 石斑鱼　B. 黄鱼　C. 红斑鱼　D. 比目鱼
53. 奶酪装配完毕后服务员为客人分送并询问是否需要法式面包或（　　）佐餐。
A. 白兰地酒　B. 白葡萄牺　C. 红葡萄酒　D. 威士忌酒
54. 语言是餐厅服务员与客人交流的首要元素，使用语言时嘴要（　　），调要（　　）。
A. 甜　高　B. 甜　亲　C. 低　快　D. 快　高
55. （　　）是服务员对所服务菜肴应了解的内容。
A. 菜肴的口味　B. 菜肴的成本
C. 原料的用量　D. 制定价格的方法
56. 法式、俄式分菜服务时，不仅准备分菜用具，同时准备与客人人数相应的（　　）。
A. 消过毒的主盘　B. 冷冻过的主盘
C. 清洁过的主盘　D. 加热过的主盘
57. 续斟冰镇酒水时，酒温以（　　）为宜，从而保证最佳饮用温度。
A. 室温　B. 最低温度　C. 杯中相同温度　D. 恒温
58. 牛奶巴氏消毒法分低温和高温两种，其中高温消毒要求温度（　　），时间（　　）。
A. 63℃　30min　B. 80℃ ~90℃　30min
C. 80℃ ~90℃　30 ~60s　D. 130℃ ~150℃　0.5 ~2s
59. 以下，（　　）流行桌群餐桌的铺台方法。
A. 快餐店　B. 较高档的餐厅　C. 一般餐厅　D. 普通餐厅
60. 餐厅服务员在发生一些服务矛盾时，应及时解决，错误的选项是（　　）。
A. 找出矛盾症结，及时解决　B. 多从自己身上找原因，进行解决

C. 多为客人利益着想，予以解决　　C. 必须争论谁是谁非，然后再解决

61. 餐厅棉织品的卫生要求是（　　）。

A. 客用小毛巾一用一消　　B. 台布的更换视情况而定

C. 餐巾无须消毒　　D. 客用小毛巾一客一消

62. （　　）是北京小吃的代表食品。

A. 焦圈、豆汁　　B. 虾饺　　C. 酸辣粉　　D. 赤豆糕

63. 下列选项中，（　　）是中餐人工合成的佐料。

A. 大豆油、花椒　　B. 鱼香汁、咖喱汁

C. 香糟汁、蚝油　　D. 八角、怪味汁

64. 分菜服务无论是在中餐厅还是（　　），都反映了餐厅的服务水平。

A. 快餐厅　　B. 咖啡厅　　C. 西餐厅　　D. 茶艺馆

65. 元宵节又称（　　）。

A. 重阳节　　B. 端午节　　C. 中秋节　　D. 灯节

66. 在客人用餐时，服务员要（　　），照顾到各方面客人的要求。

A. 勤询问　　B. 勤介绍　　C. 勤分餐　　D. 勤巡视

67. 使用广泛，方便客人阅读的菜单是（　　）。

A. 台式菜单　　B. 板式菜单

C. 本式菜单　　D. 木牌式菜单

68. （　　）时代餐饮服务开始出现。

A. 有人类出现　　B. 茹毛饮血的野蛮

C. 用火烹饪的文明　　D. 新中国成立前夕

69. （　　），有营养价值和感官性状良好是食品的基本条件。

A. 无毒无害　　B. 易于烹调

C. 价格低廉　　D. 无须加工直接食用

70. 下列选项中，哪项是四川菜中“软炸酥方”应跟用的味碟（　　）。

A. 辣味酱油、香菜　　B. 花椒盐、醋

C. 醋、生菜、葱、花椒盐　　D. 海鲜酱、黄瓜条

71. 分整形鱼菜时，服务员展示菜肴后将鱼转至分菜处使鱼头朝（　　）尾朝(　　)当着宾客面进行分菜。

A. 右　　左　　B. 左　　右　　C. 上　　下　　D. 前　　后

72. 耐心服务的标准中，不包括下列哪项内容（　　）。

A. 良好的道德修养　　B. 恰当理智的处事方法

C. 耐心化解矛盾的能力　　D. 快捷准确的服务程序

73. 下列（　　）举止服务员在工作中不应出现。

A. 在休息室吸烟　　B. 在宾客面前打哈欠

C. 工作时不吃异味食物　　D. 操作动作轻

74. （　　）是伊斯兰教的主要节日。

A. 感恩节　　B. 古尔邦节　　C. 火把节　　D. 植树节

75. 在特殊酒水服务中，当香槟酒封瓶的木塞暴露后，右手拿（　　）紧捏住瓶塞的上段。

A. 消毒巾　　B. 湿巾
C. 餐巾纸　　D. 干净的餐巾布

76. 斟倒加温酒与冰镇酒的区别是：斟倒加温酒在客人（　　），斟倒冰镇酒要在客人（　　）。

A. 入座时　落座后　　B. 落座后　入座时
C. 进店时　入座后　　D. 入座时　落座后

77. 忠于职守就是要求工作（　　）。

A. 玩忽职守　　B. 尽职尽责　　C. 踏实工作　　D. 得过且过

78. 特殊酒水开启时，常用工具有（　　）和小刀。

A. 卡钳　　B. 丝钳　　C. 钳子　　D. 尖嘴钳子

79. 小刀是开启香槟酒的工具，可以将瓶塞外面的金属铂（　　）。

A. 磨平　　B. 开口　　C. 拉直　　D. 削掉

80. （　　）是西餐厅用的酒具。

A. 玻璃酒杯　　B. 玉质酒杯　　C. 紫砂酒杯　　D. 瓷质酒杯

81. 在酒水开启时，其瓶口不能朝向顾客或天花板的酒是（　　）。

A. 槟榔酒　　B. 香槟酒　　C. 威士忌酒　　D. 特基拉酒

82. 木塞封酒类在存放时瓶口朝下，瓶底朝上倒置是避免木塞（　　）。

A. 碎裂　　B. 泄露　　C. 膨胀　　D. 干化

83. 下列用语不属于客人进入餐厅时的招呼用语的是（　　）。

A. 欢迎光临　　B. 请您稍候
C. 请跟我来　　D. 对不起，让您久等了

84. 以下，（　　）是餐厅的高档用具。

A. 金器、银器　　B. 金器、竹器
C. 银器、玻璃器皿　　D. 瓷器、银器

85. 下列选项中，哪项是随菜佐料的三种类型（　　）。

A. 植物类、人工复合类、腌制类　　B. 熏烤类、人工复合类、腌制类
C. 植物类、动物类、炝拌类　　D. 人工复合类、熏烤类、动物类

86. 餐厅服务员的周到服务表现在语言表达、服务态度、用餐照顾等（　　）服务中。

A. 迎客时　　B. 用餐中　　C. 全过程　　D. 道别时

87. 协调得体的语言可以使宾客感到服务的（　　）

A. 声、情、意、行
B. 动、声、舒、便
C. 声、舒、便、捷
D. 舒、便、捷、情

88. －6℃～－10℃的温度适宜（　　）的短期保存。
A. 饮料　　B. 熟食
C. 黄油　　D. 生鱼、肉类
89. （　　）不是餐厅使用的棉织品。
A. 小毛巾　　B. 台布、口布　　C. 丝绒桌裙　　D. 托盘垫布
90. 使用尖嘴钳子开启香槟酒时的要求是将酒封上的金属丝（　　）。
A. 理顺　　B. 剪断　　C. 拉直　　D. 摆平
91. 果蔬用浓度为3%的含氯制剂消毒应浸泡（　　），然后用清水冲净即可。
A. 3min　　B. 5min　　C. 10min　　D. 20min
92. （　　）是正确的西餐宴会上菜服务的原则。
A. 宾主顺序、先宾后主、女士优先　　B. 先女宾、男宾、最后主人
C. 宾主顺序、就餐客人的身份　　D. 先主人、主宾、女宾
93. 以下，（　　）是摆放餐厅服务员工作台的最佳位置。
A. 餐厅显眼的地方　　B. 离餐桌较近的地方
C. 餐厅通道边　　D. 餐厅门内的地方
94. 下列（　　）是服务员个人卫生制度所不允许的。
A. 女服务员梳披肩发　　B. 不留长指甲
C. 不染指甲　　D. 男服务员没有大鬓角
95. 内心信念是指人们对某种观点（　　）和理想形成的真挚信仰。
A. 原则　　B. 标准　　C. 要求　　D. 法律
96. （　　）是小毛巾不正确的洗涤程序。
A. 用消毒液浸泡　　B. 专用洗毛巾液洗
C. 漂白剂洗涤　　D. 经水冲洗后消毒
97. 服务员要掌握罐装酒品与木塞封酒不同的温度要求，因此在酒水（　　）中应注意。
A. 包装工作　　B. 日常保管　　C. 商标保护　　D. 推销工作
98. 不符合引位要领的姿态是（　　）
A. 前臂自然上抬伸直　　B. 眼睛看着客人
C. 掌心向上，四指并拢，大拇指张开　　D. 上身前倾
99. “礼”的本质是（　　）。
A. 尊敬人　　B. 人与人之间应争名夺利
C. 遵守社会公德　　D. 维护企业形象
100. 服务八字方针对于提高企业（　　），提高接待水平，具有重要作用。
A. 文化　　B. 劳效　　C. 信誉　　D. 创造力
101. 女服务员站立时，双脚呈V字形，脚尖（　　）双膝和脚后跟要靠紧。
A. 打开的距离为5cm　　B. 张开的宽度与肩同宽
C. 打开的距离为20～25cm　　D. 张开的宽度随意
102. （　　）是餐巾折花的两大类型。
A. 实物造型类、杯花类　　B. 植物类、盘花类

C. 杯花类、盘花类　　D. 杯花类、鸟类

103. 餐厅清洁卫生包括：清洁环境、(　　)、清洁桌椅。

A. 清洁地面　　B. 餐前餐具　　C. 环境物品　　D. 物料包装

104. 服务员对大声喧哗、影响他人用餐的顾客要（　　）。

A. 任其喧哗　　B. 不予理睬　　C. 耐心劝阻　　D. 大声提醒

105. 香槟酒开启时，要求（　　）斜拿瓶颈处。

A. 双手　　B. 右手

C. 左手在上，右手在下　　D. 左手

106. 就餐服务中遇到酗酒的客人对其劝解时，帮助介绍一些（　　）的青菜水果，也体现了周到服务。

A. 适宜的　　B. 可口的　　C. 昂贵的　　D. 特色的

107. 啤酒在日常保管中不可（　　）存放。

A. 冰冻　　B. 冷藏　　C. 室温　　D. 恒温

108. 斟倒冰镇啤酒时，要在客人（　　），方可进行酒水服务。

A. 餐前　　B. 到餐厅后　　C. 开餐时　　D. 入座时

109. 礼仪是表示礼节的（　　）。

A. 道德水准　　B. 前提　　C. 方法　　D. 仪式

110. 下列哪项内容不属于食品验收时要检查的内容（　　）。

A. 食品的口味　　B. 食品的质量、数量和卫生状况

C. 食品的生产日期　　D. 食品发货人的姓名

111. （　　）是俄式宴会采用的上菜服务方式。

A. 台前分让式　　B. 客人传递式　　C. 端托自取式　　D. 家庭式

112. 罐装酒品在日常保管中应（　　）。

A. 开口朝上　　B. 整瓶横放　　C. 开口朝下　　D. 整瓶倒放

113. 以下哪项不是中式早餐餐前准备工作内容（　　）。

A. 分菜用具准备　　B. 环境准备

C. 餐具佐料和服务用品准备　　D. 个人卫生准备

114. 开启（　　）时应注意瓶口朝服务员右手方向，起遮挡作用。

A. 朗姆酒　　B. 威士忌酒　　C. 香槟酒　　D. 开胃酒

115. 正确的走姿要求之一是（　　）。

A. 步位合乎标准　　B. 瞻前顾后　　C. 方向不定　　D. 速度多变

116. 以下，（　　）是西餐宴会用于庆典或款待贵宾的酒水。

A. 红葡萄酒　　B. 香槟酒　　C. 干红葡萄酒　　D. 白兰地

117. 二人合作式分菜服务中一名服务员站于分菜口盛取菜肴，另一位服务员站于宾客（　　）接递餐碟。

A. 左侧　　B. 右侧　　C. 中间　　D. 后侧

118. 下列哪项内容称食品的污染（　　）。

A. 在食品中添加没有营养价值的物品

B. 有毒有害物质进入正常食品，对人体健康构成威胁

C. 从原有食品中抽去营养成分，降低原有食品的质量

D. 食品成分以次充好

119. 餐具洗消工序分为4道，其中第三道工序为（　　）。

A. 去残渣　B. 冲水净　C. 洗涤剂洗刷　D. 热力消毒

120. 银器应由（　　）保管，实行领出收回制度。

A. 各班负责　B. 小组负责　C. 专人负责　D. 经理负责

121. （　　）的习惯流行于我国南方。

A. 餐前用汤　B. 餐前喝奶茶　C. 餐前敬酒　D. 餐前饮茶

122. 大中型宴会均应在（　　）设置讲台和麦克风。

A. 第一主宾桌的后侧　B. 第一主宾桌的左侧

C. 主人的左侧　D. 主人的右侧

123. 日本料理的特点是以（　　）为烹调原料，并有冷、热、生、熟各种食用方法。

A. 腊肉　B. 鱼、虾、贝等鲜活产品

C. 豆制品　D. 蔬菜

124. 以下，（　　）是西餐宴会的台型。

A. 几何形　B. 三角形　C. 梅花形　D. 鱼骨型

125. 处理客人遗留物品做法正确的是（　　）。

A. 归为己有　B. 报告总经理

C. 马上还给失主　D. 通知失主交保管费后取走

126. 在进行菜肴展示时，餐厅服务员还要向客人提供（　　）服务。

A. 菜品原材料知识　B. 菜品特点介绍

C. 菜品原料保管介绍　D. 厨师技术水平介绍

127. 下列选项中，哪种餐具和用具因用量大应多备些（　　）

A. 茶具　B. 筷子　C. 骨碟　D. 汤碗

128. 桌裙一般采用（　　）。

A. 干洗　B. 湿洗

C. 火碱洗　D. 洗洁精清洗后清水冲

129. 使用各种机器设备时，（　　）做法不符合操作规程。

A. 各种电器使用后先断电，再关电器开关

B. 对不会使用的电器设备先请教再动手

C. 未经批准不随意启动各种设备

D. 每种电器设备电源插座应单独使用

130. 在分让醋椒鱼类汤菜时，要先分汤和附料后，再将鱼（　　）分给宾客。

A. 均匀　B. 切骨按份　C. 随意　D. 剔骨按份

131. 下列（　　）握手姿势是不正确的。

A. 握手时手臂向前伸出与身体成五六十度　B. 目光注视对方

C. 通常用左手行握手礼　D. 握手时要站立

132. （　　）是处理好人际关系所必需的。
A. 能与他人和睦相处　B. 能发现别人的缺点
C. 能对别人百般苛求　D. 能与他人明争暗斗

133. （　　）不用时，应予以包垫进行保管。
A. 高档陶器　B. 一般器皿　C. 普通瓷器　D. 中档陶器

134. （　　）是不含二氧化碳的饮料。
A. 露露、椰汁　B. 美年达、椰汁
C. 芬达、露露　D. 可乐、矿泉水

135. 道德是指人们行为应遵循的原则和标准，是（　　）的一种特殊的行为规范。
A. 改变生存环境　B. 处理人们之间各种关系
C. 提高思想觉悟　D. 促进社会经济发展

136. 分三文鱼服务一般每份鱼以（　　）片为宜。
A. 1　B. 2　C. 3　D. 4

137. 以下，（　　）是瓷器餐具不正确的消毒方法。
A. 煮沸　B. 蒸汽
C. 干热、化学　D. 药物、开水烫

138. 开启一般酒与香槟酒使用工具有所不同，常规酒用（　　），而香槟酒则用(　　)。
A. 尖嘴钳子　改锥和起子　B. 酒钻　尖嘴钳子和小刀
C. 小刀　起子和小锯　D. 钳子　起子和钎子

139. 西餐吃甜品应用（　　）、水果刀和叉。
A. 甜叉、甜勺　B. 咖啡勺、叉
C. 小甜勺、奶缸　D. 糖缸、小甜勺

140. （　　）服务员要向客人道谢。
A. 客人进店后　B. 菜品上齐的　C. 客人结账后　D. 送客时

141. 除冬季应准备有温酒器皿外，一般在常温下备用的酒水是（　　）。
A. 白酒　B. 汽酒　C. 啤酒　D. 香槟酒

142. 客人用餐完毕离开座位时，要提醒他们不要忘带自己衣物及欢迎再次光临等（　　）。
A. 服务用语　B. 迎客用语　C. 接待用语　D. 简单用语

143. 法国人吃饭时讲究菜肴与酒搭配，白葡萄酒一般配食（　　）。
A. 主菜　B. 头盘
C. 甜品　D. 清汤、海味

144. 安全用电，对电闸箱放置的要求是（　　）。
A. 敞开箱门　B. 上锁并用封条封好
C. 放在潮湿不通风处　D. 周围绝对禁止存放易燃易爆物品

145. 下列选项中，（　　）花型适合祝寿宴会使用。
A. 蟠桃献寿　B. 双马相伴　C. 玫瑰花　D. 喜鹊枝头

146. （　　）多用于喝加饭酒。

A. 蜜酒杯　B. 黄酒杯　C. 白葡萄酒杯　D. 白酒杯

147. 直径（　　）的平盘，可用来盛装小吃和点心。

A. 5～8cm　B. 6～10cm　C. 8～10cm　D. 12～18cm

148. 问位开茶服务方法是（　　），左手下垂，右手执壶，在宾客右侧斟茶。

A. 因人开茶　B. 按需开茶　C. 主动开茶　D. 餐前开茶

149. （　　）是保管台布、口布的正确方法。

A. 清点数字、送洗衣店洗、分类保管

B. 由专人负责实行领出收回制度，及时清点数字送洗衣店洗，分类保管

C. 由各班备组负责，送洗衣店洗后保管

D. 由后勤组负责，及时清点数字，洗后保管

150. 绿色、粉色餐巾适合用在光线（　　）的厅堂。

A. 偏暗　B. 明亮　C. 很强　D. 柔和

151. 俄式宴会，服务员采用（　　）方式进行服务。

A. 小组作业　B. 客前烹制菜品

C. 独立操作　D. 与客人合作分让菜品

152. （　　）是英国人的常用饮料。

A. 花茶　B. 可乐

C. 雪碧　D. 咖啡、红茶

153. 中式早餐开餐前应准备好餐具、（　　）和服务用品。

A. 佐料　B. 作料　C. 配料　D. 原料

154. 位次和桌次印在请柬上，使宾客心中有数，这种做法往往体现于（　　）。

A. 小型宴会　B. 中型宴会　C. 鸡尾酒会　D. 多桌宴会

155. （　　）宴会，服务员不仅要照顾好宾主，还要提供好的服务照顾翻译人员用餐，以便保证宾主交流。

A. 政府间会晤性　B. 高档的　C. 招待式的　D. 任何类型

156. 香槟酒在开瓶时，要用左手斜拿瓶颈处呈（　　），右手持钳开启。

A. 15 度　B. 30 度　C. 45 度　D. 60 度

157. 玻璃器皿应按（　　）存放。

A. 餐厅具体情况　B. 饭店规定

C. 不同规格分档　D. 不同档次一起

158. 服务员要勤理发洗澡是（　　）。

A. 个人卫生习惯

B. 服务员上岗条件之一

C. 岗位责任制中的内容

D. 个人卫生制度中"四勤"的要求之一

159. "一样面百样吃"是人们对（　　）饮食特点的说法。

A. 北京　B. 四川　C. 陕西　D. 山西

160. 朝鲜族人不喜爱食用的食物是（　　）。
A. 河鱼　　B. 海味　　C. 泡菜　　D. 蛋品

二、判断题

161.（　　）银器的清洗步骤是：冲洗、配药、浸泡、二次冲洗、消毒。
162.（　　）1.2m 是餐桌距四周墙壁的距离。
163.（　　）西式早餐对客服务一般提供自助餐和零点两种，供客人自由选择。
164.（　　）热情服务要求服务员细心体察宾客需要，自然微笑真诚待客。
165.（　　）坛装酒由于瓶身易出现砂眼造成酒液泄漏，从而影响酒品质量。
166.（　　）大型宴会餐巾折花应选择难度较大的鸟类，但要突出宾、主席位。
167.（　　）唇膏的选用要与肤色相配，肤色较白的人选择偏红色。
168.（　　）询问客人是否需要添加食品时，应说还要吗。
169.（　　）服务员上岗时可戴手表、手镯和手链。
170.（　　）员工的待遇与职业道德关系密切。
171.（　　）服务员应按照酒品的特点，针对不同的酒品，执行不同的斟倒标准。
172.（　　）西餐宴会应按头盘、炒菜、汤菜、主食、点心的顺序上菜。
173.（　　）特殊酒水服务中要求服务员一定在酒品开封前，请宾客再次确认。
174.（　　）成功的职业实践，对人的道德素质的塑造有决定性作用。
175.（　　）餐厅社会声誉的高低很大程度上取决于是否有文明礼貌的服务态度。
176.（　　）研究宾客用餐心理，研究宾客用餐习惯、口味，研究宾客用餐需求是主动当好宾客参谋的具体要求。
177.（　　）男士与女士握手时，伸手无先后顺序。
178.（　　）化解矛盾要耐心，是耐心服务的具体要求。
179.（　　）造型菜肴的分菜服务都要求整齐有序，为宾客分取少量菜肴，以保证菜肴造型保持原状。
180.（　　）特殊酒水服务要求服务员要掌握酒水的不同特点。
181.（　　）法式宴会服务要求环境富丽堂皇，服务迅速。
182.（　　）东北人人均啤酒消费量大大超出其他地区。
183.（　　）灭菌是杀灭物体中所有微生物的技术。
184.（　　）维吾尔族人吃馕必须拿整个的咬食。
185.（　　）乳食是蒙古族居民一天中不可缺少的食品。
186.（　　）瓷器餐具应用餐具专柜分档存放。
187.（　　）瓶装啤酒在日常保管中，应开口朝上。
188.（　　）瓷器餐具是餐饮业普遍使用的餐具。
189.（　　）服务员在进行香槟酒与啤酒服务时，其开启方法是一样的。
190.（　　）礼节是人们对待工作的一种态度。
191.（　　）同客人讲话时，要注意选择适宜的距离。

192. (　　) 食品制售卫生要求之一是必须有防尘、防鼠、防蝇设施。
193. (　　) 拆分整形鸡应做到拆开不走形，分装不散乱。
194. (　　) 正确选用饮酒用具是特殊酒水斟倒程序之一。
195. (　　) 餐厅服务员为宾客提供分菜服务时应按一定顺序进行，体现着餐厅服务的水平。
196. (　　) 1995 年 10 月 30 日公布实施的卫生法律是《食品卫生法》。
197. (　　) 拆分乳猪时由头部开始，跳跃式分取肉质嫩美处给宾客品尝。
198. (　　) 为顾客提供余酒保管时要重新封瓶并注明顾客姓名。
199. (　　) 使酒水保持在最高温度是续斟加温酒的最佳时机。
200. (　　) 预防食品被细菌污染，就是要减少细菌的繁殖。

参考答案

一、选择题

1	2	3	4	5	6	7	8	9	10	11	12	13	14	15	16	17	18	19	20
A	B	C	A	B	C	A	C	C	C	A	C	A	D	D	A	C	A	D	D
21	22	23	24	25	26	27	28	29	30	31	32	33	34	35	36	37	38	39	40
A	B	D	A	D	C	A	C	C	A	D	A	D	D	B	A	A	D	D	A
41	42	43	44	45	46	47	48	49	50	51	52	53	54	55	56	57	58	59	60
C	D	D	D	C	A	B	B	B	D	A	D	C	B	A	D	B	A	B	D
61	62	63	64	65	66	67	68	69	70	71	72	73	74	75	76	77	78	79	80
A	A	B	C	D	D	C	C	A	C	A	A	B	B	D	B	B	D	D	A
81	82	83	84	85	86	87	88	89	90	91	92	93	94	95	96	97	98	99	100
B	D	B	A	A	C	A	D	C	B	C	A	B	A	A	A	B	B	A	C
101	102	103	104	105	106	107	108	109	110	111	112	113	114	115	116	117	118	119	120
C	C	A	C	D	A	A	D	D	A	A	A	A	C	A	A	B	B	D	C
121	122	123	124	125	126	127	128	129	130	131	132	133	134	135	136	137	138	139	140
A	A	B	D	C	B	C	A	A	A	C	A	A	A	B	C	D	B	A	D
141	142	143	144	145	146	147	148	149	150	151	152	152	152	155	156	157	158	159	160
A	A	D	D	A	B	D	D	B	B	A	D	A	D	A	C	C	D	D	A

二、判断题

1	2	3	4	5	6	7	8	9	10	11	12	13	14	15	16	17	18	19	20
√	√	√	√	√	×	√	×	×	×	√	×	√	√	√	√	×	√	×	√
21	22	23	24	25	26	27	28	29	30	31	32	33	34	35	36	37	38	39	40
×	√	√	×	×	√	√	√	×	×	√	√	√	√	√	√	×	√	√	√

第六部分　理论知识考试模拟试卷

中级餐厅服务员理论知识模拟试卷（1）

注意事项

1. 考试时间：120 分钟。
2. 本试卷依据 2001 年颁布的《餐厅服务员国家职业标准》命制。
3. 请首先按要求在试卷的标封处填写您的姓名、准考证号和所在单位的名称。
4. 请仔细阅读各种题目的回答要求，在规定的位置填写您的答案。
5. 不要在试卷上乱写乱画，不要在标封区填写无关的内容。

一、单选题（第 1 ~ 160 题。选择一个正确的答案，将相应的字母填入题内的括号中。每题 0.5 分，满分 80 分。）

1. 餐厅棉织品卫生要求是（　　）。

A. 客用小毛巾一用一消　　B. 台布的更换视情况而定

C. 餐巾无须消毒　　D. 客用小毛巾一客一消

2. 盘龙鳝分菜服务时要将鱼分段切割大小均匀，然后将（　　）浇在鱼上方可分送客人食用。

A. 汤汁　　B. 辅料

C. 佐料　　D. 余下的部分

3. 下列不属于食品的是（　　）。

A. 茶　　B. 咖啡　　C. 金华火腿　　D. 感冒冲剂

4. 客人提出有关菜肴问题，不清楚时应说（　　）。

A. 对不起，我问清楚后马上告诉您

B. 不知道

C. 这需要问厨师

D. 您去问问餐饮部经理，他可能知道

5. 酒水、饮料在日常保管中一定要注意其（　　）从而保证质量。

A. 乙醇含量　　B. 饮用方法　　C. 保质期　　D. 室内温度

6. 下列选项中，（　　）应在常温下备用。

A. 香槟酒　B. 雪碧　C. 白酒　D. 鲜榨果汁

7. 问位开茶服务方法是：左手下垂、右手执壶，在（　）斟茶。

A. 客人前侧　B. 客人后侧　C. 客人左侧　D. 客人右侧

8. 微生物污染不属于（　）污染。

A. 细菌　B. 寄生虫　C. 化学性　D. 生物性

9. 热情服务标准中，要求做到生人熟人一样、本地人外地人一样和（　）三个一样。

A. 点菜多寡一样　B. 着装优劣一样

C. 内宾外宾一样　D. 外貌美丑一样

10. 香槟酒开启时，（　）斜拿瓶颈处。

A. 双手　B. 右手

C. 左手在上，右手在下　D. 左手

11. 餐具的洗涤程序是（　）。

A. 一刮、二洗、三冲、四消毒　B. 一冲、二刮、三消毒、四冲

C. 一洗、二刷、三消毒、四冲　D. 一刮、二洗、三消毒、四冲

12. 餐厅服务员是（　）的代表。

A. 企业形象　B. 个人形象　C. 公众形象　D. 共同形象

13. 日本料理吃生鱼片时要蘸酱油配上（　）。

A. 辣根　B. 辣椒　C. 生菜　D. 水果

14. （　）是俄式宴会服务员采用的服务方式。

A. 客前烹制菜肴　B. 独立操作　C. 客前切配菜肴　D. 小组作业

15. （　）属于贵族式服务。

A. 美式服务　B. 俄式宴会　C. 法式宴会　D. 意式宴会

16. 不少于（　）是多桌宴会餐桌区与区之间的距离。

A. 1.5m　B. 1.8m　C. 2m　D. 2.5m

17. 为客人开餐服务时要将（　）和佐料一同上餐。

A. 食品　B. 装饰品　C. 专用餐具　D. 刀叉

18. （　）应摆放在离餐桌较近的地方。

A. 服务员工作台　B. 卡拉 OK　C. 物品柜　D. 冰箱

19. 分菜服务中分汤菜对应准备分汤菜所需的（　）和长柄汤勺。

A. 饭碗　B. 银羹　C. 筷子　D. 汤碗

20. 酒水服务中遇到宾客饮用加温酒，服务员要随时掌握（　）以保证服务质量。

A. 温度　B. 续杯　C. 饮用情况　D. 酒的颜色

21. （　）是服务的特点。

A. 可储存性　B. 有形性　C. 不可触摸性　D. 间接性

22. 洗小毛巾应用（　）然后再洗。

A. 漂白粉浸泡　B. 洗涤液浸泡

C. 清水泡　D. 消毒液浸泡

23. 客人结账后，服务员应（　　）用食品盒装未用完食品，包装妥帖交客人带走。
A. 请顾客　　B. 主动地
C. 在客人催促后　　D. 客人暗示后
24. 下列选项中，哪项是安排多桌宴会位次和桌次常用的方法（　　）。
A. 到餐厅后问服务员　　B. 印在请柬上
C. 摆在餐台上　　D. 贴在宴会厅门外
25. 酒水开启时，需要用钳子剪断其酒封上的金属丝，这种酒是（　　）。
A. 香槟酒　　B. 威士忌酒　　C. 葡萄酒　　D. 丁香酒
26. 清洗陶器的方法应该是（　　）。
A. 先用热水浸泡、去污剂洗、净水冲
B. 洗涤液洗涤消毒、净水冲洗、控水擦干
C. 用凉水冲、洗洁精洗、控干水分
D. 清洁剂洗、净水冲、开水烫
27. 海水鱼中，（　　）在烹制时要先去皮再制作。
A. 石斑鱼　　B. 黄鱼　　C. 红斑鱼　　D. 比目鱼
28. 广东人饮食特点是（　　）。
A. 酒席中必有一条鱼　　B. 白水煮肉蘸醋食用
C. 喜欢把酸白菜与猪肉同熬　　D. 菜肴调品以甜为主，酸辣次之
29. “一样面百样吃”是人们对（　　）饮食特点的说法。
A. 北京　　B. 四川　　C. 陕西　　D. 山西
30. 在服务接待中，无论是内宾还是外宾都要做到（　　）、热情服务。
A. 买卖公平　　B. 追求卖点　　C. 追求高价　　D. 追求热卖
31. 热情服务标准中，要求服务员接待本地人和外地人应做到（　　）。
A. 对本地人热情　　B. 对外地人热情
C. 一样热情　　D. 接待本地人比接待外地人热情
32. 礼仪通过（　　）来体现。
A. 服务技能　　B. 礼节、礼貌
C. 就餐环境　　D. 企业的管理
33. （　　）是大、中型宴会设置讲台和麦克风的最佳位置。
A. 第一主宾桌的后侧　　B. 宴会厅门口
C. 主人的右侧　　D. 休息厅
34. 宴会厅餐桌的安排应根据主办单位对宴会的要求及（　　）进行。
A. 业务情况　　B. 就餐人数　　C. 客人国籍　　D. 订餐标准
35. 为达到酒水斟倒标准正确，服务员应掌握（　　）。
A. 酒水的颜色　　B. 酒水的香型
C. 酒水的产地　　D. 酒品的特点
36. 下列（　　）举止服务员在工作中不应出现。
A. 在休息室吸烟　　B. 在宾客面前打哈欠

C. 工作时不吃异味食品　　　　D. 操作动作轻

37. 台巾、口布保管的方法是（　　）。

A. 专人负责实行领出收回制度，及时清点数字送洗衣店洗，分类保管

B. 清点数字，洗后分类保管

C. 专人负责，实行领出收回制度，送洗衣店，保管

D. 专人负责，洗衣店送回后再清点数字，分类保管

38. （　　）酱油是美国人最常用的调味品。

A. 辣　　B. 黄豆　　C. 鸡汁　　D. 普通

39. （　　）不用时，应予以包垫进行保管。

A. 高档陶器　　B. 一般器皿　　C. 普通瓷器　　D. 中档陶器

40. 礼仪是表示礼节的（　　）。

A. 道德水准　　B. 前提　　C. 方法　　D. 仪式

41. （　　）是指餐厅服务员应具有高尚的道德修养，对服务过程中各种情况和问题做到恰当、理智地处理。

A. 竭诚服务　　B. 特殊服务　　C. 耐心服务　　D. 布巾

42. 下列选项中，（　　）花型适合祝寿宴会使用。

A. 蟠桃献寿　　B. 双马相伴　　C. 玫瑰花　　D. 喜鹊枝头

43. 食品生产经营者对（　　）情况应依法承担民事赔偿责任。

A. 因其他违法行为给他人造成损害的

B. 无健康证上岗的

C. 在工作中吸烟、饮酒

D. 以暴力威胁方法阻碍食品卫生监督管理人员依法执行公务的

44. 特殊酒水斟倒程序要求正确选用饮酒用具，下列哪项不是（　　）。

A. 加温器　　B. 冰桶　　C. 起子　　D. 布巾

45. （　　）是瓷器餐具正确的消毒方法。

A. 开水烫、化学、煮沸、蒸汽

B. 煮沸、蒸汽、干热、化学

C. 药物、干热、开水烫、化学

D. 用洗涤剂、蒸汽、干热、药物

46. 宾客提出“美蓉鸡片怎么没见鸡片”的问题时，服务员应（　　）。

A. 含糊解答　　B. 耐心解答　　C. 简单了事　　D. 简单回答

47. 木塞封酒类在存放时瓶口朝下，瓶底朝上倒置是避免木塞（　　）。

A. 碎裂　　B. 泄漏　　C. 膨胀　　D. 干化

48. 个人卫生制度要求，员工（　　）必须进行一次健康检查。

A. 每季　　B. 每半年　　C. 每一年　　D. 每两年

49. 顾客提出餐厅代为保管斟用过的余酒时，服务员应（　　）。

A. 婉言拒绝　　B. 严肃拒绝　　C. 代为保管　　D. 收取费用

50. 小刀是开启香槟酒的工具，可以将瓶塞外面的金属铂（　　）。

A. 磨平 B. 开口 C. 拉直 D. 削掉

51. 桌裙正确的洗涤方法是（　　）。

A. 干洗 B. 用洗涤液洗后净水冲

C. 去油剂泡后清水洗 D. 湿洗

52. 餐巾花可分为两大类：一类是盘花类；另一类是（　　）。

A. 杯花类 B. 鸟类

C. 花卉类 D. 实物造型类

53. 在确认酒水品牌服务中，为确保准确无误，应在酒品（　　），请顾客再次确认。

A. 剪断金属丝 B. 削掉金属铂

C. 开封前 D. 启掉木塞后

54. 服务员上岗着装的要求是：服装平整，纽扣系齐，不得卷裤脚，（　　）。

A. 不准穿背心、短裤 B. 不准穿布鞋

C. 不准穿皮鞋 D. 不准系领结

55. 对饮用水消毒最好选用（　　）方法消毒。

A. 煮沸消毒 B. 红外线消毒 C. 紫外线消毒 D. 巴氏消毒

56. 在分菜服务时应从（　　）开始。

A. 女士 B. 第一主人 C. 顺时针方向 D. 第一主宾

57. 西式早餐在为宾客服务中，餐厅服务员应适时为客人添加（　　）。

A. 威士忌酒 B. 咖啡或红茶 C. 牛奶或豆浆 D. 葡萄酒

58. 以下哪项不是中式早餐餐前准备工作内容（　　）。

A. 分菜用具准备 B. 环境准备

C. 餐具佐料和服务用品准备 D. 个人卫生准备

59. 协调得体的语言可以使宾客感到服务的（　　）相互配合，从而达到最佳的效果。

A. 声、情、意、行 B. 动、声、舒、便

C. 声、舒、便、捷 D. 舒、便、捷、情

60. 当好宾客参谋是（　　）的具体要求之一。

A. 主动服务 B. 恭敬服务 C. 谦诚服务 D. 特殊服务

61. 内心信念是指人们对某种观点、原则和（　　）形成的真挚信仰。

A. 现实 B. 需要 C. 理想 D. 动机

62. 下列哪项不是餐厅清洁卫生工作的内容（　　）。

A. 清洁环境 B. 清洁地面 C. 清洁桌椅 D. 清洁餐具

63. 西式早餐参加摆放要求：主叉左侧放面包盘，配（　　）。

A. 甜食勺 B. 咖啡具 C. 黄油叉 D. 黄油刀

64. 中式早餐开餐前，将与平日不同的菜肴（　　）。

A. 口头通知 B. 告知服务员 C. 写在黑板上 D. 开会布置

65. 西餐宴会上菜顺序，正确的选项是（　　）。

A. 凉菜、热菜、甜食、汤

B. 头盘、热菜、汤、主食、水果

C. 头盘、汤、第一主菜、第二主菜、甜食

D. 头盘、汤、热炒菜、甜食、水果

66. 分切三文鱼一般每片鱼（　　）为2cm。

A. 长度　　B. 厚度　　C. 宽度　　D. 斜度

67. 在酒水开启服务中转动酒瓶借助瓶内压力顶出瓶塞的方法用于（　　）。

A. 葡萄酒　　B. 香槟酒　　C. 威士忌酒　　D. 白兰地

68. 在特殊酒水服务中，当香槟酒封瓶的木塞暴露后，右手拿（　　）紧捏住瓶塞的上段。

A. 消毒巾　　B. 湿巾

C. 餐巾纸　　D. 干净的餐巾布

69. 西餐吃甜品应用（　　）、水果刀和叉。

A. 甜叉、甜勺　　B. 咖啡勺、叉

C. 小甜勺、奶缸　　D. 糖缸、小甜勺

70. 川菜中的“软炸酥方”应跟用的味碟，错误的选项是（　　）。

A. 醋、葱　　B. 生菜　　C. 花椒盐　　D. 辣味酱油

71. 下列用语不属于客人进入餐厅时的招呼用语的是（　　）。

A. 欢迎光临　　B. 请您稍候

C. 请跟我来　　D. 对不起，让您久等了

72. 对客人的遗留物品不能采取（　　）的做法。

A. 丢弃　　B. 及时汇报　　C. 上交　　D. 归还失主

73. 炸羊腿一般由（　　）拆切后装盘，服务员在拆分时要保持盛器干净，腿骨保持原状。

A. 菜台　　B. 服务车　　C. 厨房　　D. 服务台

74. 餐厅服务员在发生一些服务矛盾时，应及时解决，错误的选项是（　　）。

A. 找出矛盾症结，及时解决　　B. 多从自己身上找原因，进行解决

C. 多为客人利益着想，予以解决　　D. 必须争论谁是谁非，然后再解决

75. 客人用餐完毕，服务员因工作忙无法抽身相送时，可以（　　）。

A. 停下工作相送　　B. 置之不理　　C. 招手注目致意　　D. 高声道别

76. 早餐餐前环境准备包括（　　）、台布铺放标准、清洁卫生。

A. 摆台标准　　B. 餐台、餐椅摆放整齐无坏损

C. 餐具摆放标准　　D. 水杯摆放标准

77. （　　）是正确的西餐宴会上菜服务的原则。

A. 宾主顺序、先宾后主、女士优先　　B. 先女宾、男宾、最后主人

C. 宾主顺序、就餐客人的身份　　D. 先主人、主宾、女宾

78. 特殊酒水指在包装或（　　）上不同于一般的酒水。

A. 颜色　　B. 配料　　C. 饮用方法　　D. 开启方法

79. 拆分脱骨扒鸡时，由鸡颈顺切到（　　），与拆分香酥鸡不同。

A. 鸡胸　B. 鸡尾　C. 鸡腿　D. 鸡翅

80. 食用烤乳猪时，主要以食用（　　）为主。

A. 胸肉　B. 颈肉　C. 肉皮　D. 肉筋

81 一般布碟、骨碟用的平盘，直径应为（　　）。

A. 12～18cm　B. 6～10cm　C. 8～10cm　D. 10～12cm

82. 下列选项中，（　　）是餐饮业常用的餐具。

A. 玻璃餐具　B. 金制餐具　C. 银制餐具　D. 瓷器餐具

83.（　　）不是耐心服务的具体要求。

A. 耐心解答问题　B. 耐心化解矛盾

C. 对待宾客要耐心　D. 耐心研究宾客急需

84. 下列选项中，（　　）是餐厅常用的棉织品。

A. 化纤台布、口布　B. 小毛巾、台布、口布、托盘垫布

C. 麻纱桌裙、小毛巾　D. 毛料坐垫、小毛巾、软绒消音垫

85. 分菜服务工作无论在西餐厅还是中餐厅既体现服务员（　　）又反映餐厅（　　）。

A. 服务档次　服务信誉　B. 服务态度　服务水平

C. 服务意识　服务等级　D. 服务级别　服务理念

86. 英国人不喜爱的食品是（　　）。

A. 蛋品　B. 用动物内脏做成的菜肴

C. 野味食品　D. 甜点心

87. 瓷器餐具存放方法应该是（　　）。

A. 用物品柜存放　B. 可以堆放在洗碗间

C. 可以堆叠高一些　D. 用餐具专柜、分档存放

88. 香槟酒打开后，服务员要用干净的布巾仔细（　　）。

A. 包住软木塞　B. 擦拭商标　C. 擦拭瓶口　D. 擦拭瓶子

89. 服务员应掌握特殊酒水斟倒方法，客人落座后斟（　　）酒，客人入座时斟（　　）酒。

A. 冰镇　加温　B. 啤　黄

C. 加温　冰镇　D. 果　加饭

90. 香槟酒与其他酒水，在酒水服务中开启方法（　　）。

A. 有共同处　B. 相同　C. 不同　D. 相似

91. 开展礼貌服务是餐厅服务员在服务中的（　　）。

A. 强制命令　B. 技能展示　C. 自觉行动　D. 一项活动

92. 西式早餐领位员要保持正确的站姿和仪容在（　　）迎客。

A. 服务台　B. 雅间　C. 餐厅外　D. 餐厅门口

93. 四川人的饮食特点是（　　）。

A. 菜肴口味以咸、鲜、麻、辣、浓味为适口

B. 菜肴调味以甜为主，酸辣次之

C. 不爱吃泡菜

D. 菜肴口味以微苦、麻、辣、浓味为适口

94. （　　）是中餐人工合成的佐料。

A. 牛奶油、肉桂　　B. 糖醋汁、椰子油

C. 香糟汁、鱼香汁　　D. 砂仁、胡椒

95. 发现火情时服务员（　　）做法是不对的。

A. 自己马上离开现场　　B. 有组织地进行灭火

C. 维护餐厅秩序　　D. 保护餐厅财产

96. 食品制售在室内必须有防尘、防鼠、防蝇设施，且食品必须（　　）。

A. 放在冰箱内　　B. 遮盖

C. 装在塑料袋内　　D. 在太阳的照射下

97. 团结协作（　　）的表现。

A. 是一种团队精神

B. 就是保持一团和气

C. 就是要求员工团结在一起，一致对外

D. 就是哥们义气

98. 下列选项中，“（　　）”跟用的多种佐料是由客人自己进行调配。

A. 桃花泛　　B. 锅巴海参

C. 涮羊肉、四生火锅　　D. 怪味鸡

99. 微笑服务的意义之一是（　　）。

A. 完成领导任务的表现　　B. 可以起到向客人索取小费的作用

C. 爱岗敬业的表现　　D. 认真执行饭店规定的表现

100. 就餐服务周到的具体体现是对各种宾客做好（　　）服务。

A. 一般性　　B. 针对性　　C. 选择性　　D. 有偿性

101. 特殊酒水开启时，常用工具有（　　）和小刀。

A. 卡钳　　B. 丝钳　　C. 钳子　　D. 尖嘴钳子

102. 开启工具用尖嘴钳子和小刀的酒水是（　　）。

A. 香槟酒　　B. 二锅头　　C. 白酒　　D. 烧酒

103. 男服务员站立时应双脚（　　），上体保持正直，不可把脚叉开很大。

A. 呈 V 字形　　B. 与肩同宽　　C. 完全并拢　　D. 脚尖相对

104. 超常服务要求服务员善于观察，根据宾客需要提供（　　）服务措施。

A. 时效性　　B. 唯一性　　C. 临时性　　D. 针对性

105. （　　）菜肴的分菜服务视具体情况服务员根据其不同烹制方法将菜肴分送宾客。

A. 汤类　　B. 风味　　C. 拔丝类　　D. 造型类

106. 以下，（　　）不是银器的清洗步骤。

A. 用刷子刷去残留物　　B. 冲洗

C. 配药、浸泡　　D. 二次冲洗、消毒

107. 下列选项中，（　　）是中餐复合味型。

A. 浓厚、咸味　　B. 咸甜、咸麻
C. 清香、甜味　　D. 苦味、辣味

108. 唇膏的选用要与肤色相配，一般来说肤色较黄者选择（　　）。
A. 偏红色　　B. 浅红色　　C. 粉色　　D. 偏紫红色

109. 牛奶的消毒方法多采用（　　）法。
A. 干烤消毒　　B. 蒸汽消毒　　C. 紫外线消毒　　D. 巴氏消毒

110. （　　）姿态不符合服务员正确站姿要领。
A. 目光上扬　　B. 肩平挺胸　　C. 两腿相靠，直立　　D. 直腰收腹

111. 餐厅服导员的周到服务表现在语言表达、服务态度、用餐照顾（　　）服务中。
A. 迎客时　　B. 用餐中　　C. 全过程　　D. 道别时

112. （　　）饮料可以热饮或冷饮。
A. 露露、椰汁　　B. 矿泉水、芬达
C. 可乐、美年达　　D. 汽水、冰红茶

113. （　　）是搞好服务质量，改善服务态度的核心。
A. 增加设施设备　　B. 开展技术练兵
C. 加强职业道德建设　　D. 规范服务用语

114. 服务员对大声喧哗、影响他人用餐的顾客要（　　）。
A. 任其喧哗　　B. 不予理睬　　C. 耐心劝阻　　D. 大声提醒

115. （　　）是法国人在餐上不喝的。
A. 香槟酒　　B. 啤酒　　C. 烈性酒　　D. 饮料

116. （　　）使用的是桌裙餐桌，这是较为流行的一种铺台方法。
A. 较高档的餐厅　　B. 面包房　　C. 中档餐厅　　D. 普通餐厅

117. 服务员个人卫生制度对指甲和发型有明确要求，其中对指甲的要求是（　　）。
A. 留长指甲　　B. 勤剪指甲
C. 可染指甲　　D. 根据自己的习惯

118. -6℃ ~10℃的温度适宜（　　）的短期保存。
A. 饮料　　B. 熟食　　C. 黄油　　D. 生鱼、肉类

119. 中式早餐清理台面动作要求（　　）。
A. 到位　　B. 准确　　C. 轻、稳　　D. 快、粗

120. 餐前饮茶的习惯流行于我国（　　）。
A. 南方　　B. 北方　　C. 西北地区　　D. 东北地区

121. 宴会接待中有儿童参加时餐厅服务员应（　　）提供分菜服务。
A. 先主人后儿童，再常规顺序　　B. 先主宾再儿童
C. 先儿童，后常规顺序　　D. 先儿童后女士

122. （　　）不符合接待生人熟人一样的基本要求。
A. 一视同仁　　B. 热情服务
C. 真诚相待　　D. 光接待熟人

123. 二人合作式分菜服务，一名餐厅服务员应站于（　　）盛取菜肴，另一位协助

递接宾客餐碟。

A. 主人右侧　B. 主人左侧　C. 翻译陪同中间　D. 主宾左侧

124. 下列（　　）是食品卫生学研究的范围。

A. 食品的色、香、味、形　B. 食品的价格

C. 食品的盛装器皿　D. 食品中有害因素与人体健康的关系

125. （　　）是蒙古族人宴请远方宾客的最佳食品。

A. 吃全羊　B. 酸竹煮鸡　C. 乌鱼籽　D. 烤乳猪

126. 礼貌是指人与人的交往应通过（　　）体现相互尊重和友好。

A. 所处的环境　B. 职位的高低

C. 交谈时音量的大小　D. 语言、表情、行为

127. （　　）既广泛又灵活，同时又方便客人阅读。

A. 本式菜单　B. 台式菜单　C. 木牌式菜单　D. 板式菜单

128. （　　）是我国元宵节。

A. 阳历一月一日　B. 农历正月十五

C. 农历五月初五　D. 农历八月十五

129. 夏季肉制品出锅后，24 小时内不食用必须（　　）。

A. 倒掉　B. 趁热放入冰箱保存

C. 放入冷冻箱中储存　D. 回锅加热

130. 服务中微笑的要求是（　　）。

A. 前仰后合　B. 捧腹捶胸

C. 口角的两端均向上翘起　D. 放声大笑

131. 服务员的（　　）可通过看、听、想、说四个方面来提高。

A. 心理素质　B. 工作态度　C. 语言艺术　D. 应变能力

132. 法式、俄式分菜服务时，不仅准备分菜用具，同时准备与客人人数相应的(　　)。

A. 消过毒的主盘　B. 冷冻过的主盘

C. 清洁过的主盘　D. 加过热的主盘

133. 服务员要勤理发洗澡是（　　）。

A. 个人卫生习惯

B. 服务员上岗条件之一

C. 岗位责任制中的内容

D. 个人卫生制度中“四勤”的要求之一

134. 分菜服务中餐厅服务员应（　　）地将菜分好并呈送客人面前。

A. 熟练、美观　B. 快速、美观

C. 快速、均匀　D. 美观、均匀

135. 下列（　　）符合女服务员站姿要领。

A. 双脚呈 V 字形站立，打开的距离约为 20 ~ 25cm，双膝和脚后跟靠紧

B. 双脚不要并列，重心落在一只脚上

C. 双脚分开与肩同宽，上体保持正直

D. 双脚和膝完全并拢靠紧

136. 用于食品和食品用工具、设备的（　　）未取得省级以上卫生行政部门审查批准的不得使用。

A. 价格　　B. 规格　　C. 商标的设计　　D. 洗涤剂、消毒剂

137. 下列（　　）做法是与优质服务相违背的。

A. 客人进餐中，自己添加酒水饮料　B. 迎宾员按客人的需求安排座位

C. 主动介绍菜肴名称、口味、特点　D. 对生病宾客主动询问关心

138. 酒水日常保管中，罐装酒品与木塞酒类（　　）的保管方法不同。

A. 酒瓶　　B. 瓶口朝向　　C. 酒体　　D. 酒色

139. 服务员要掌握罐装酒品与木塞封酒不同的温度要求，因此在酒水（　　）中应注意。

A. 包装工作　　B. 日常保管　　C. 商标保护　　D. 推销工作

140. 开拓创新（　　）。

A. 需要人才和知识　　B. 只需要胆略

C. 是导致企业倒闭的催化剂　　D. 就是表面形式的改变

141. 下列选项中哪项是八字服务的基本要求（　　）。

A. 实在、热情、耐心、周到　　B. 主动、周到、热情、和蔼

C. 主动、热情、耐心、周到　　D. 耐心、周到、协调、主动

142. 在餐厅（　　）属于高档用具。

A. 银器　　B. 竹器　　C. 陶器　　D. 玻璃器皿

143. 下列选项中，哪项是大型宴会应留的通道正确的距离（　　）。

A. 2m 左右　　B. 2. 5m 左右　　C. 3m 左右　　D. l. 8m 左右

144. 餐具洗消工序分为 4 道，其中第三道工序为（　　）。

A. 去残渣　　B. 净水冲　　C. 洗涤剂洗刷　　D. 热力消毒

145. 主动服务的具体要求包括主动当好宾客参谋、主动服务、遵守程序和主动满足（　　）。

A. 宾客的各种需求　　B. 宾客的非用餐需求

C. 宾客用餐的特殊需求　　D. 宾客的所有需求

146. 下列选项中，哪种餐、用具因用量大应多备些（　　）。

A. 茶具　　B. 筷子　　C. 骨碟　　D. 汤碗

147. 配用专用酒具及斟酒服务附属用品的斟酒服务是指（　　）。

A. 红葡萄酒水服务　　B. 特殊酒水服务

C. 香槟酒水服务　　D. 威士忌酒水服务

148. 中式早餐开餐前应准备好餐具、佐料和（　　）。

A. 摆台用品　　B. 服务用品　　C. 消毒用品　　D. 茶具用品

149. 下列（　　）握手姿势是不正确的。

A. 握手时手臂向前伸出与身体呈五六十度角

B. 目光注视对方

C. 通常用左手行握手礼

D. 握手时要站立

150. 分让式分菜服务，餐厅服务员应站于宾客（　　），站姿要稳不可斜靠影响宾客。

A. 右侧　　B. 中间　　C. 左侧　　D. 任意位置

151. 以下（　　）是常用的分鱼用具。

A. 鱼叉　　B. 鱼叉、刀　　C. 鱼叉、刀、勺　　D. 鱼叉、勺

152. 服务员上岗时，除手表外，（　　）。

A. 还可戴戒指　　B. 可在工服上佩戴胸针

C. 一般不戴任何饰物　　D. 可戴项链

153. （　　）是西餐厅用的酒具。

A. 玻璃酒杯　　B. 玉质酒杯　　C. 紫砂酒杯　　D. 瓷质酒杯

154. 开启（　　）时应注意瓶口朝服务员右手方向，起遮挡作用。

A. 朗姆酒　　B. 威士忌酒　　C. 香槟酒　　D. 开胃酒

155. 下列（　　）项内容不属于食品验收时要检查的内容。

A. 食品的口味　　B. 食品的质量、数量和卫生状况

C. 食品的生产日期　　D. 食品发货人的姓名

156. 食品的标志和名称与（　　）不符属伪造食品。

A. 进货单内容　　B. 顾客的需要　　C. 产品的价格　　D. 包装内容

157. 超常服务周到，就餐服务周到，服务语言周到是周到服务的（　　）。

A. 具体形式　　B. 具体要求　　C. 具体标准　　D. 具体水平

158. 香槟酒开启时不能使用的方法是（　　）。

A. 拧瓶塞，直拔瓶塞　　B. 酒钻起

C. 使用小刀　　D. 使用钳子剪断

159. 银器属（　　）物品，应设银器台账，实行领出收回制度登记造册。

A. 普通　　B. 一般　　C. 中档　　D. 贵重

160. 服务八字方针对于提高企业（　　），提高接待水平，具有重要作用。

A. 文化　　B. 劳效　　C. 信誉　　D. 创造力

二、判断题（第161～200题，共40题，每题0.5分，满分20分，将判断结果填入括号中。正确的填“√”，错误的填“×”。）

161. （　　）食品存放于冰箱中，要将成品与半成品分开。

162. （　　）台前托让式是法式宴会上菜的方式。

163. （　　）热情服务要求服务员细心体察宾客需要，自然微笑真诚待客。

164. （　　）扒糕是北京小吃。

165. （　　）不侵犯他人、整体、社会的利益是餐饮人员最基本的道德要求。

166. （　　）朝鲜族人常以狗肉招待客人。

167. (　　) 使酒水保持在最高温度是续斟加温酒的最佳时机。
168. (　　) 在西餐宴会中，用于庆典或款待贵宾的酒水是玫瑰葡萄酒。
169. (　　) 常见的西餐宴会的台型有一字形、T 字形、回字形、鱼骨形等。
170. (　　) 对餐厅的财产应定期检查，做到账、卡、物相符。
171. (　　) 光线柔和的厅堂，应选用白色餐巾。
172. (　　) 礼节是表示尊重的言行规范。
173. (　　) 分让烩四鲜类汤菜时，可以有四鲜也可以有三鲜、二鲜，不能十分准确。
174. (　　) 客人传递式是俄式宴会上菜的方式。
175. (　　) 服务员在服务态度上不能挑剔、讥笑客人。
176. (　　) 植物类、动物类和腌制类是随菜佐料的三种类型。
177. (　　) 香槟酒开启时，瓶封木塞露出后，就可转动瓶身借助瓶内压力将瓶塞猛然顶出瓶口，开启工作结束。
178. (　　) 坛装酒由于瓶身易出现砂眼造成酒液泄漏，从而影响酒品质量。
179. (　　) 回族人不吃非清真店制作的食品。
180. (　　) 大型宴会餐巾折花应选择难度较大的鸟类，但要突出宾、主席位。
181. (　　) 开启香槟酒时注意将瓶口朝向服务台方向。
182. (　　) 由于加温酒温度较高，因此应在宾客入座之前斟倒完毕。
183. (　　) 罐装酒品在日常保管中应注意瓶口朝上，放置于低温处保存。
184. (　　) 大量使用农药，是预防食品被细菌污染的方法。
185. (　　) 吃馕用手掰开后再食用，不是整个馕咬食。
186. (　　) 果酒杯是喝加饭酒、绍兴酒用的杯具。
187. (　　) 使用煤（天然）气时，要有人看管，目的是计算用量。
188. (　　) 传菜员将菜品由厨房送到前台，看台服务员应将菜品呈上餐桌展示并介绍特点。
189. (　　) 特殊酒水服务要求服务员要掌握酒水的不同特点。
190. (　　) 餐厅服务员要熟悉所服务的每道菜点的典故并能生动地介绍。
191. (　　) 玻璃器皿应先用热水浸泡后，再进行清洗。
192. (　　) 法律与道德不同点之一是法律的作用范围是有限的。
193. (　　) 茶具、酒应用浓度为 3‰～5‰的含氯制剂消毒，应浸泡 10min。
194. (　　) 玻璃器皿应按不同规格分档存放。
195. (　　) 中餐厅应根据餐厅的档次、营业面积和餐具柜的多少配备各种餐具和用具。
196. (　　) 服务员与客人交谈应注意语音、速度、音量。
197. (　　) 古尔邦节又称宰牲节。
198. (　　) 食品标识没有注明食品生产日期也应视为过期食品。
199. (　　) 煮沸消毒的要求是在 120℃以上的沸水中煮 3～5min。
200. (　　) 员工的待遇与职业道德关系密切。

参考答案

一、单选题

1	2	3	4	5	6	7	8	9	10	11	12	13	14	15	16	17	18	19	20
A	A	D	A	C	C	D	C	C	D	A	A	A	D	C	A	A	A	D	A
21	22	23	24	25	26	27	28	29	30	31	32	33	34	35	36	37	38	39	40
C	C	B	B	A	B	D	D	D	A	C	B	A	B	D	B	A	A	A	D
41	42	43	44	45	46	47	48	49	50	51	52	53	54	55	56	57	58	59	60
A	A	B	D	B	B	D	C	C	D	A	A	C	A	C	D	B	A	A	A
61	62	63	64	65	66	67	68	69	70	71	72	73	74	75	76	77	78	79	80
C	D	D	C	C	B	B	D	A	A	B	D	C	D	C	B	A	D	B	C
81	82	83	84	85	86	87	88	89	90	91	92	93	94	95	96	97	98	99	100
A	D	D	B	B	B	D	C	A	C	C	D	A	C	A	B	A	C	C	B
101	102	103	104	105	106	107	108	109	110	111	112	113	114	115	116	117	118	119	120
D	A	B	D	D	A	B	B	D	A	C	A	D	C	C	A	B	D	C	A
121	122	123	124	125	126	127	128	129	130	131	132	133	134	135	136	137	138	139	140
D	D	C	D	A	D	A	B	D	C	C	D	D	C	A	D	A	A	B	A
141	142	143	144	145	146	147	148	149	150	151	152	152	152	155	156	157	158	159	160
C	A	A	D	C	C	B	B	C	A	C	A	A	C	A	D	B	A	D	C

二、判断题

1	2	3	4	5	6	7	8	9	10	11	12	13	14	15	16	17	18	19	20
√	√	√	√	√	√	√	×	√	√	√	×	×	×	√	√	×	√	√	×
21	22	23	24	25	26	27	28	29	30	31	32	33	34	35	36	37	38	39	40
×	×	√	×	√	×	×	√	√	√	×	√	×	√	×	√	√	√	×	×

中级餐厅服务员理论知识模拟试卷（2）

注意事项

1. 考试时间：90 分钟。
2. 本试卷依据 2001 年颁布的《餐厅服务员国家职业标准》命制。
3. 请首先按要求在试卷的标封处填写您的姓名、准考证号和所在单位的名称。
4. 请仔细阅读各种题目的回答要求，在规定的位置填写您的答案。
5. 不要在试卷上乱写乱画，不要在标封区填写无关的内容。

一、单选题（第 1～80 题。选择一个正确的答案，将相应的字母填入题内的括号中。每题 1.0 分，满分 80 分。）

1. 以下选项中既属于道德要求又属于法律规定的选项是（　　）。
   A. 保卫祖国，抵抗侵略　　B. 尊老爱幼，勤俭节约
   C. 勤俭节约，任劳任怨　　D. 任劳任怨，尊老爱幼
2. 职业道德的社会作用（　　）。
   A. 在任何时期均不会发生变化
   B. 随着职业道德的特点变化而发生变化
   C. 变化没有规律可循
   D. 与社会性质没有直接关系
3. 客人帮忙或表扬时，应有（　　）。
   A. 欢迎声　　B. 道别声　　C. 致谢声　　D. 回应声
4. 中式宴会的桌次安排时，（　　）。
   A. 以南为上　　B. 以东为上　　C. 以左为上　　D. 以右为上
5. 蒙古族农民多保留了牧区的好客习俗，来了客人要先敬茶，无茶或不沏新茶皆为不恭，而且以（　　）为敬。
   A. “半杯酒、半杯茶”　　B. “满杯酒、满杯茶”
   C. “半杯酒、满杯茶”　　D. “满杯酒、半杯茶”
6. 傣族的“南米”是指（　　）。
   A. 特有的主食　　B. 特有的蔬菜　　C. 酱　　D. 植物油
7. 波兰人无论在正式或非正式的宴请中（　　）。
   A. 不主动敬酒　　B. 都经常敬酒　　C. 不主张喝酒　　D. 都必须喝酒
8. 礼拜是信徒们在教堂里进行的一项包括唱诗、诵经、祈祷、听讲道和祝福的宗教活动，（　　）一次。
   A. 每天　　B. 每周　　C. 每月　　D. 每年

9. 不属于餐厅提供给客人的无形产品有（　　）。
A. 烹饪技艺　B. 服务态度　C. 就餐环境　D. 餐具的质地
10. （　　）不会影响顾客的购买心理。
A. 购买环境　B. 服务态度和服务时间
C. 服务技术　D. 服务员的姓名和工号
11. 中年顾客的消费心理特点有（　　）。
A. 成熟稳重
B. 对服务质量要求不是特别的高
C. 有较好的经济收入，没有家庭负担
D. 消费时冲动胜过理智
12. 不属于稳重型宾客的特点有（　　）。
A. 行动谨慎　B. 消费习惯保守
C. 喜欢提要求　D. 温和
13. 营养素中的（　　）是构成生命的物质基础。
A. 蛋白质　B. 水　C. 碳水化合物　D. 矿物质
14. 胆固醇主要存在于（　　）。
A. 植物性食物中　B. 动物性食物中
C. 矿物性食物中　D. 所有食物中
15. （　　）的碘含量最低。
A. 海带　B. 紫菜　C. 干贝　D. 干果
16. 下列症状中不是因为维生素 D 缺乏引起的是（　　）。
A. 佝偻病　B. 骨质软化症　C. 骨癌　D. 骨质疏松症
17. 下列食物中，（　　）的维生素 B_1 含量最高。
A. 谷类　B. 鱼类　C. 蔬菜　D. 水果
18. “提供高能量、高脂肪、高蛋白质而含有膳食纤维较低”的膳食结构属于（　　）。
A. 地中海膳食机构　B. 以动物性食物为主的膳食结构
C. 动植物食物平衡的膳食结构　D. 以植物性食物为主的膳食结构
19. 下列方法中，（　　）能够有效防止细菌性食品污染的发生。
A. 夏季不吃冷食
B. 不使用拌、炝等烹调方法
C. 合理储藏食品、抑制细菌生长繁殖
D. 不与已经细菌性食物中毒的病人接触
20. 对食物中毒责任人的行政处罚部门是（　　）。
A. 公安部门　B. 法院
C. 检察院　D. 政府行政卫生主管部门
21. 下列鱼不新鲜时会产生组胺中毒的是（　　）。
A. 鲥鱼　B. 鲴鱼　C. 秋刀鱼　D. 刀鱼

22. 误食亚硝酸盐中毒的潜伏期（　　）。

A. 1.0～1.5 min　B. 10～15 min　C. 1.5～5 min　D. 20～45 min

23. 餐饮工作人员中直接接触食品者不可以（　　）。

A. 戴戒指　B. 戴假发　C. 戴手表　D. 戴眼镜

24. 以下对饮用水的表述不正确的选项是（　　）。

A. 饮用者应感觉良好　B. 饮用者应该有依赖性

C. 饮用者无不良反应　D. 有利于饮用者的健康

25. 关于卫生用电，下列做法不正确的有（　　）。

A. 电器设备周围严禁堆放易燃易爆物品

B. 电器使用后一定要切断电源

C. 避免电线插座进水

D. 电闸箱周围存放易燃易爆物品

26. 下列关于宾客财产卫生说法不正确的有（　　）。

A. 领位要把住入店关，对衣冠不整的人、携带危险品的人、兜售商品的人、精神病人、酗酒后吵闹的人、乞讨人等可以让其进入店内

B. 餐厅不许吵闹、斗殴，闲杂人员要及时请出现场

C. 衣帽间要有存取手续，厅房内衣帽间由餐厅服务员负责接衣接帽，并保管好

D. 餐厅服务员要随时提醒客人看好自己的财物，发现醉酒或可疑人员及时通知保卫人员

27. 由于每次用餐客人的人数不同，因此在选用餐台时，应根据客人的（　　）选择大小适合的餐台。

A. 规模大小　B. 社会地位　C. 就餐环境　D. 就餐人数

28. “推拉式”台布铺设方法多用于（　　）等场所。

A. 所有需要铺设台布的场所　B. 零点餐厅或者较小的餐厅

C. 20位以上的宴会餐桌　D. 西餐厅

29. 抖铺式铺台方法适合于较宽敞的餐厅或在（　　）的情况下进行。

A. 周围有少许客人就座　B. 周围有很多客人就座

C. 周围没有客人就座　D. 就座客人要求的

30. 西餐就餐台形选择时，安排3～8位客人则可根据客人的具体数量选择大小适宜的（　　）。

A. 方形餐台　B. 长方形餐台　C. 圆形餐台　D. T字形餐台

31. 西餐宴会铺台布一般由（　　）一组合作进行。

A. 一人　B. 两人　C. 三人　D. 四人

32. 西餐餐台摆台，餐刀的右侧（　　）摆放汤勺。

A. 5cm　B. 3cm　C. 2cm　D. 1cm

33. 若宴会的档次较高，应考虑设（　　）个工作台。

A. 1　B. 2　C. 3　D. 4

34. 按（　　）分，餐巾可分为棉织品和化纤织品。
A. 颜色　　B. 手感　　C. 质地　　D. 质量
35. 下列对餐巾折花中的盘花描述不正确的选项是（　　）。
A. 盘花是中式餐巾折花的一种类型
B. 盘花属于西式餐巾折花
C. 盘花有取代中式餐巾折花杯花的趋势
D. 盘花简洁大方，美观适用
36. 在操作餐巾折花基本折叠技法之“推折”时，两个大拇指应该（　　）。
A. 相对成一线　　B. 先左大拇指推后用右手大拇指推
C. 先右大拇指推后用左手大拇指推　　D. 只需要一个大拇指推折
37. 餐巾折花基本技法“卷筒”法可以分为（　　）。
A. 直卷和螺旋卷　　B. 直卷和反卷　　C. 螺旋卷和反卷　　D. 螺旋卷和任意卷
38. 餐巾折花“四尾金鱼”的使用的基本折叠技法中不应该包含（　　）。
A. 折叠　　B. 捏　　C. 推折　　D. 翻拉
39. 宴会摆台过程中，摆放餐巾花时，以下不正确的做法是（　　）。
A. 主位和其他餐位的餐巾花应该有区别
B. 相同的餐巾花型应该错开摆放
C. 餐巾花的观赏面应该全部朝向主宾位
D. 各种餐巾花之间的距离要均匀，整齐一致
40. 以下餐厅对布件清洗保养过程中的“上浆”表述正确的是（　　）。
A. 上浆是为了使布件更加白皙　　B. 上浆是为了布件手感挺括
C. 上浆是为了对布件进行杀菌　　D. 上浆是对主洗去污步骤的补充
41. 西餐宴会在座位安排时，（　　）。
A. 夫妇应安排在一起
B. 恋人应安排在一起
C. 熟悉的朋友应安排在一起
D. 男女应当交叉排列，生人与熟人也应当交叉排列
42. 制订了迎宾计划，以下表述不正确的是（　　）。
A. 接待工作就不会出现问题　　B. 接待工作就可以减少波折
C. 接待过程就有规可循　　D. 现场操作仍然是关键
43. 团队宾客具有（　　）的特点。
A. 就餐时间相对集中、就餐人数稳定、菜肴口味统一
B. 就餐时间分散、就餐人数稳定、菜肴口味不统一
C. 就餐时间相对集中、就餐人数稳定、菜肴口味不统一
D. 就餐时间不集中、就餐人数稳定、菜肴口味统一
44. 微笑服务的要求是（　　）。
A. 前仰后合　　B. 捧腹捶胸
C. 口角两端向上翘起　　D. 笑出声音

45. 唇膏的选用要与肤色相配，一般来说偏红的适于（　　）。
A. 深黑皮肤　B. 肤色较白者　C. 肤色偏黄者　D. 红润皮肤

46. 名菜“贵妃醉鸡”是因为（　　）而得名。
A. 杨玉环　B. 赵飞燕　C. 卫子夫　D. 武则天

47. 谷类中蛋白质的含量一般在（　　）。
A. 2% ~5%　B. 5% ~8%　C. 7% ~12%　D. 10% ~18%

48. 以大豆为主要原料，经微生物发酵而成的豆制品被称为（　　）。
A. 发酵性豆制品　B. 非发酵性豆制品
C. 含脂类豆制品　D. 非含脂类豆制品

49. 蔬菜中含有大量水分，一般达到（　　）。
A. 70% ~90%　B. 60% ~80%　C. 50% ~70%　D. 40% ~60%

50. （　　）是胡萝卜素的良好来源。
A. 马铃薯、甜薯　B. 胡萝卜、红薯
C. 甜薯、芋头　D. 马铃薯、芋头

51. 畜禽肉类的蛋白质大部分存在于动物肌肉之中，其含量约为（　　），是优质蛋白。
A. 15% ~30%　B. 20% ~35%　C. 10% ~20%　D. 5% ~10%

52. 鱼类中的维生素 A 主要存在于鱼的（　　）。
A. 肌肉组织中　B. 鱼油中　C. 鱼鳞中　D. 鱼骨中

53. 软体动物的矿物质含量丰富，以（　　）最为突出。
A. 硒　B. 锌　C. 碘　D. 钙

54. 上泥包、纸包、荷叶包的菜时，不应先行打开或打破，再拿到客人面前来，否则会失去菜的特色，并导致这类菜不能保持其原有的（　　）。
A. 口味　B. 香味　C. 颜色　D. 营养

55. 中国菜素来注重色、香、味、形、器、养，尤其讲究（　　）。
A. 刀工　B. 火候　C. 营养　D. 滋味

56. 分菜服务过程中需要使用分割切板、刀、叉、分调味汁的服务方式是（　　）。
A. 美式服务　B. 俄式服务　C. 日式服务　D. 中餐宴会

57. 公筷、公用勺分菜法的正确操作方法是（　　）。
A. 左手握公用筷，右手持公用勺，相互配合将菜和汤汁置于公用勺中分派给客人
B. 公筷夹菜分派到客人餐盘，公勺舀汤分派到客人汤碗
C. 右手握公用筷，左手持公用勺，相互配合将菜和汤汁置于公用勺中分派给客人
D. 公筷和公勺同时配合夹住菜肴分派给客人

58. 西餐正餐中的咖啡或茶一般（　　）。
A. 最后一个上　B. 在进餐中间上
C. 在正式进餐前上　D. 是西餐正餐的开胃品

59. 中餐分菜方式可分为（　　）两种。
A. 临桌独立分让式和临桌二人合作式
B. 临桌分让式和临桌二人分让式
C. 临桌分让式和离桌分让式
D. 离桌分让式和旁桌分让式
60. 下列对中餐离桌分让式分菜方法表述不正确的选项是（　　）。
A. 在宴会服务中普遍使用
B. 在分菜前要先向客人展示菜肴
C. 完成分菜后一般由客人自由选取
D. 在操作台上完成分菜，再用托盘托送至餐桌，分派到每一位客人
61. 转台式分菜法最适合分派（　　）。
A. 汤菜　B. 热炒菜　C. 水果　D. 干点心
62. 餐厅服务员上菜时应仔细核对（　　），避免上错菜。
A. 菜肴品名　B. 营养成分　C. 菜肴质量　D. 菜肴重量
63. 每斟满一杯酒更换位置时，做到（　　），退时先使左脚掌落地后，右腿撤回与左腿并齐，使身体恢复原状。
A. 进退自如　B. 先退后进　C. 先进后退　D. 进退有序
64. 桌斟时应站在客人右后侧，既不可紧贴客人，也不可（　　）。
A. 远远将手臂伸向杯子　B. 将手臂横在两客人之间
C. 碰到客人　D. 离客人太远
65. 徒手斟酒的（　　）与托盘斟酒一样。
A. 斟酒姿势　B. 握瓶基本姿势
C. 难度　D. 要求
66. 西餐斟酒不宜太满，一般以（　　）为宜。
A. 1/2　B. 1/3
C. 红葡萄酒 1/2，白葡萄酒 2/3　D. 2/3
67. 最早用曲药酿酒的国家是（　　）。
A. 埃及　B. 法国　C. 中国　D. 日本
68. 黄酒的配餐也十分讲究，以不同的菜配（　　）的酒，则更可领略黄酒的特有风味。
A. 干型　B. 相同　C. 不同　D. 半干型
69. 黄酒含有丰富的营养，有（　　）之称。
A. 液体蛋糕　B. 液体面包　C. 液体黄金　D. 液体粮食
70. 以下对菜肴餐具的“色彩感情”理解不正确的是（　　）。
A. “色彩感情”指的是就餐者对某种颜色忌讳
B. 餐具的色彩要与就餐者的习俗相适应
C. 色彩感情是就餐者的性格
D. 在配用餐具时关心就餐者的色彩感情，可以渲染就餐的气氛

71. “清蒸鲥鱼”配置的最佳器皿形状是（　　）。

A. 三角形　　B. 椭圆形　　C. 圆形　　D. 菱形

72. 菜肴装盘后再加以点缀和围边的目的是（　　）。

A. 弥补菜肴数量之不足，提高菜肴质量

B. 弥补菜肴营养之不足，丰富菜肴营养

C. 弥补菜肴平淡之不足，丰富菜肴色彩

D. 弥补菜肴质量之不足，提高菜肴品质

73. 在上每一道菜之前，应先撤去上一道菜肴的餐具，斟好（　　）的酒水，再上菜。

A. 各种　　B. 准备好　　C. 相应　　D. 开启过

74. 西餐就餐时要注意坐姿，一般坐于座椅的（　　）即可。

A. 3/4　　B. 1/4　　C. 1/5　　D. 1/6

75. （　　）是结账服务规范化的出发点。

A. 结账服务的技术性　　B. 结账服务的综合性

C. 服务整体性和一贯性的意识　　D. 服务行为的统一

76. 以下关于支票填写正确的是（　　）。

A. 支票的有效期是 10 天，首尾日不计算在内

B. 支票的出票日期必须按照规范大写

C. 任何类型的支票均没有金额限制

D. 支票的收票人如果发现支票填写不全，不可以补记，只能作废

77. 根据溶液的酸碱度，可以把洗涤剂分为（　　）。

A. 酸性、中性和碱性洗涤剂　　B. 酸性和碱性洗涤剂

C. 酸性、综合和碱性洗涤剂　　D. 碱性和综合洗涤剂

78. 下列消毒法中，（　　）不属于化学消毒法。

A. 氯及氯化物消毒　　B. 碘及碘化物消毒

C. 红外线辐照消毒法　　D. 界面活性剂消毒

79. 如果客人使用转账支票付款，其背面要留下的信息有（　　）。

A. 客人的签名、电话和身份证号　　B. 客人的签名、电话和地址

C. 客人的签名、地址和身份证号　　D. 客人的签名和身份证号

80. 理想的清洁剂的洗涤性是指（　　）。

A. 易于最后漂洗　　B. 能够便于机洗

C. 能够便于手洗　　D. 能够彻底杀菌

二、判断题（第 81 ~ 100 题。将判断结果填入括号中。正确的填“√”，错误的填“×”。每题 1.0 分，满分 20 分。）

81. （　　）迎宾员回答客人问题时，应含蓄解答。

82. （　　）直接入口的食品可以不用小包装。

83. （　　）人体内水的排泄只有两个途径，即尿液和皮肤。

84. (　　) 急躁型顾客的性格具有胆汁质的气质特征。

85. (　　) 要做到办事公道，首先要热爱真理，追求正义。

86. (　　) 维生素 B_2 是许多重要辅酶的组成成分。

87. (　　) 臭氧是一种高效消毒剂。

88. (　　) 社会主义职业道德完全是在继承历史职业道德传统的基础上建立起来的。

89. (　　) 餐饮企业压价竞销属于经营管理竞争行为，没有违反行业职业道德。

90. (　　) 服务态度在很大程度上影响了顾客的就餐行为和服务员的服务工作。

91. (　　) 在为顾客提供服务时，察言观色是了解顾客喜好的一种渠道。

92. (　　) 钙能够维持肌肉和神经的正常活动，如血液中钙离子浓度升高，可引起手足抽搐。

93. (　　) 餐厅服务员要熟悉服务现场的各种设备，如卡拉 OK 音响等的操作使用方法，不懂的要自己经常摸索。

94. (　　) 餐厅摆台时，使用台布的规格与餐桌的形状没有直接的关系。

95. (　　) 花卉、鸟的头颈、翅膀、尾巴等折叠适宜使用“翻拉”的基本折叠技法。

96. (　　) 凡配调料的菜肴，应调料、配料和菜肴一起上，以免遗漏。

97. (　　) 根据黄酒含糖量的高低可分为以下四种：干黄酒、半干黄酒、半甜黄酒和甜黄酒。

98. (　　) 运用餐具的档次和酒席的规格相匹配，防止出现餐具高档、菜品低档与餐具低档、菜品高档，以及席面与餐具不协调等情况，做到器皿与食物配合完美和谐。

99. (　　) 菜肴的颜色应该与盛装器皿的颜色统一，即菜肴什么颜色，盛装器皿也应该是这种颜色，只有这样才能达到和谐统一的目的。

100. (　　) 贷记卡是发卡银行给予持卡人一定的信用额度，持卡人可在信用额度内先消费、后还款的信用卡。

参考答案

一、单选题

1	2	3	4	5	6	7	8
A	B	C	D	B	C	B	B
9	10	11	12	13	14	15	16
D	D	A	C	A	B	D	C
17	18	19	20	21	22	23	24
A	B	C	D	C	B	A	B
25	26	27	28	29	30	31	32
D	A	D	B	C	B	B	D
33	34	35	36	37	38	39	40
B	C	A	A	A	B	C	B
41	42	43	44	45	46	47	48
D	A	C	C	C	A	A	A
49	50	51	52	53	54	55	56
A	B	C	B	A	B	D	B
57	58	59	60	61	62	63	64
B	A	C	C	A	A	D	D
65	66	67	68	69	70	71	72
B	C	C	C	A	C	B	C
73	74	75	76	77	78	79	80
C	A	C	B	A	C	B	A

二、判断题

81	82	83	84	85	86	87	88	89	90
×	×	×	√	√	√	√	×	×	√
91	92	93	94	95	96	97	98	99	100
√	×	×	×	√	√	√	√	×	√

高级餐厅服务员理论知识模拟试卷

注意事项

1. 考试时间：120 分钟。
2. 本试卷依据 2001 年颁布的《餐厅服务员国家职业标准》命制。
3. 请首先按要求在试卷的标封处填写您的姓名、准考证号和所在单位的名称。
4. 请仔细阅读各种题目的回答要求，在规定的位置填写您的答案。
5. 不要在试卷上乱写乱画，不要在标封区填写无关的内容。

一、单项选择题（第 1～160 题。选择一个正确的答案，将相应的字母填入题内的括号中。每题 0.5 分，满分 80 分。）

1. 西餐零点服务当客人订餐时服务员要告诉客人，牛排在烹调时有四种成熟度，是全熟、八成熟、半熟 和（　　）。

A. 过熟　　B. 三成熟　　C. 一成熟　　D. 四成熟

2. （　　）不是济南菜的特点。

A. 芡大油厚，咸辣香软　　B. 长于制汤

C. 讲究用汤　　D. 制作精细

3. 西餐零点服务甜食前，服务员应先将（　　）摆在客人的左手一侧。

A. 主菜　　B. 主菜叉　　C. 甜食勺　　D. 汤勺

4. （　　）不是鸡尾酒杯的特点。

A. 容量为 12 盎司

B. 容量为 3.5 盎司

C. 传统的酒杯通常呈倒三角形或梯形

D. 不带任何花纹和色彩的异形酒杯

5. （　　）不会对劳动定额产生影响。

A. 提供的餐别　　B. 餐厅的档次

C. 菜肴的价格　　D. 设备条件

6. 西餐零点服务头盘，对同一餐台的客人，服务员要在（　　），按照订单的内容，准确地分别将头盘送到每位客人面前。

A. 客人提出要求后　　B. 客人落座时

C. 同一时间内　　D. 不同时间内

7. 高档宴会布置场地时，宴会的（　　）因素无须考虑。

A. 规格　　B. 标准　　C. 性质　　D. 菜肴的品种

8. 将外国葡萄酒分为红、桃红、白三种葡萄酒，是按酒的（　　）分类。

A. 原料　　B. 色泽　　C. 口味　　D. 价格

9. 使用各种机器设备时，（　　）做法不符合操作规程。

A. 各种电器使用后先断电，再关电器开关

B. 对不会使用的电器设备先请教再动手

C. 未经批准不随意启动各种设备

D. 每种电器设备电源插座应单独使用

10. 不属于非计划性消费特点的是（　　）。

A. 属于经济型消费　　B. 比较讲究排场

C. 饮食消费的情况比较复杂　　D. 偶然性较大

11. 营养配菜应注重菜肴的数量搭配，一般情况下，不配单料菜，因为它含有的（　　）种类不全。

A. 维生素　　B. 无机盐　　C. 蛋白质　　D. 营养素

12. 元代的插花风格逐渐摆脱宋代理学的影响，下列（　　）是元代插花的风格。

A. 只追求消遣娱乐　　B. 用花材的寓意与谐音来表达作品的主题

C. 注重结构的理性意念　　D. 融合了自然美的特征

13. 四川省宜宾市酒厂是（　　）酒的产地。

A. 茅台酒　　B. 五粮液　　C. 汾酒　　D. 双沟大曲

14. 宴会厅堂中的（　　）与提高饮宴气氛，烘托进餐情趣，为客人增强舒适的感觉无关。

A. 各种装饰　　B. 各种设备　　C. 温度和湿度　　D. 面积及高度

15. 宴会看台服务员要做到的三了解是（　　）。

A. 了解宾客的风俗习惯，了解宾客的生活忌讳，了解宾客的特殊要求

B. 了解宾客的风俗习惯，了解宾客的基本要求，了解宾客的特殊要求

C. 了解宾客的风俗习惯，了解宾客的生活难题，了解宾客的特殊要求

D. 了解宾客的生活难题，了解宾客的生活忌讳，了解宾客的特点要求

16. 下列（　　）做法属于“超前服务”。

A. 为客人清洗车辆　　B. 搀扶行动不便的客人

C. 为客人提供点烟服务　　D. 随时为客人添加酒水饮料

17. 西餐零点服务，客人用完汤后，征得客人同意，从客人右侧将汤盘连同垫盘和（　　）一同撤下。

A. 刀叉　　B. 汤勺　　C. 餐巾　　D. 毛巾

18. 上海菜的口味注重真味，讲究（　　）而多层次，质感鲜明，款式新颖而精致，由此而形成了引导趋势的海派风格。

A. 酸、甜、苦、辣、咸五味俱全　　B. 清淡

C. 味咸色重　　D. 味浓

19. 使用蜡封法首先把花的茎端用剪刀切面剪至适宜插花（　　）的位置，然后将石蜡点燃，一侧拿起，将蜡珠滴在花茎的切面处，待切面处滴满后封好，立即放入清水中。

A. 尺寸　　B. 高度　　C. 形状　　D. 宽度

20. 配菜中注意（　　）的搭配，有利于营养的全面摄取，维持体内酸碱的平衡。

A. 干湿　B. 软硬　C. 老嫩　D. 荤素

21. 西餐餐后为客人服务的咖啡要保证（　　），并提供白砂糖和淡牛奶，放在客人面前。

A. 新鲜滚烫　B. 温度适宜　C. 温度50℃　D. 温度80℃

22. 山西菜由太原菜、运城菜、（　　）菜、五台菜组成。

A. 大同　B. 汾阳　C. 临汾　D. 榆次

23. 发现煤（天然）气漏气时，下列（　　）做法是不允许的。

A. 打开门窗　B. 关上表前闸

C. 在此房间内打电话报警　D. 不使用明火

24. 餐厅服务员在摆台时，对（　　）餐具必须戴白手套摆放。

A. 瓷器　B. 陶器　C. 金器　D. 塑料

25. 理智性消费的特点之一是（　　）。

A. 多为单一的个体购买

B. 在消费的标准上有很强的计划性

C. 偶然性多于规律性

D. 对消费者来说只是生活必需的

26. 蜡烛一般在（　　）点燃，它给人一种温馨、柔和的感受。

A. 宴会开始时　B. 宴会进行中　C. 宴会结束时　D. 视情况而定

27. 常用于插花容器的种类很多，以下四项中（　　）不是插花的容器。

A. 景泰蓝类容器　B. 玻璃类容器

C. 漆器类容器　D. 毛皮类容器

28. 下列（　　）做法不符合为身体有残疾客人服务的原则。

A. 盲人来用餐尽量用描述性语言来交谈

B. 对肢体有残疾的客人要安排在不受到人干扰的位置上

C. 精神上有问题的客人服务时细心加上十二分的小心

D. 要善于模仿他们，以示同情

29. 蛋类食品可提供极为丰富的必需（　　），利用率可达99.6%，完全蛋白质的含量在13%～15%之间。

A. 氨基酸　B. 谷氨酸　C. 绿氨酸　D. 胆固醇

30. 客人醉酒时，他正处在不清醒的状态下，（　　）我们不应该过多地计较，但要防止客人太过强烈的举动。

A. 打坏餐厅的物品　B. 他们打伤服务员

C. 逃账、赖账　D. 在语言和态度上

31. 食品制售必须在室内，必须有防尘、防鼠、防蝇设施，且食品必须（　　）。

A. 放在冰箱内　B. 遮盖

C. 装在塑料袋内　D. 在太阳的照射下

32. 注重菜肴味道的搭配。味的搭配一般分为（　　）相配、淡口相配和异味香相配等多种形式。

A. 浓淡　　B. 浓口　　C. 平常　　D. 清淡

33. 在企业的经营活动中，下列选项中的（　　）不是职业道德功能的表现。

A. 激励作用　　B. 决策能力　　C. 规范行为　　D. 遵纪守法

34. 客人来到餐厅时，如是（　　），服务员应道出客人的姓名，然后确认预订。

A. 用餐的　　B. 团队客人　　C. 常客　　D. 第一次来

35. 餐饮服务出现于（　　）。

A. 用火烹饪的时代　　B. 奴隶社会

C. 封建社会　　D. 建国初期

36. 插花艺术其含义主要体现在人们对自然生长的植物，经过构思、设计、选材、剪切、造型、插摆而形成的（　　）。

A. 雕刻艺术品　　B. 仿造艺术品　C. 植物艺术品　　D. 工艺品

37. 性急求快的客人一般在（　　）上不太计较，他们时间观念强，要求速战速决，他们烦躁易怒。

A. 服务方式　　B. 服务技能　　C. 价格品种　　D. 就餐环境

38. 服务员上岗着装的要求是：服装平整，纽扣系齐，不得卷裤脚，（　　）。

A. 不准穿背心、短裤　　B. 不准穿布鞋

C. 不准穿皮鞋　　D. 不准系领结

39. 如果服务员发现客人有心脏病或脑溢血的病症，（　　），否则后果只会更糟。

A. 要不停晃动客人

B. 要将客人立即抬走

C. 要将客人扶到有床的房间，让客人躺下

D. 一定不要移动客人

40. 肉、蛋、米等食物还有核桃、（　　）等在人体内经代谢，最终成酸性，叫酸性食物。

A. 菜子油　　B. 花生油　　C. 啤酒　　D. 鸡油

41. 生理性消费类型属（　　）。

A. 经济型　　B. 豪华型　　C. 高档消费　　D. 超豪华型

42. 对客人的称呼，下列（　　）不符合服务敬语的要求。

A. 对第一次来就餐的客人男性应称“先生”

B. 对熟悉的客人称绰号

C. 对熟悉的客人准确道出姓氏和职务

D. 对初次见面的女宾应称“女士”

43. 客人没有喝完的酒品，要求餐厅代为保管，服务员应根据酒的种类和客人的（　　）酌情处理。

A. 饮酒量　　B. 消费能力　　C. 具体情况　　D. 工作情况

44. 下列（　　）内容称食品的污染。

A. 在食品中添加没有营养价值的物品

B. 有毒有害物质进入正常食品，对人体健康构成威胁

C. 从原有食品中抽去营养成分，降低原有食品的质量

D. 食品成分以次充好

45. 餐饮服务员要耐心向客人解释账单上的菜肴、主食、饮料等，待客人（　　）再收款。

A. 需要后　　B. 休息后　　C. 认可后　　D. 烦躁后

46. （　　）姿态不符合服务员正确站姿要领。

A. 目光上扬　　B. 肩平挺胸

C. 两腿相靠，直立　　D. 直腰收腹

47. 竭诚为客人服务，就要使到餐厅用餐的客人（　　）。

A. 有“宾至如归”之感　　B. 有被冷落之感

C. 有被欺骗之感　　D. 有家长照顾孩子般的呵护之感

48. 餐厅服务员使用服务语言还要注意客人的（　　）、年龄、心理、环境等多种因素。

A. 性别　　B. 姓氏　　C. 衣着　　D. 身高

49. 菌藻类食品不仅美味可口，是佐味之上品，而且富含蛋白质、多种（　　）和维生素。

A. 赖氨酸　　B. 氨基酸　　C. 无机盐　　D. 碳水化合物

50. 葡萄酒按照是否含二氧化碳分类，可分为静酒、香槟酒或起泡葡萄酒和（　　）。

A. 红葡萄酒　　B. 白葡萄酒　　C. 粉红葡萄酒　　D. 葡萄汽酒

51. 3.5 度是特制五星啤酒的（　　）。

A. 原麦芽汁含量　　B. 最佳饮用温度

C. 乙醇含量　　D. 含糖量

52. 白兰地酒杯的容量为（　　）左右。

A. 5 盎司　　B. 6 盎司　　C. 7 盎司　　D. 8 盎司

53. 到餐厅用餐的客人都希望受到尊重，因此，当客人进餐中出现（　　），我们或视而不见，或者避开。

A. 失误时　　B. 吵架时　　C. 身体不适时　　D. 麻烦时

54. 平衡膳食的设计步骤之一是根据人员的年龄、性别、劳动强度、（　　）确定每日各种营养素的供给量标准。

A. 生活压力　　B. 经济收入　　C. 工作态度　　D. 生理状况

55. 下列（　　）握手姿势是不正确的。

A. 握手时手臂向前伸出与身体成五六十度角

B. 目光注视对方

C. 通常用左手行握手礼

D. 握手时要站立

56. 葡萄酒按含糖量可分为干型、半干型、甜型、半甜型四类，其中酒中含糖大于 50g/L 的是（　　）。

A. 干型　B. 半干型　C. 甜型　D. 半甜型

57. 日常生活中，人们习惯把茶分为红茶、绿茶、花茶、乌龙茶、白茶和（　　）几种。

A. 龙井茶　B. 铁观音　C. 碧螺春　D. 紧压茶

58. 下列（　　）员工属于涉及固定费用的员工。

A. 维修　B. 厨师　C. 洗碗工　D. 服务员

59. 餐厅服务员通过自己的感官看（　　），嗅酒味，品酒体，可对酒水进行优劣鉴定。

A. 酒的成分　B. 酒的酒精含量

C. 酒色　D. 酒的产地

60. 烹饪与服务有着相辅相成、相互依托、（　　）的关系。

A. 不可分离　B. 相互独立　C. 互相制约　D. 互为干扰

61. 西餐宴会服务员的平均工作量是每人负责（　　）个客人的服务。

A. 3　B. 4　C. 5　D. 6

62. 餐厅服务员随着性急求快客人的快节奏，可以向客人推荐（　　）和半成品。

A. 小吃食品　B. 西餐食品　C. 快餐食品　D. 日餐食品

63. 下列（　　）不属于布置中餐宴会厅时应注意的问题。

A. 处理好光线、色彩与客人喜好的关系

B. 处理好“突出”与“陪衬”的关系

C. 处理好家具与观赏品的关系

D. 处理好宴会厅与其他部门之间的关系

64. 使用煤（天然）气火熄灭时，正确的操作是（　　）。

A. 用嘴吹灭　B. 见不到明火即可

C. 关闭煤气开关　D. 完全关闭总闸

65. 花枝疏密有间，花朵大小适宜，主花与铺花分明，争让有错，是对（　　）的要求。

A. 种植花卉　B. 摆花环　C. 插花　D. 围花边

66. 正确运用色彩的原则有确定色彩基调；合理利用色彩的协调性，注意色彩布局的平衡性，发挥色彩的（　　），运用色彩的特性，从而体现出色彩与主题的贴切。

A. 季节性　B. 主动性　C. 功能性　D. 对比性

67. 客人在进餐时由于说话、吃得过快等原因，可能发生被食物噎住的情况，此时，客人的一般反应是脸色铁青，停止讲话，（　　）等。

A. 双手捂嘴　B. 不停地咳嗽　C. 用手指捏咽喉　D. 大声喊叫

68. 讲授法是（　　）的一种培训方法。

A. 适合于向群体学员传授单一课内容

B. 对某一专题进行深入讨论

C. 使学员对情景表演产生兴趣

D. 对具体服务项目的操作培训

69. 下列（　　）不属于客人就餐心理需求。

A. 求快捷服务　　B. 求了解菜肴价格制定的方法

C. 求就餐环境雅静和舒适　　D. 怀旧

70. 服务员可通过（　　）来真诚表达对客人的美好情感。

A. 具有感情色彩词汇的运用　　B. 亲切的家乡语言

C. 命令的词语　　D. 甜言蜜语

71. 下列（　　）符合女服务员站姿要领。

A. 双脚呈 V 字形站立，打开的距离约为 20 ~25cm，双膝和脚后跟靠紧

B. 双脚不要并列，重心落在一只脚上

C. 双脚分开与肩同宽，上体保持正直

D. 双脚双膝完全并拢靠紧

72. 餐厅做好（　　）和菜品服务数的统计就能较精确的预测每日的营业量。

A. 所需变动成本员工的数量　　B. 所需固定费用成本的员工数量

C. 客人数　　D. 日成本额

73. 西餐服务客人在订了葡萄酒之后，服务员要提供葡萄酒的（　　）。

A. 展示和开启服务，然后由客人自己斟倒

B. 报价、开瓶、斟倒服务

C. 介绍、开启、斟倒、收费服务

D. 展示、开启、品评酒质、斟酒等服务

74. 红葡萄酒杯容量约为（　　）。

A. 217mL　　B. 220mL　　C. 227mL　　D. 230mL

75. 高档玻璃餐酒具要经常检查，妥善保养。酒杯用过后都要及时（　　），消毒，然后用干净餐巾布擦干。

A. 过水　　B. 清点　　C. 清洗　　D. 擦拭

76. 膳食中热量来自粮谷类、薯类、（　　）和动物性食物。

A. 菌类　　B. 豆腐　　C. 土豆　　D. 豆类

77. （　　）做法不符合财产管理制度。

A. 熟人借用餐厅用具可不写借条

B. 所有设备应由专人管理

C. 设备损坏有记录

D. 建立财产登记卡

78. 盲人客人来用餐，服务员（　　）做法是不对的。

A. 汤、饭不要盛的过满

B. 客人用餐过程中，服务员适时帮助移动餐食

C. 没有必要用菜单

D. 付款时，告诉客人所收的和找回的钱数

79. 按卫生操作习惯，正确拿酒杯的方法是拿（　　）。

A. 杯　　B. 杯底　　C. 靠近杯的底部　　D. 杯的上半部

80. 酱香型的代表酒是（　　）酒。

A. 五粮液　　B. 茅台　　C. 汾　　D. 孔府家

81. 下列（　　）是宴会传菜员的职责。

A. 主动为宾客接拿衣帽并妥善保管

B. 在宴会进行中主动为客人斟酒

C. 及时将各种菜肴、点心、水果等送到看台服务员手中

D. 客人来到时主动打招呼问好，拉椅让座

82. 廉洁奉公（　　）。

A. 是对饭店高级管理人员的要求

B. 提示用餐客人不要用公款消费

C. 不能利用工作之便谋求私欲

D. 指工作中应公私兼顾

83. 对有意损坏餐具的客人，服务员应该指出其错误的同时，要求他（　　）。

A. 半价赔偿　　B. 加价赔偿　　C. 照价赔偿　　D. 无须赔偿

84. （　　）不是蒙古族人的饮食习俗。

A. 喜欢吃咸饭

B. 牧民外出放牧及喜欢吃炒米

C. 吃全羊是宴请远方宾客的最佳食品

D. 牧民夏天喜欢饮马奶酒

85. 对（　　）的检查，属于宴会前卫生检查的内容。

A. 电源开关　　B. 台面的布局

C. 菜肴食品的卫生　　D. 服务员摆台是否合格

86. 人体蛋白质中有 8 种氨基酸被称为必需氨基酸，人体自身不能合成，所以要由（　　）蛋白质来提供。

A. 水　　B. 维生素　　C. 食物　　D. 脂肪

87. 餐厅新服务员上岗培训应由（　　）来承担。

A. 人力资源部　　B. 经理办公室　　C. 保卫部　　D. 财务部

88. 中心形插花台通常适用于一字形长台，其花插的大小长直径为 40 ~ 50cm，短直径 20 ~ 25cm 的（　　）、椭圆形花插，花插应放置在餐台正中位置。

A. 长菱　　B. 正方　　C. 长方　　D. 圆形

89. 下列不属于食品的是（　　）。

A. 茶　　B. 咖啡　　C. 金华火腿　　D. 感冒冲剂

90. （　　），有营养价值和感官性状良好是食品的基本条件。

A. 无毒无害　　B. 易于烹调　　C. 价格低廉　　D. 无须加工直接食用

91. 西餐宴会一般需要三种形态的酒杯，不属于三种之一的是（　　）。

A. 茅台杯　　B. 佐餐酒杯　　C. 餐后酒杯　　D. 汽酒杯

92. 当餐厅开餐时突然发生停电事故，餐厅服务员自己要（　　），要尽力安慰客人。

A. 离开现场　　B. 告诉厨师　　C. 去修电器　　D. 镇静自若

93. 唇膏的选用要与肤色相配，一般来说肤色较黄者选择（　　）。

A. 偏红色　　B. 浅红色　　C. 粉色　　D. 偏紫红色

94. 泸州老窖特曲属于（　　）大曲酒类。

A. 清香型　　B. 浓香型　　C. 酱香型　　D. 曲香型

95. 服务员与客人交谈时（　　）是不对的。

A. 语音适量　　B. 速度适当　　C. 语言标准　　D. 高声与客人交谈

96. 北方人喜欢花茶，华南一带的人比较喜欢乌龙茶，江浙一带的人喜欢（　　），边陲地区的人喜欢紧压茶。

A. 白茶　　B. 红茶　　C. 西湖龙井茶　　D. 铁观音

97. 下列（　　）是服务员在工作中“自我牺牲的奉献精神”的体现。

A. 精益求精地认真操作，给别人带来方便和愉悦

B. 争名夺利，永不放弃

C. 讲义气，为朋友敢于两肋插刀

D. 狭隘的心态

98. 如果企业收入增加，节约开支，提高了毛利额，而职工人数不变，那么企业的（　　）。

A. 原材料成本率就提高了　　B. 劳动分配率就降低了

C. 劳动生产力就提高了　　D. 劳动生产力就降低了

99. 湖南菜有讲究入味，重（　　），鲜香，软嫩的特点。

A. 咸辣　　B. 酸辣　　C. 微甜　　D. 微酸

100. 植物花台种类繁多，选用花草时，应根据宾客的风俗习惯而定，不宜使用（　　）花草，可使用果蔬雕刻的花、鸟、鱼、虫与鲜花配用。

A. 植物　　B. 非植物　　C. 价格低廉　　D. 价格昂贵

101. 四川菜主要由成都菜、（　　）菜、自贡菜和佛斋菜组成。

A. 内江　　B. 万县　　C. 江陵　　D. 重庆

102. 陕西菜调味突出主味，味醇正而（　　）分明，以酸辣为长，并影响我国西北地区的菜肴特色。

A. 味道　　B. 鱼羊嫩　　C. 主次　　D. 汤菜

103. 对于客人提出代为保管食品的要求，餐厅规定一般（　　）为客人保管食品。

A. 不可以　　B. 可以　　C. 随便　　D. 看情况

104. 1995 年 10 月 30 日公布实施的卫生法律是（　　）。

A. 《计量法》　　B. 《中华人民共和国食品卫生法》

C. 《动物保护法》　　D. 《环境保护法》

105. 影响餐饮企业人员定额定编的因素是（　　）。

A. 菜肴的价格　　B. 加工技术的复杂程度

C. 员工自身的学历　　D. 员工的外语水平

106. 不属于餐厅服务员运用语言表示情感因素重要性的是（　　）。

A. 提高企业的效益　　B. 增加服务员的晋升机会

C. 树立企业形象　　D. 展示服务员的操作技能

107. 山西人的饮食特点是（　　）。

A. 做菜时以虾酱、虾油为调味

B. 主食是米饭，早餐喜喝咸粥

C. 最喜欢吃酒酿，称酒酿为酒饭

D. 主食花样多，一样面百样吃，饮酒风盛

108. 下列（　　）做法符合服务员工作中的举止要求。

A. 站立时间过长，用手叉腰稍作休息

B. 工作中为振作精神适量饮酒

C. 打喷嚏，打哈欠时用手帕掩住，面向一旁

D. 在客人面前修指甲

109. 服务员的语言艺术可通过（　　）来提高。

A. 学习岗位职责　　B. 改善服务条件

C. 丰富员工业余文体生活　　D. 看、听、想、说四个方面

110. 夏季肉制品出锅后，24 小时内不食用必须（　　）。

A. 倒掉　　B. 趁热放入冰箱保存

C. 放入冷冻箱中储存　　D. 回锅加热

111. 正常膳食主食的热量最少占总热量的（　　）。

A. 20% ~30%　　B. 30% ~40%　　C. 40% ~50%　　D. 50% ~60%

112. 西餐零点服务餐厅服务员为客人送菜单时要按照先宾后主，（　　）。

A. 老人优先的原则　　B. 女士优先的原则

C. 小孩优先的原则　　D. 主人优先的原则

113. 寻求环境优雅的客人餐饮的目的不单纯是饮食，他们主要是想延伸社会生活，寻求（　　）

A. 菜肴的廉价和身心愉快

B. 喧闹的就餐气氛和良好的人际关系

C. 在优雅环境中自我服务的感觉

D. 身心愉快，环境优雅的空间和良好的人际关系

114. 香槟杯的容量为（　　）盎司。

A. 3 ~6　　B. 4 ~7　　C. 5 ~8　　D. 6 ~9

115. 奶类食品营养丰富，因为奶中的酪蛋白、（　　）和球蛋白均含有人体必需的氨基酸

A. 红蛋白　　B. 蛋白酶　　C. 白蛋白　　D. 血清蛋白

116. 鱼类食品为蛋白质的主要来源，也供给少量脂肪，（　　）。

A. 无机盐的含量也极少　　B. 有机盐的含量十分丰富

C. 纤维素的含量十分丰富　　D. 无机盐的含量十分丰富

117. （　　）能够起到缓解客人与厨房工作的矛盾的作用。

A. 餐厅服务员的优质服务　　B. 客人的高标准消费

C. 餐厅良好的就餐环境　　D. 满足客人的无理要求

118. 成人每日脂类的摄入量约在（　　），应占膳食总热量的20%～25%。

A. 30g　　B. 90g　　C. 50g　　D. 70g

119. 在（　　）采摘的茶叶叫明前茶。

A. 清明节当天的早晨　　B. 清明节前3天

C. 清明节前后各3天　　D. 清明节前一个月

120.（　　）是伊斯兰教的主要节日。

A. 感恩节　　B. 古尔邦节　　C. 火把节　　D. 植树节

121. 乌龙茶介于（　　）之间，属半发酵茶。

A. 花茶与绿茶　　B. 砖茶与绿茶

C. 红茶与绿茶　　D. 红茶与花茶

122. 食物中毒的特点除潜伏期短，发病急剧，病程较短和停止食用有毒食品后，发病很快停止外，还有（　　），

A. 没有人与人之间的直接传染　　B. 存在人与人之间接触传染

C. 存在人与人之间唾液传染　　D. 像肠道传染病那样连续发病

123. 蔬菜和水果类食品是我们膳食中的重要食品，其主要含（　　）。

A. 维生素C、胡萝卜素、维生素B_2　　B. 无机盐和矿物质

C. 脂肪和胆固醇　　D. 果糖和乳糖

124. 餐饮服务中，由于各种原因，可能出现个别客人反映菜肴不熟。其处理方法是，假如是属客人不了解某种菜肴的风味特点，应（　　）。

A. 不作解释拿回厨房加热

B. 告之客人不喜欢可退掉菜肴

C. 先道歉，耐心解释菜肴的特点及食用方法

D. 不予理睬

125. 紧压茶属加工复制茶类，它用黑茶、绿茶、（　　）等作原料，再经蒸压制成各种不同形状的茶砖或块。

A. 红茶　　B. 白茶　　C. 黄茶　　D. 乌龙茶

126. 香港人饮茶时要吃点心，（　　）是首选的品种。

A. 蛋糕　　B. 沙琪玛　　C. 叉烧包　　D. 芝麻烧饼

127. 广东菜的特点是用料（　　），选料精细，野味馔肴甚多。

A. 单一　　B. 广博奇异　　C. 价格昂贵　　D. 注重辣味

128. 男服务员站立时，双脚与肩同宽，上体（　　），不可把脚叉开很大。

A. 保持正直　　B. 略微前倾　　C. 挺胸仰头　　D. 耸肩勾背

129. 情景培训法的优点是（　　）。

A. 能在较短的时间内培训许多人　　B. 有助于现场评估

C. 是一种单独的课堂教学　　D. 便于学员理解培训主题

130. 礼仪通过（　　）来体现。

A. 服务技能　　B. 礼节、礼貌　　C. 就餐环境　　D. 企业的管理

131. 西餐服务员根据客人所定的食品摆放餐具，要求是（　　）。

A. 最先食用菜肴的餐具摆在最里侧，其他餐具放在外侧

B. 最先食用菜肴的餐具摆在最外侧，其他餐具放在里侧

C. 最先食用菜肴的餐具摆在最外侧，其他餐具按顺序依次向里摆放

D. 按照客人的要求摆放

132. 悬挂国旗的国际惯例是，主办国国旗在左，客方在右，其（　　），国旗下方可装点代表各国的花卉，但不能将国旗遮挡住。

A. 尺寸规格相同，悬挂形式可不相同

B. 尺寸规格相同，悬挂形式没有要求

C. 尺寸规格没有要求，悬挂形式要相同

D. 尺寸规格相同，悬挂形式一定要相同

133. 牛奶巴氏消毒法分低温和高温两种，其中低温消毒要求温度（　　）时间(　　)。

A. 60℃　30min　　B. 63℃　20min

C. 63℃　30min　　D. 65℃　30min

34. 西餐接受预定的服务员要能熟练地回答客人的问题，(　　) 并做好相关记录。

A. 积极向客人提出就餐建议　　B. 积极介绍餐厅的布置

C. 为客人解释餐厅的由来　　D. 向客人介绍就餐方法

135. 餐饮工作的特点之一是（　　）。

A. 间歇性　　B. 连续性

C. 一种追加劳动　　D. 一天 24 小时之内持续不断

136. 一般轻体力劳动者，每日约摄入各类食物大约 1 500g，才能基本保证（　　）的数量要求。

A. 理想膳食　　B. 定时定量　　C. 高热膳食　　D. 平衡膳食

137. 古典英式宴会厅的典型特征是有深色的护墙板，（　　），家具以典雅庄重、简明的直线为造型的主基调。

A. 墙面与壁炉的装饰各具特色　　B. 墙面与壁炉的装饰一致

C. 墙面用白瓷砖装饰　　D. 墙面与壁炉的装饰协调

138. 如服务员将汤菜的汁撒在客人身上，而且面积较大，应该请客人到无人的房间，将脏衣服脱下，立刻（　　）。

A. 送洗　　B. 扔掉　　C. 擦干　　D. 熨干

139. 在自然界中只有由多种食物构成的膳食，营养素才会种类齐全、数量充足，且（　　），才利于人体吸收利用，被称为平衡膳食。

A. 价格偏高　　B. 比例适宜　　C. 口味多样　　D. 有一定的糖分

140. 带儿童的客人来用餐，为保证安全做法正确的是（　　）。

A. 对自己已经吃完饭但大人还未吃完的儿童，服务员可带着儿童玩耍、跑步

B. 为儿童提供专用座椅

C. 服务员告诉客人，帮助照顾儿童是收费的

D. 将儿童的食品、饮料最后上

141. 在社会主义社会里，衡量一个人有无道德的重要标准是（　　）和做贡献的价值观。

A. 为人民服务的人生观　　B. 个人利益能否得到满足

C. 工作态度　　D. 世界观的形成过程

142. （　　）政府于 1937 年 7 月 30 日颁布的法律中规定，凡是该国生产的质地优良、享有盛誉的著名品牌酒均受到国家法律的保护，同时建立了“名称监制制度”。

A. 法国　　B. 德国　　C. 英国　　D. 美国

143. 祁门红茶冲泡后，茶汤色红艳透明，带有蜜糖香，叶底（　　）。

A. 呈紫铜色　　B. 红亮　　C. 红边绿腹　　D. 红亮稍暗

144. （　　）是形容荷花的词句。

A. 国色天香　　B. 雍容华贵　　C. 出淤泥而不染　　D. 百年和好

145. 下列不宜用紫外线消毒法消毒的是（　　）。

A. 冷荤间　　B. 饮用水　　C. 管道　　D. 超净车间

146. 餐厅服务员要对寻求知识的客人介绍餐厅的历史，（　　），经营特色及风土人情等。

A. 历史故事　　B. 餐厅的组织机构

C. 客人意见　　D. 菜肴典故

147. 设计合理、造型与名称贴切、寓意深远是（　　）花台设计与摆放的原则。

A. 象形　　B. 梅花形　　C. 七星　　D. 植物

148. 西餐零点服务中上（　　），如客人有需要，服务员要为客人添加面包黄油。

A. 主菜前　　B. 主菜后　　C. 鱼虾前　　D. 汤前

149. 谷物食品是我国人民膳食中最经济的（　　）来源，膳食中蛋白质的一半是谷物提供的。

A. 脂肪　　B. 热量　　C. 饮食　　D. 纤维素

150. 服务员上岗时，（　　）是不应佩戴的饰物。

A. 工牌　　B. 手表　　C. 领花　　D. 项链

151. 不符合高档宴会摆台要求的是（　　）。

A. 餐具摆放位置各异　　B. 各种餐、酒具卫生无破损

C. 餐具摆放规范　　D. 餐酒用具齐全

152. 优化营养素之间的比例，如豆腐烧鱼，是两者相互搭配，凑足（　　）之比，利于吸收。

A. 铁钠　　B. 钠镁　　C. 钙磷　　D. 钙镁

153. 餐厅服务员要为寻求环境优雅的客人选择（　　）、柔和的光线等条件。

A. 幽静的空间　　B. 高档的酒水　　C. 窄小的空间　　D. 实惠的食物

154. 西餐零点服务的特点之一是零点服务（　　）强。

A. 时间性　　B. 工作性　　C. 娱乐性　　D. 价格性

155. 下列（　　）是董酒的酿造原料。

A. 以红高粱、糯米、大米、小麦及玉米为原料，用小麦制曲
B. 以高粱为主要原料，用大麦、小麦、豌豆制曲
C. 以糯高粱为原料，用小麦制曲
D. 以糯高粱为酿酒原料，加入中药材制曲

156. 宴会设置的服务岗位有迎宾服务员、看台服务员、传菜服务员及宴会组织（　　）人员等。

A. 参观　　B. 监督　　C. 调查　　D. 指挥

157. （　　）选用酒杯时应遵循的两个标准：一是习惯性标准，二是美观性标准。

A. 客房　　B. 库房　　C. 洗衣房　　D. 酒吧

158. 下列（　　）酒因制酒人名而得名。

A. 二锅头　　B. 五粮液　　C. 茅台　　D. 杜康

159. 畜肉类食品不能提供的营养成分是（　　）。

A. 无机盐　　B. 纤维素　　C. 蛋白质　　D. 维生素

160. 道德与法律的不同点之一是法律（　　）。

A. 作用范围是有限的　　B. 作用十分广泛
C. 作用几乎无处不在　　D. 可消除所有社会惩治知中的消极现象

二、判断题（第 1 ~ 40 题。将判断结果填入括号中，正确的填“√”，错误的填“×”。每题 0.5 分，满分 20 分。）

1. （　　）高档宴会安全检查之一应检查宴会所需燃料等易燃品是否有专人负责。
2. （　　）烟台红葡萄酒属甜型玫瑰红葡萄酒。乙醇含量 15.5% ~16.5%，酒液颜色鲜艳，是红宝石色。
3. （　　）发菜中加玉米小穗属伪造食品。
4. （　　）西餐服务员为客人提供餐前酒服务之后，再从客人的左侧送上新鲜面包和冷冻黄油。
5. （　　）青稞酒是藏民过节必备的饮料。
6. （　　）职业道德的特点是局限性和具体性。
7. （　　）高档玻璃杯具的洗涤方法一般采用洗涤剂清洗，洗涤后用热水冲洗干净。
8. （　　）餐厅棉织品的卫生要求是台布一客一换。
9. （　　）服务员在服务态度上不能挑剔、讥笑客人。
10. （　　）预防食品被细菌污染，就是要减少细菌的繁殖。
11. （　　）在为客人服务时，服务员各自为政是团结协作的具体表现。
12. （　　）宴会指挥员的职责之一是与有关部门搞好协调配合。
13. （　　）协调餐厅服务员与厨师之间的关系，关键是厨师把菜做好。
14. （　　）餐台使用鲜花点缀的成本较高，所以掌握延长花期的方法很重要。其方法主要有蜡封法、烫封法、添加剂法和花泥插花法。
15. （　　）鸡尾酒的调制方法有震荡法、调和法、兑和法、漂浮法和搅和法。
16. （　　）为满足客人求知求新的心理需求，餐厅服务员应将餐厅环境布置的焕然

一新。

17.（　　）西餐零点餐后结账，服务员送账单的方式很有讲究，同时要按照服务程序请客人结账。

18.（　　）食品中加入了与原有食品形状、颜色相似的杂物视为掺杂食品。

19.（　　）健康检查是个人卫生制度中对新员工和临时工上岗的要求，老员工无须做健康检查。

20.（　　）河南菜具有鲜香清淡、四季分明、色彩典雅、质味适中的风味特色。

21.（　　）隋唐时期对插花有了严格的要求。

22.（　　）观灯是元宵节的一项民间活动。

23.（　　）绿茶是我国最晚出现的一个茶类。它经过杀青、揉捻、干燥等工序加工而成。

24.（　　）京菜融合了壮、蒙、满、回民族的烹饪技艺，吸收了全国主要地方风味，尤其是山东风味，形成了自己的特色。

25.（　　）日本料理更注重菜肴的营养成分。

26.（　　）有些花卉不宜在宴会厅堂摆放，如夹竹桃可分泌出一种乳白液体，会引起人昏昏欲睡的感觉。

27.（　　）中餐高档宴会一名迎宾员开餐前要为 10 ~ 30 位客人提供迎接与引位服务。

28.（　　）餐饮业主打品牌服务，服务员必须具备高超的服务技能。

29.（　　）食品生产经营者因其他违法行为给他人造成损害的应当依法承担民事赔偿责任。

30.（　　）食品入库验收时主要检查食品的数量和卫生状况两项。

31.（　　）豆类食品从蛋白质含量上看，较其他各类食品较低，而其蛋白质的质量还可以。

32.（　　）在接待服务中常会遇到客人提出一些具体要求，我们要在经营范围许可的情况下，努力满足客人的要求。

33.（　　）桃仁肉卷不是清真名菜的代表菜。

34.（　　）迎新演说不属于对餐厅服务员上岗之初应培训的内容之一。

35.（　　）庄重典雅措辞不属于常用服务用语要素之一。

36.（　　）道德的核心是权力。

37.（　　）桂花象征着金银富贵、官运亨通、文思长进和元宵团圆。

38.（　　）英国人冬天喜欢吃热布丁。

39.（　　）烛台使用后应及时卸下，用冷水把烛台上滴落的烛液去掉，然后用洁净的干布擦干净。

40.（　　）中国园林式建筑风格的宴会厅中有山石、流水、亭台楼阁，具有江南民居幽雅僻静的格调。

高级餐厅服务员理论知识模拟试卷答案

一、单项选择题

1	2	3	4	5	6	7	8	9	10
B	A	B	A	C	C	D	B	A	C
11	12	13	14	15	16	17	18	19	20
D	B	B	C	A	A	B	B	B	D
21	22	23	24	25	26	27	28	29	30
A	C	C	C	B	A	D	D	A	D
31	32	33	34	35	36	37	38	39	40
B	A	B	C	A	C	C	A	D	C
41	42	43	44	45	46	47	48	49	50
A	B	C	B	C	A	A	A	B	D
51	52	53	54	55	56	57	58	59	60
C	D	A	D	C	C	D	A	C	A
61	62	63	64	65	66	67	68	69	70
C	C	D	D	C	D	C	A	B	A
71	72	73	74	75	76	77	78	79	80
A	C	D	C	C	D	A	C	C	B
81	82	83	84	85	86	87	88	89	90
C	C	C	A	C	C	A	A	D	A
91	92	93	94	95	96	97	98	99	100
A	D	A	B	D	C	A	C	B	B
101	102	103	104	105	106	107	108	109	110
D	C	A	B	B	D	D	C	D	D
111	112	113	114	115	116	117	118	119	120
D	B	D	A	C	D	A	C	B	B
121	122	123	124	125	126	127	128	129	130
C	A	A	C	A	C	B	A	B	B

（续上表）

131	132	133	134	135	136	137	138	139	140
C	D	C	A	A	D	D	A	B	B
141	142	143	144	145	146	147	148	149	150
A	A	B	C	C	D	A	A	B	D
151	152	153	154	155	156	157	158	159	160
A	C	A	A	D	D	D	D	B	C

二、判断题

1	2	3	4	5	6	7	8	9	10
√	√	×	×	√	×	√	×	√	√
11	12	13	14	15	16	17	18	19	20
×	√	×	√	×	×	√	√	×	√
21	22	23	24	25	26	27	28	29	30
√	√	×	×	√	√	×	√	×	×
31	32	33	34	35	36	37	38	39	40
×	√	×	×	×	×	×	√	×	√

第七部分　中级餐厅服务员操作技能考核点实训内容

第一节　中餐宴会摆台

实训课题1　轻托服务技能

一、实训目的

通过轻托服务技能训练，掌握轻托的端托姿势，做到站稳、端平、端托到位，并能将所托物品安全运到目的地。

二、设备和用品准备

1. 托盘

圆形托盘1个。

2. 用品

干净的巾布。

3. 餐具

骨碟或茶杯或大可乐瓶。

三、操作步骤

1. 理盘

根据所托物品的内容，选择合适的托盘，用干净的巾布擦干净。

2. 装盘

根据物品的形状、体积大小及使用的先后顺序，进行合理摆放。高物、重物放在里档；轻物、低物摆放在外档；先使用的物品在上、在前；后使用的物品在下、在后。

3. 托盘

（1）起盘：上身前倾，左脚在前，右脚在后，用右手将装好物品的托盘从台面拉出2/3，用左手五指指尖和掌根托住盘底，掌心不接触盘底，手指和手腕同时用力。

（2）托盘：左臂自然弯曲成90度，左手掌伸平，掌心向上，五指分开，以大拇指指端到手掌的掌根部位和其余四指托住盘底，手掌自然形成凹形，大、小臂弯曲成90度将托盘托于身体左前方，前臂与上臂成90度直角。

4. 托盘行走

头要正，肩要平，身体要直，目光要平视，同时面带微笑，右手自然摆动，托盘略微摆动，但不能让其上下摆动的幅度过大。托盘不能贴腹部，托盘的手腕要轻松灵活，托盘在左侧胸前，上臂不靠身体，随着走路的节奏自然摆动。需要向后转时，一般是左手托盘，用自己身体护托盘从右后方转身。

实训课题2 铺台布

一、实训目的

通过铺台巾的练习，掌握铺设台巾的技巧与方法，养成良好的操作习惯。

二、设备和用品准备

直径1.8m宴会圆台1张（10人），靠背椅（或其他款式的宴会用椅）10张，备餐台1张，2.2m×2.2m的台布一张。

三、铺台布的操作步骤

1. 检查台布

铺台布前对台布进行检查，看是否完好无破损、洁净。

2. 站位

铺台巾时，应站立在最靠近备餐台的位置进行，同时必须保证铺好后的台巾的主折痕对准正、副主人位。

3. 抖松台布

将折叠好的台布打开成一字形。双手拇指在下，其余四个手指在上，双手相距约1m，捏紧最上层台布边缘，然后用力抖松。

4. 铺台布

铺台布常用的方法有抖铺式、推拉式和撒网式三种。

（1）抖铺式：用双手将台布一次抖开，并平铺在桌面上。

（2）推拉式：将抖松的台布用双手捏住，然后将台布由自身向圆桌前方边缘推送至桌边尽头，然后顺势拉回。

（3）撒网式：右脚在前，左脚在后，用两手捏住抖松的台布，将其拢在手中，从左到右向前用力将台布斜着向前抛散，如同撒网一样，再将台布向自身拉回，一边拉，一边调整好台布。

5. 检查

台布正面向上，主折痕正对正、副席位，台布四角下垂均等，台巾中心点与桌面的圆点重叠。

实训课题3　餐具摆放

一、实训目的

通过餐具的摆放练习，使他们掌握骨碟定位、餐具的摆放技巧，掌握餐具与餐具之间的距离。

二、设备和用品准备

圆托盘1个，骨碟10个，翅碗10个，瓷勺10把，味碟10个，筷子10对，牙签10根。

三、餐具摆放的操作步骤

1. 骨碟定位

（1）在备餐台上，将已装上10个骨碟的托盘托起。

（2）从正主人位开始，按顺时针方向依次摆放，骨碟边距离桌边1.5cm。

（3）摆放时要求花纹（字头、店徽）对正，协调一致。

（4）骨碟之间距离要相等。

（5）摆放骨碟时，要左手托盘、右手操作。拿放骨碟时要特别注意操作卫生，只能拿骨碟的边缘。

2. 餐具摆放

将要摆放的餐具放好在托盘中，然后将托盘从备餐台托起，准备餐具的摆放。摆放餐具的顺序如下：

（1）摆放翅碗和瓷勺：翅碗摆放在骨碟左上方，碗边距离骨碟1cm。瓷勺放在翅碗内，勺把向左，与味碟中线成一直线，勺心向上。

（2）摆放味碟：味碟摆放在翅碗右边，与味碟相距1cm，碟底与碗底在同一直线上。

（3）摆放筷子架：摆放在味碟的右边，与味碟边距1cm，顶部与味碟齐平。

（4）摆放牙签、筷子：筷子摆放在筷子架上，筷子尾距桌边1.5cm。牙签放在筷子内侧，距离筷子 1cm，尾部距桌边 3cm。

（5）摆放分菜工具：分菜工具摆放在副主人右手第一、二客人之间，筷子架距玻璃转盘 3cm，筷子架上左边摆放 1 对筷子，筷子架上右边摆放汤勺，汤勺内交叉摆放 2 把分菜用的银羹。

摆放餐具的顺序要按照从左到右、从内到外的原则进行。

实训课题 4　酒杯摆放

一、实训目的

通过进行酒杯的摆放练习，使他们掌握酒杯的摆放要求与顺序。

二、设备和用品准备

圆托盘 1 个，甜酒杯 10 个，辣酒杯 10 个，水杯 10 个。

三、酒杯摆放的操作步骤

1. 摆放甜酒杯

将先摆放的酒杯摆放在圆托盘内，然后用左手托盘，从正主人位开始进行甜酒杯的摆放，并按顺时针进行。甜酒杯要摆放在翅碗与味碟之间，骨碟的中位线上方。切忌在装盘与摆放酒杯时用拇指与食指直接拿杯口。

2. 摆放辣酒杯

（1）从备餐台上，将 10 只辣酒杯放置在圆托盘内。

（2）从正主人位开始，按顺时针摆放。

（3）摆放时，辣酒杯摆放在甜酒杯的右边，杯柄与甜酒杯的柄成一直线。

3. 摆放水杯

（1）在备餐台将 10 只水杯放置在圆托盘内。

（2）从正主人位开始，按顺时针方向依次摆放。

（3）水杯的摆放在甜酒杯的左边，与甜酒杯、翅碗分别相距 1cm，水杯柄与甜酒杯柄成一直线。

实训课题5　餐巾折花

一、实训目的

通过本课题学习，使学生能掌握十种杯花与盘花的折叠，并能灵活运用。

二、设备和用品准备

餐桌一张，餐巾10条，托盘1个，水杯10个，骨碟10只。

三、餐巾折花操作

1. 杯花

（1）四尾金鱼的操作方法如下：

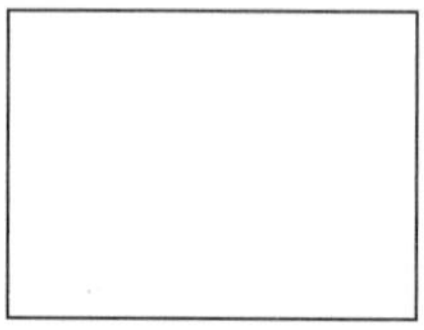

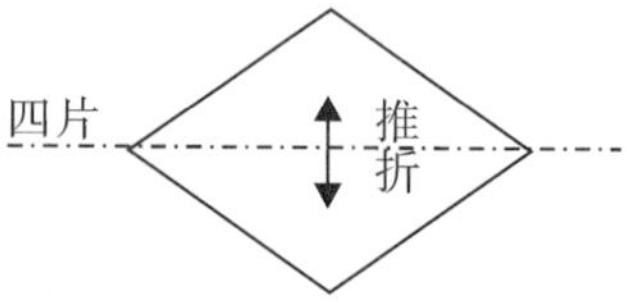

①反面朝上，折成正方形，然后菱形放置，四巾角朝左。
②从中间向两边均匀推。
③左手抓住餐巾中心，巾角朝上，底角上折2/5。

④对称拉开四巾角，插入杯中，翻开鱼嘴，整理成形。

（2）双蕊结蒂的操作方法如下：

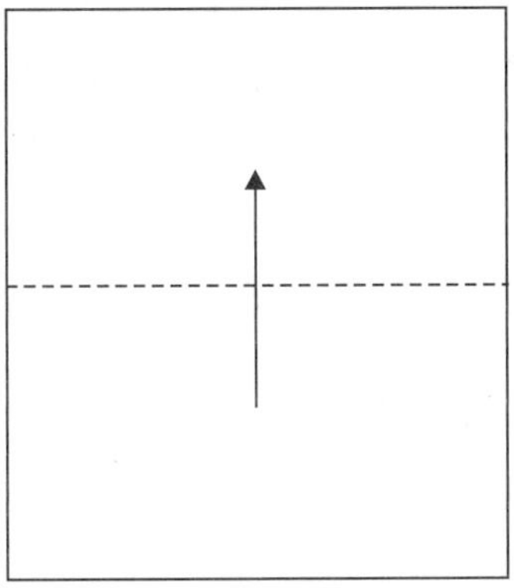

①反面朝上，长方形折叠。

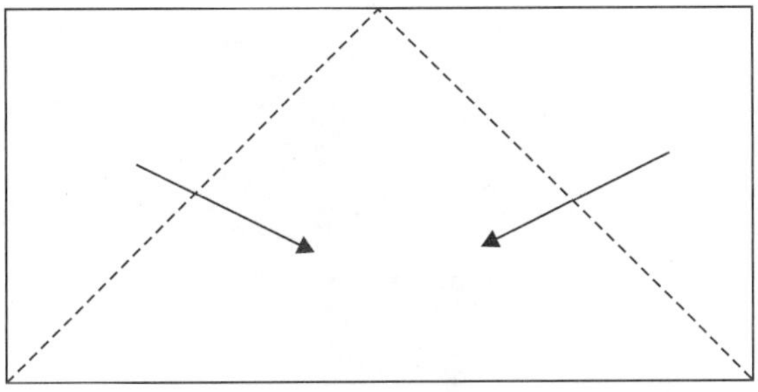

两片前翻
两片后翻

②两片巾角下翻，对折呈正方形，菱形放置，巾角朝下。

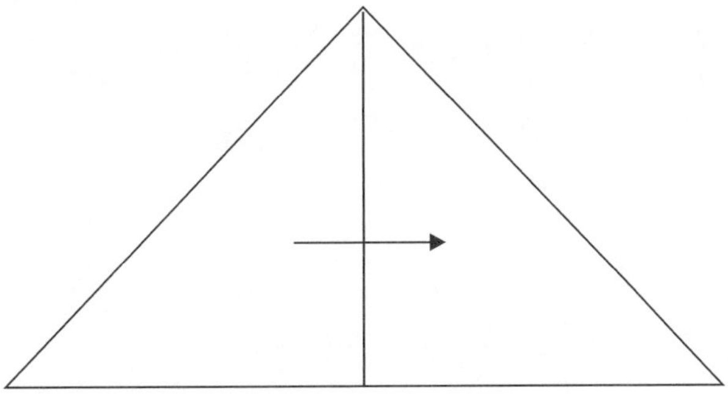

③一片巾角上翻，一片巾角下翻，呈三角形。

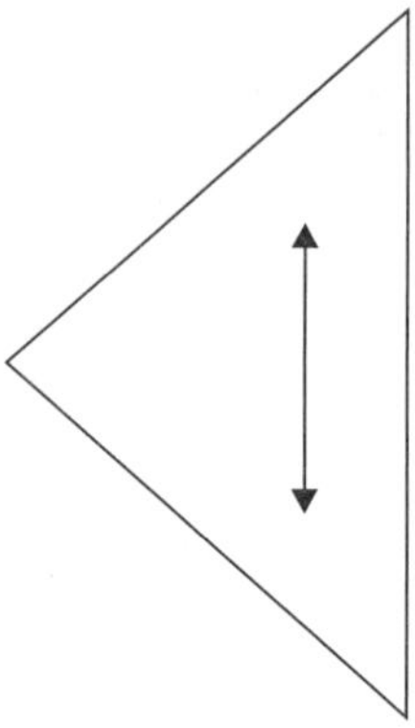

④以三角形的高为基准，从中间向两边均匀推。

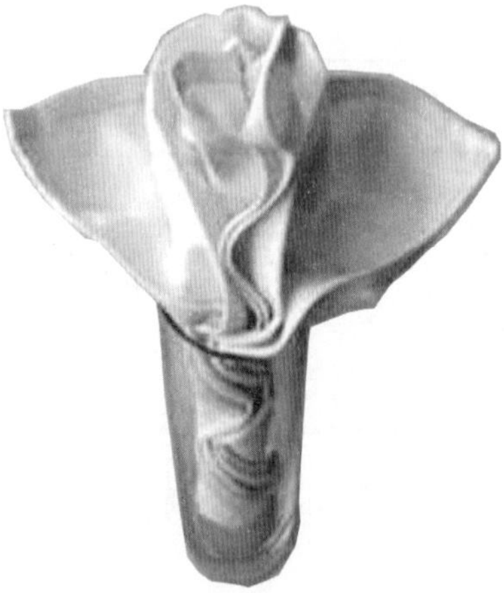

⑤左手攥住餐巾，拉开两片巾角，放入杯中，翻出花蕊，整理成形。

（3）仙人掌的操作方法如下：

①正面朝上，长方折叠，巾角朝上。

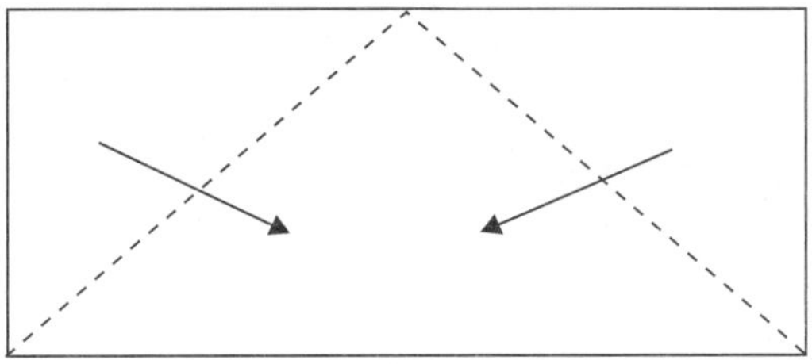

②下翻左右两片巾角，对称后翻两片巾角。

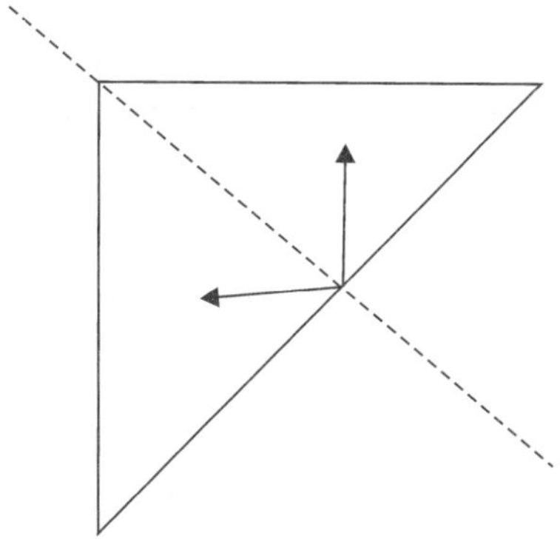

③对折呈三角形，顶角呈圆弧形均匀推。

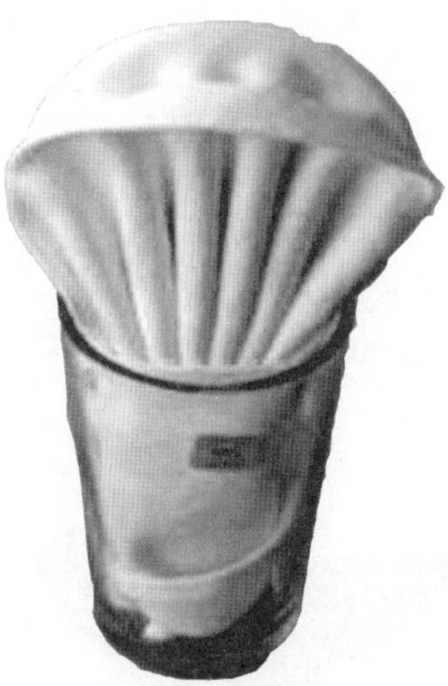

④左手按住底边中心，右手呈圆弧形均匀推，插入杯中，整理成形。

（4）单荷花的操作方法如下：

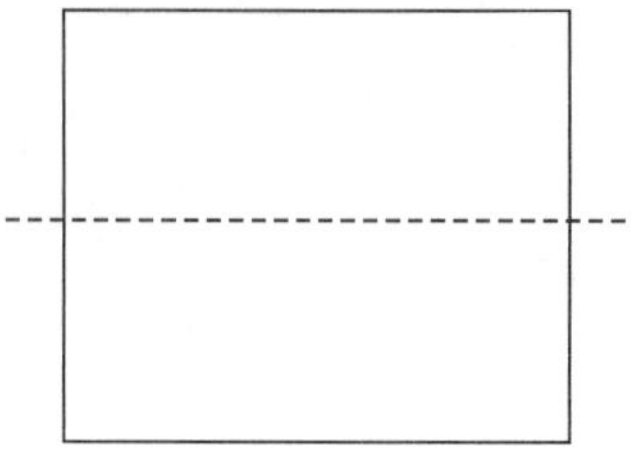

①反面朝上，正方折叠，四巾角朝左，菱形放置。

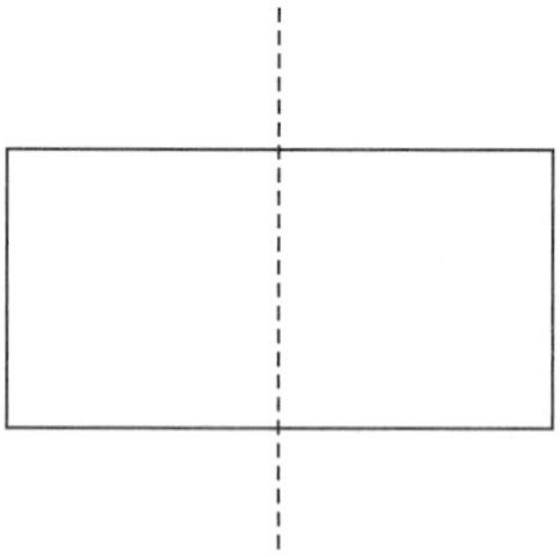

②从中间向两边均匀推。

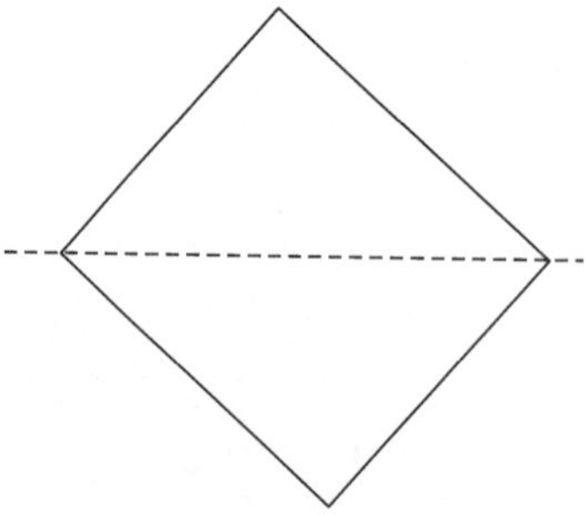

③左手攥住餐巾中心，四巾角朝上，底角上折 1/3。

④对称拉开四巾角，插入杯中，整理成形。

（5）枫叶的操作方法如下：

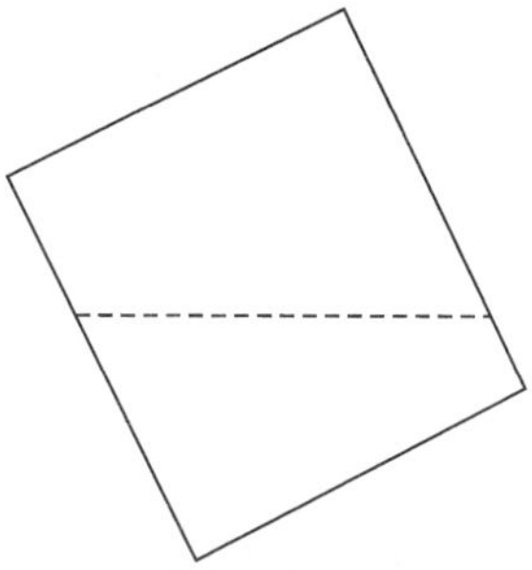

①反面向上，大锯齿对折叠。

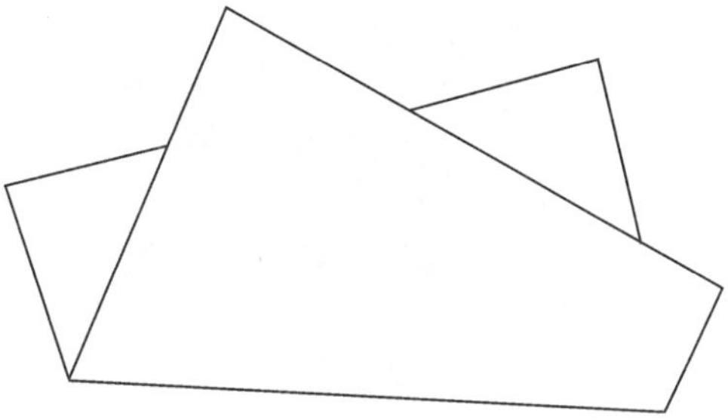

②按锯齿状对折，巾角朝上。

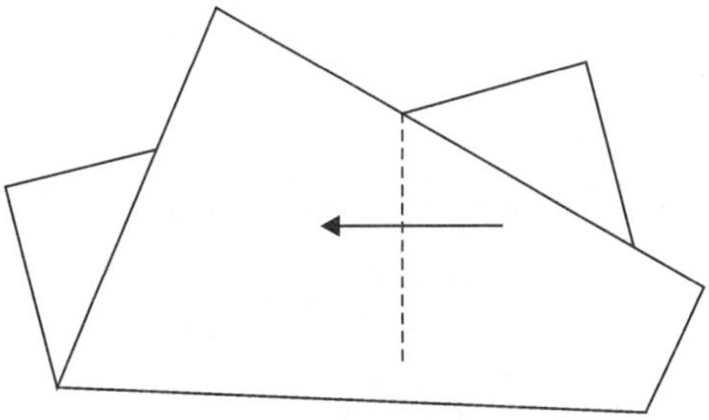

③底角上翻，巾角向左。

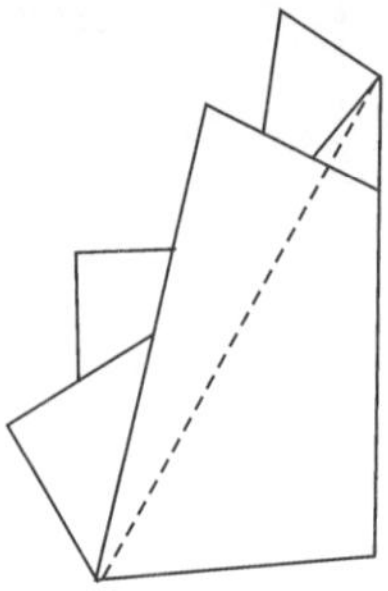

④从中间向两边均匀推。

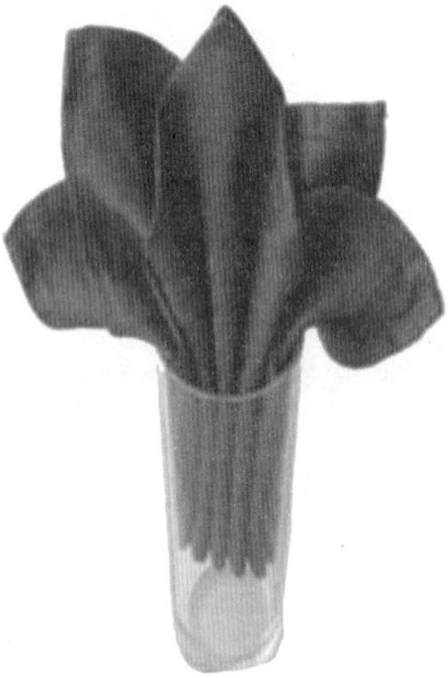

⑤放入杯中，整理成形。

（6）仙鹤迎宾的操作方法如下：

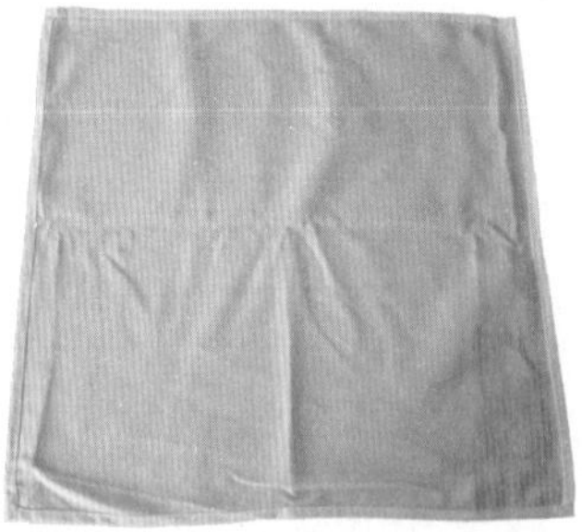

①餐巾反面向上。

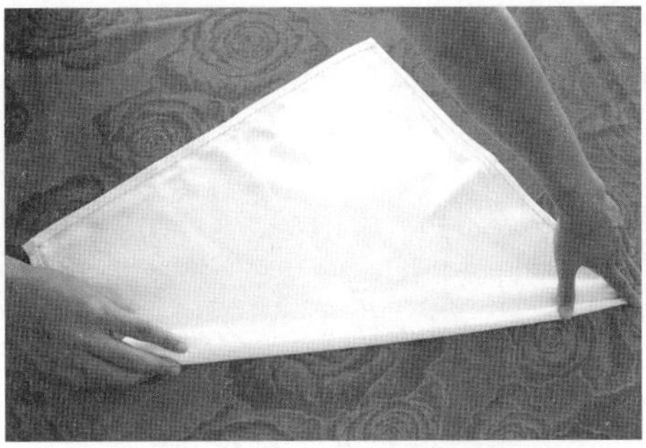

②菱形放置，然后用一只手按住顶角，另一只手把外角往中间卷。

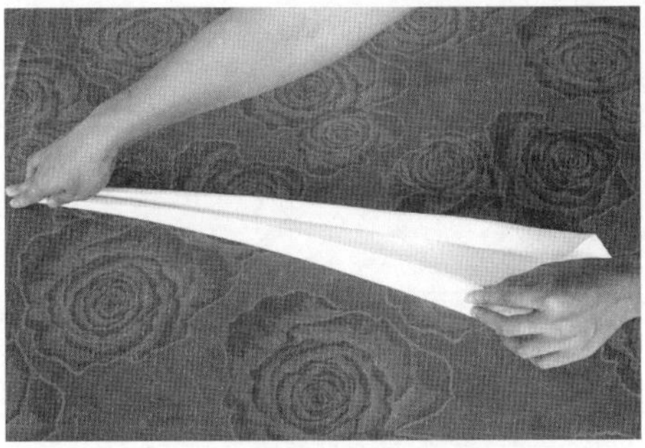

③一边卷好后，用同样的手法将另一边也向中间卷。

④然后整理，两边相距均等，将最尖那端捏成鸟嘴形。

⑤横向对折，放入杯中。

（7）迎宾花篮的操作方法如下：

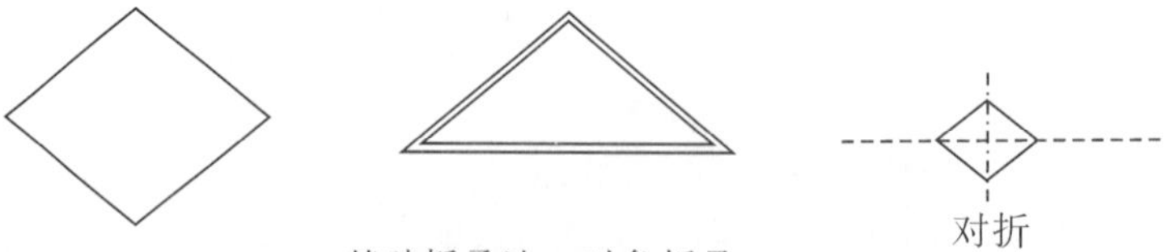

基础折叠法：对角折叠

①反面朝上，三角形折叠。

②由下往上卷，卷至巾角 7～8cm 处。

③上层下翻后对折，再两边向上翻折，卷角朝上。

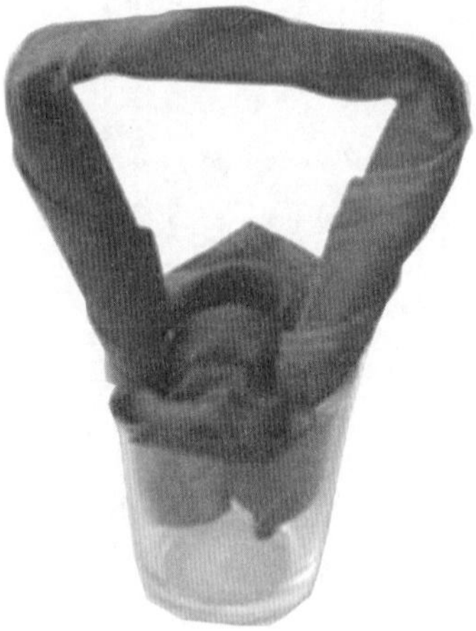

④其余两片巾角翻做篮筐。

⑤放入杯中，卷角穿连做篮柄，整理成形。

（8）马蹄莲的操作方法如下：

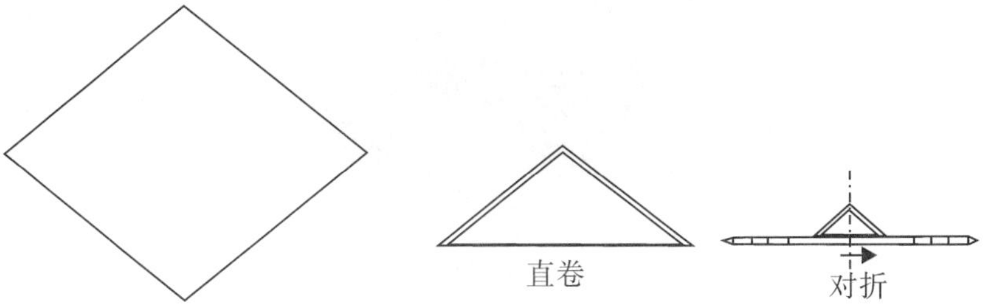

①反面朝上，三角形放置并折叠。
②由下往上卷，卷至巾角 7 ~ 8cm 处。
③一高一低对折，再向上翻折 5 ~ 6cm。

④两片巾角翻开做叶子。
⑤放入杯中，整理成形。
（9）圣诞火鸡的操作方法如下：

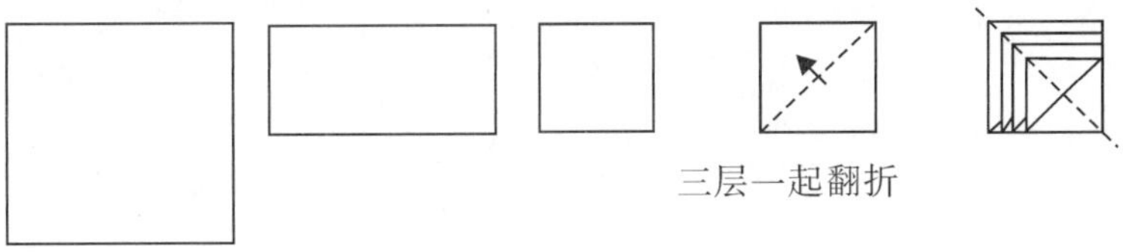

①正面朝上，正方折叠，四片巾角朝下。
②逐一上翻三片巾角，每片间距 1 ~ 2cm。
③三片朝左，单片朝右，菱形放置。
④从中间向两边均匀推。

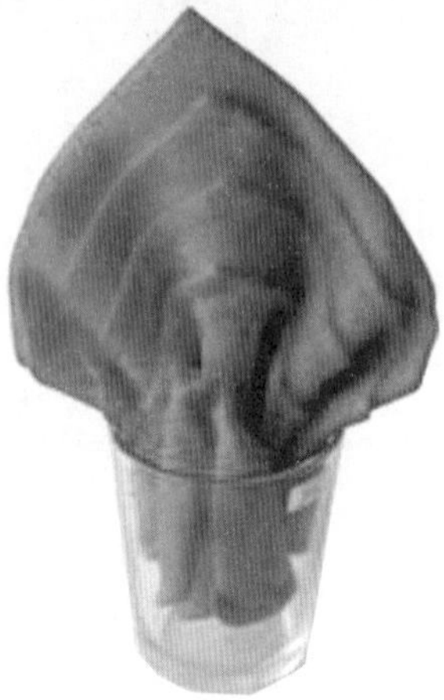

⑤左手攥住餐巾，单片巾角朝下。
⑥单片巾角上提捏成鸟头形。
⑦放入杯中，整理成形。
2. 盘花
（1）主教帽的操作方法如下：

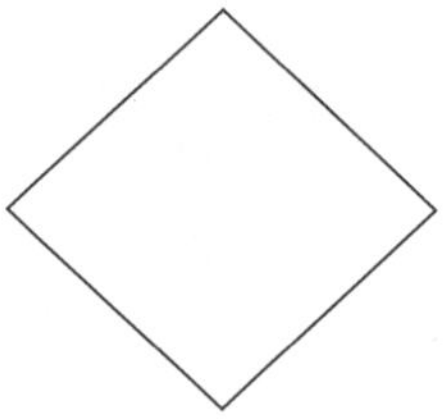

①反面向上，对角折叠。

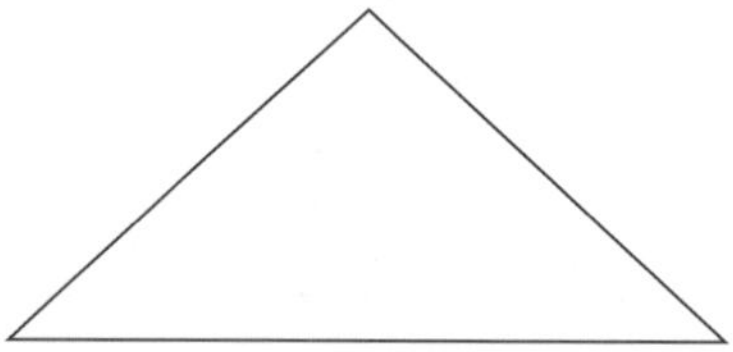

②将两底角折至顶角形成正方形，菱形摆放。

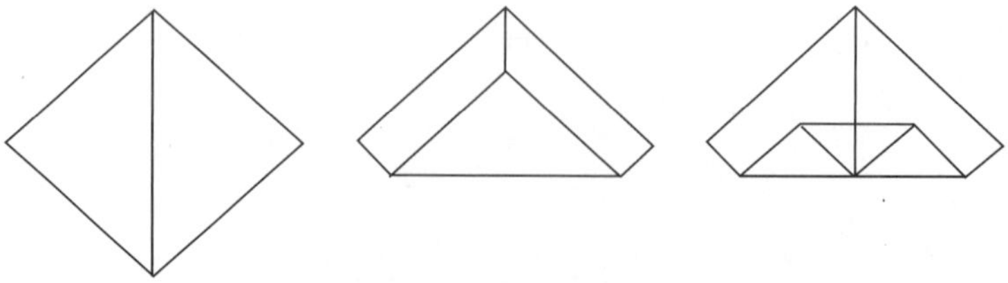

③把底角翻折达到此正方形的一半，并反折至底边，将两侧角反折于背面，把其中一个角塞入另一个角内。

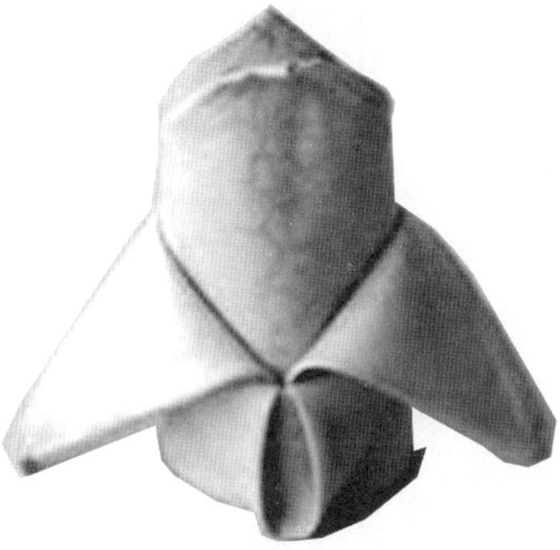

④撑开成形，把上面两个松散的角拉出，突出于两边，整理成形，放入盘中。

（2）星形扇面的操作方法如下：

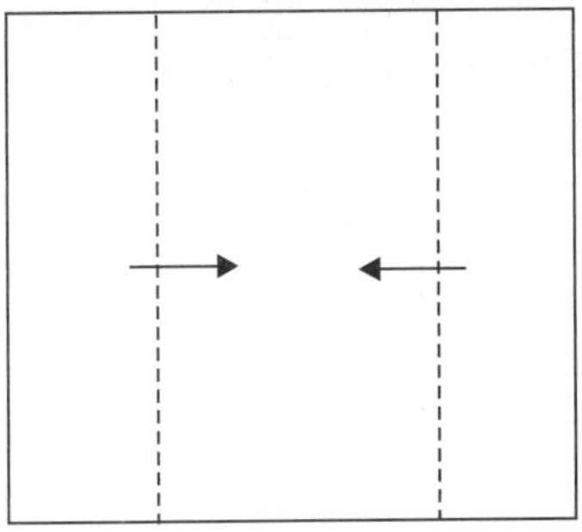

①反面朝上，两巾边向中心线对折。

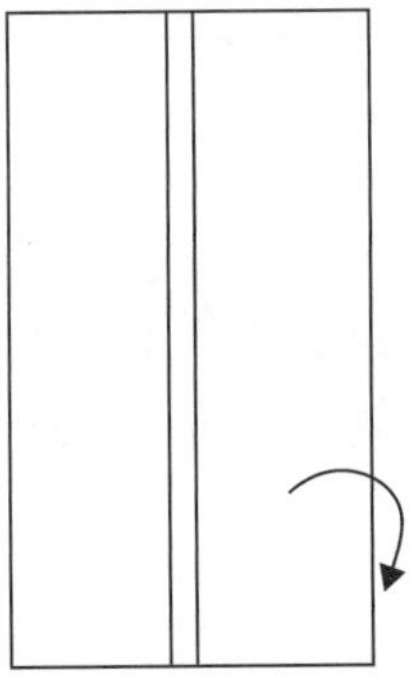

②再向背面对折形成长条形。

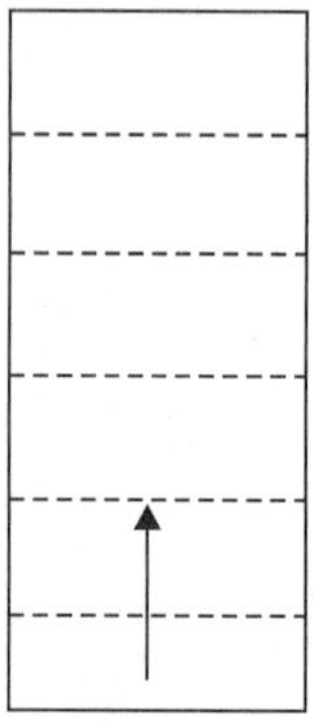

③采用推折的折叠方法，均匀推折 5 个裥。

④左手握住餐巾的下半部分，右手将餐巾两个叠层的折角部位各自分别向下翻，撑开呈扇形，放入盘中。

（3）企鹅迎宾的操作方法如下：

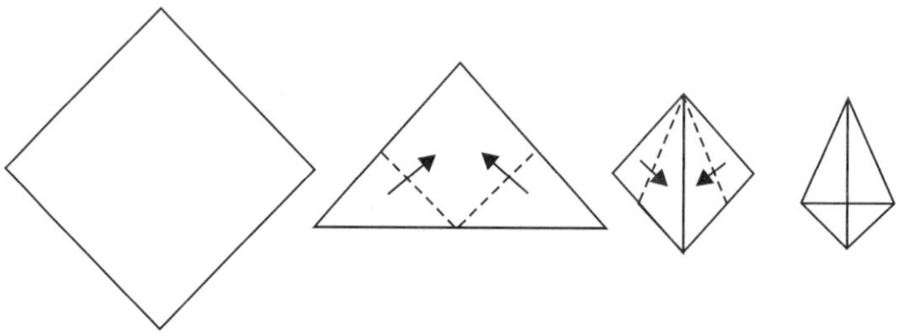

①反面朝上，对角折叠；将两底角折至顶角形成正方形，菱形摆放；把底角翻折至此正方形的一半，并反折至底边；将两侧角反折于背面，把其中一个角塞入另一个角内。

②撑开成形，把上面两个松散的角拉出，突出于两边。整理成形，放入盘内。

（4）三明治的操作方法如下：

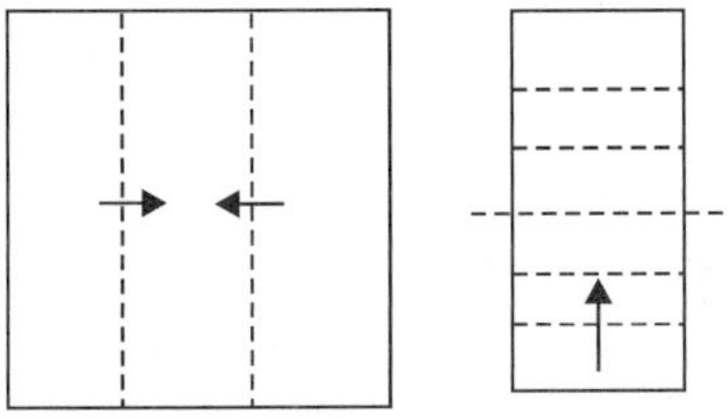

①反面朝上，将餐巾三等分两边向中间折叠；以餐巾的横向中心线为基线，将上下两巾边按三等分向内翻折。

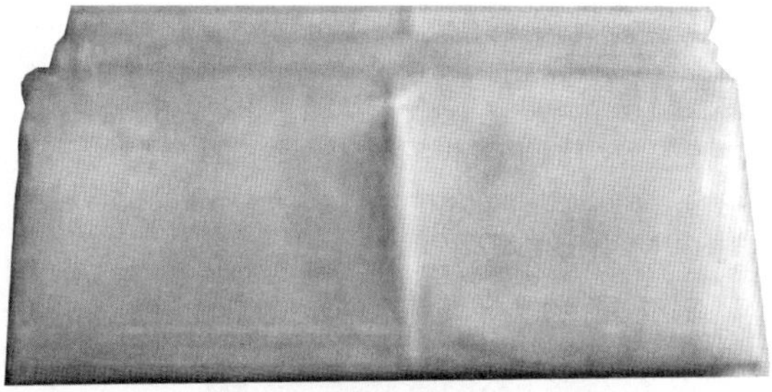

②再提起中间向背面折拢，整理成形，放入杯中。

（5）皇冠的操作方法如下：

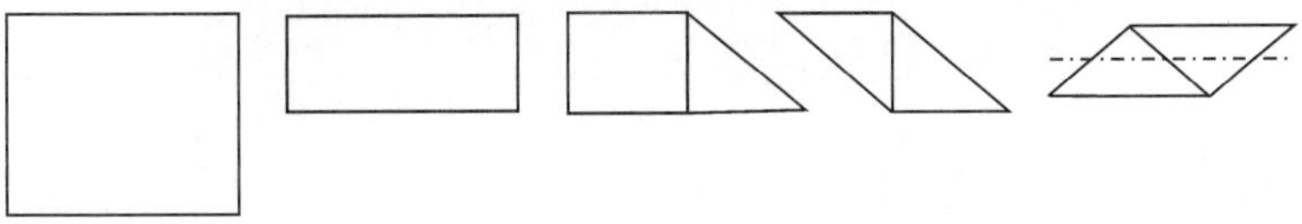

①反面朝上，正方折叠；将右上角与左下角相对向中线折成平行四边形；翻转餐巾，将上边向下翻折与底边重合。

②将左右巾角正反面插入夹层，然后撑开成形，放入盘中。

（6）班戟的操作方法如下：

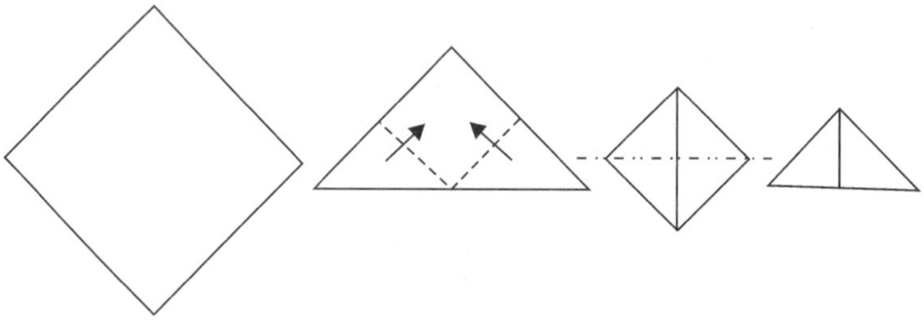

①反面向上，对角折叠；将两底角折至顶角成正方形，并以菱形摆放；然后将底角向后翻，成三角形；沿中线左右对折。

②整理成形，立于盘中。

（7）水仙盆景的操作方法如下：

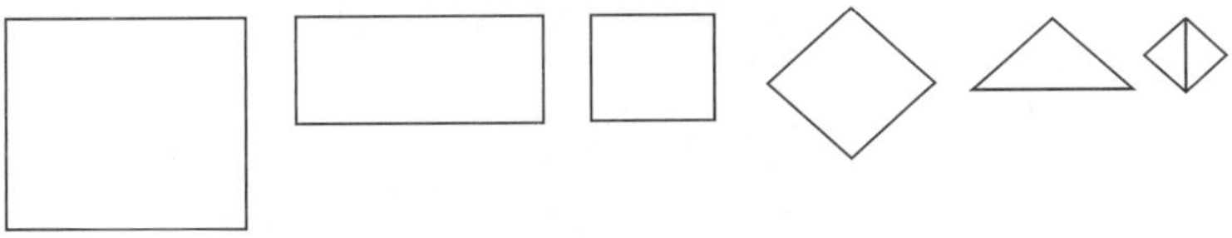

①反面朝上，正方形折叠。
②四片巾角朝下，向上翻折成三角形。
③将三角形两边向内对折于中线，并把突出新三角形部分反折于背面。

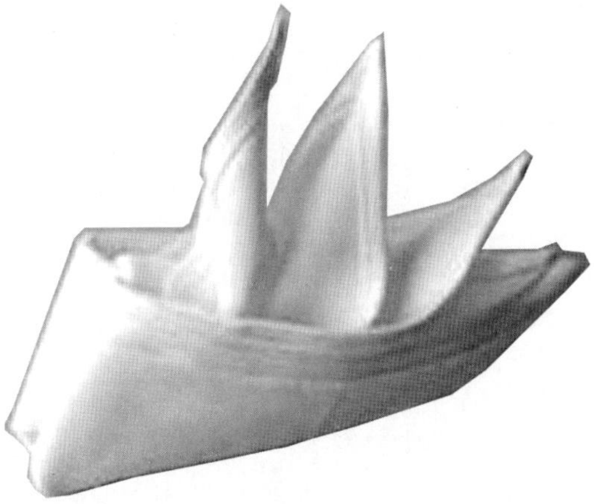

④把新三角形在反面对折。
⑤从中间拉出餐巾所有可见的巾角。
⑥整理成形，放入杯中。
（8）西装的操作方法如下：

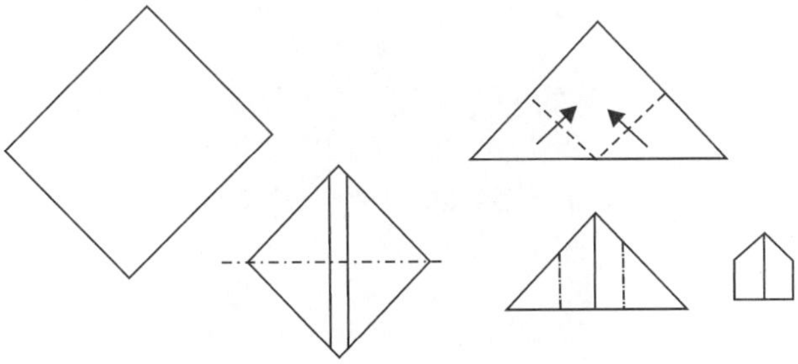

①反面朝上，对角折叠。
②将两底角折至顶角形成正方形，并菱形摆放。
③把折好的餐巾向背面对折，把两底角在底边的1/3处也向背面反折。
④将餐巾背面的巾角一端全部翻折，插入夹层。

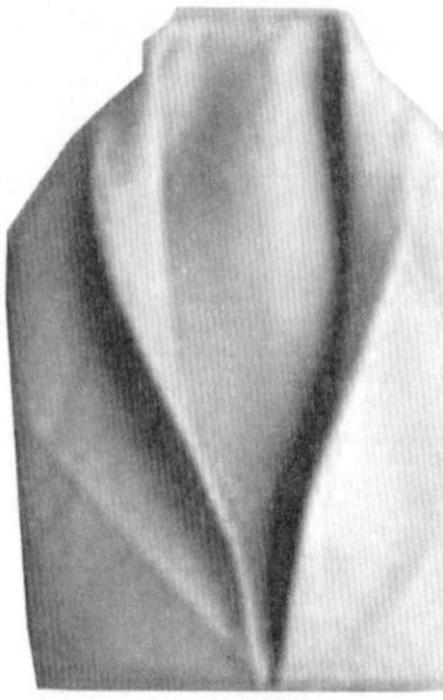

⑤将餐巾翻转，并翻出衣领，整理放入盘内。

（9）蝴蝶纷飞的操作方法如下：

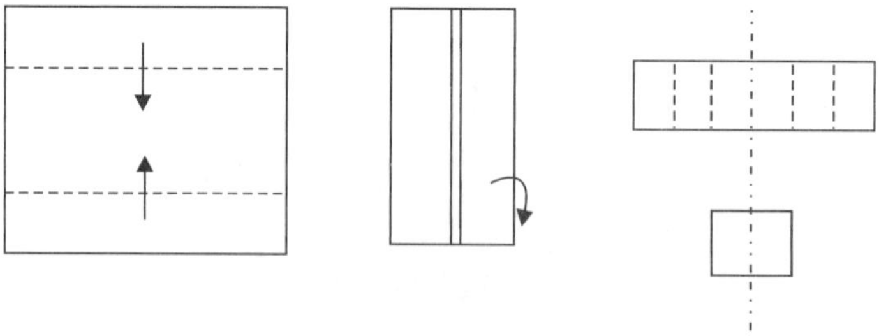

①反面朝上，两巾边向中心线进行长方形折叠。

②再向背面对折形成长条形。

③分别从长条餐巾两端向中线对折 2 次后呈左右各 3 层，使餐巾边位于最上层。

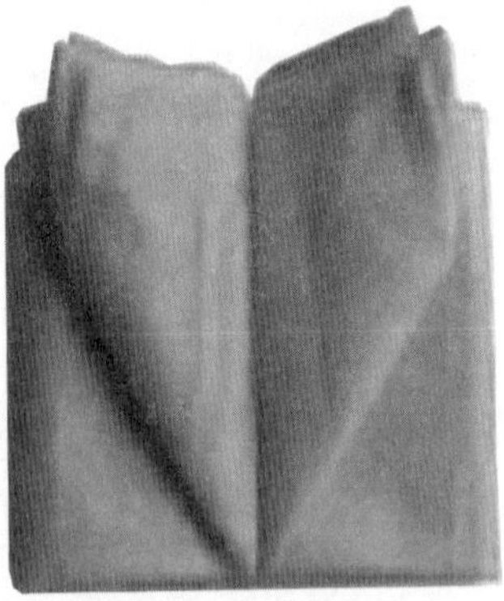

④将上两层相反的方向卷成圆锥形，并使它们交汇于底边的一点，整理成形，放入盘内。

（10）扇形花的操作方法如下：

①打开餐巾，反面朝上，将上下餐巾各往内折 1/3 成长方形。

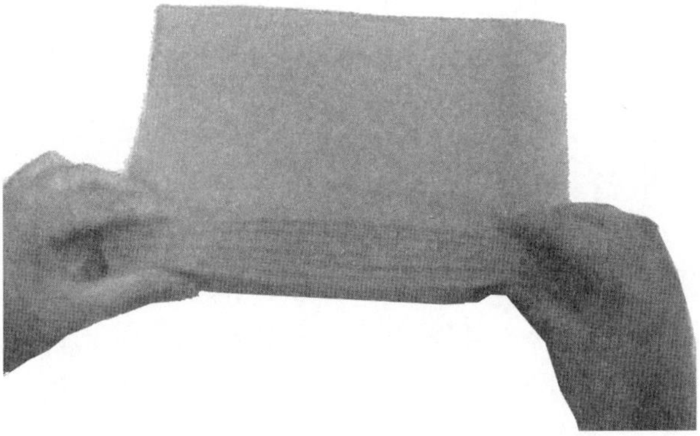

②将餐巾竖向摆放，推折裥 2/3，留出 1/3。

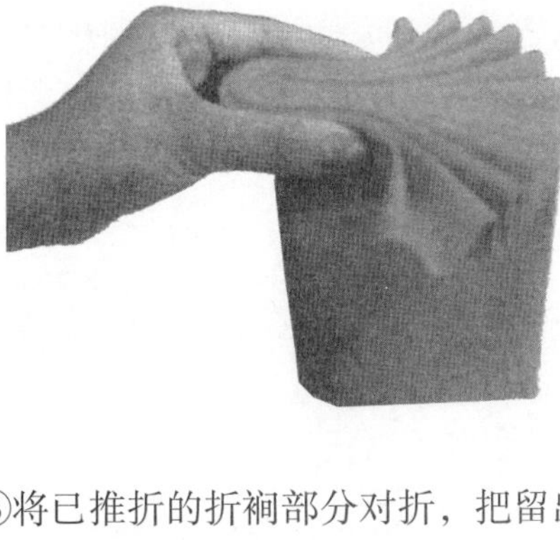

③将已推折的折裥部分对折，把留出未折叠部分沿扇形边往下折成三角形。

④将三角形部分餐巾固定使其撑住扇形部分，稍加整理即成“扇形花”。

实训课题6　拉椅

一、实训目的

掌握拉椅的顺序与技巧，为客人提供周到、细致的服务。

二、设备与用品准备

直径为1.8m的圆台一张，备餐台1张，台巾1张，靠背椅10张，托盘1只，直径为75cm的玻璃转盘1块，转盘1个，骨碟10个，餐具10套，杯具10套，花盆或花瓶1个，餐巾10条。

三、拉椅操作步骤

根据餐厅的具体情况，确定主人位和副主人位。通常将面向门口或者背靠墙或其他遮挡物的位置定为主人位。主人位的正对面为副主人位。拉椅从主人位右侧的主宾位开始拉，按顺时针进行操作。右脚在前，左脚在后，拉椅时，右膝轻顶住椅背，双手将椅略略抬起拉出，拉出后的餐椅与椅背中心成一直线，椅座前沿与下垂的桌布垂直，拉椅要双手拉，不能双手同时拉两张椅子。

实训课题7　斟酒服务

一、实训目的

通过学习斟酒水，掌握斟酒的方法和要求，灵活掌握斟倒酒水的顺序和时机，做到不滴不洒，动作规范，并养成良好的操作习惯。

二、设备与用品的准备

已摆放好的餐具、杯具，并摆有10款餐巾折花（杯花）的1.8m的圆餐桌1张，餐椅10张，已摆好的备餐台1张，干净餐巾1条，圆托盘1个，啤酒瓶1个，红葡萄酒瓶1个，白酒瓶1个。

三、斟酒水操作步骤

1. 落餐巾

从主宾位开始，右脚在前，左脚在后，侧身而入，右手轻扶杯身，左手小心地将餐巾从水杯中取出，双手在椅背后轻轻将餐巾抖散。用骨碟压着餐巾的一角，其余部分垂落在桌边。

2. 斟红酒

（1）装盘：将红葡萄酒瓶和辣酒瓶同时放入托盘内，左手托盘，右手斟酒。

（2）斟酒顺序：从主人右边的主宾位开始，按顺时针方向进行操作。

（3）站位：右脚在前，脚掌落地，左脚在后，脚尖略踮起，身体面向客人侧身而入。

（4）握瓶：右手手掌自然张开，握住酒瓶的中部偏下位置，商标朝向客人，握瓶时，拇指朝内，食指指向瓶口，其余三指并拢，与拇指配合握紧瓶身。

（5）斟酒：瓶口对准杯口，保持1cm距离，缓缓把酒注入杯中，斟至八分满后，持瓶的手要顺时针旋转180度，同时慢慢抬起瓶口，使最后的酒液随着瓶身的转动全部滴入酒杯内。

3. 斟辣酒

斟辣酒杯的操作与斟红酒杯一样，当斟完10杯红酒后，再从主宾位开始斟辣酒，也可以根据需要，每斟完一位客人的红酒后，再接着斟辣酒。

4. 斟啤酒

由于啤酒含气量大，在斟倒时要特别注意控制出酒量，顺着杯壁缓缓斟倒，不要太急。

中餐宴会斟酒时先后顺序为：男主宾、女主宾、主人。

西餐宴会斟酒顺序：女宾、女主人、男主宾、男宾、男主人。

实训课题8　上菜、分菜服务

一、实训目的

掌握上菜与分菜的技巧、上菜的位置、分菜工具的使用，通过实训养成良好的操作习惯。

二、设备和用品的准备

餐厅或实习餐厅，餐桌，餐叉，餐勺，菜盘，托盘，骨碟，一盆青菜，一锅汤。

三、上菜与分菜操作步骤

1. 端托

将一盆青菜从厨房用托盘送至备餐台上。

2. 上菜

（1）上菜位置：副主人右手边第一、二客人之间。

（2）在上菜位置用托盘将5个骨碟放在转盘边缘。

（3）在上菜位置用双手把菜盆放在转盘上。

3. 报菜名

上菜完成后要用右手示意菜盘，一边向客人报菜名，如“青炒三丝”。

4. 分菜

（1）分菜工具的使用：先用右手拇指和食指捏着第一个分菜勺的勺柄中下方，勺心向下；然后用中指、无名指与小拇指夹住第二个分菜勺的勺柄中下方，中指和小拇指在勺柄的下方，无名指在勺柄的上方，使两勺心相对。如下图所示：

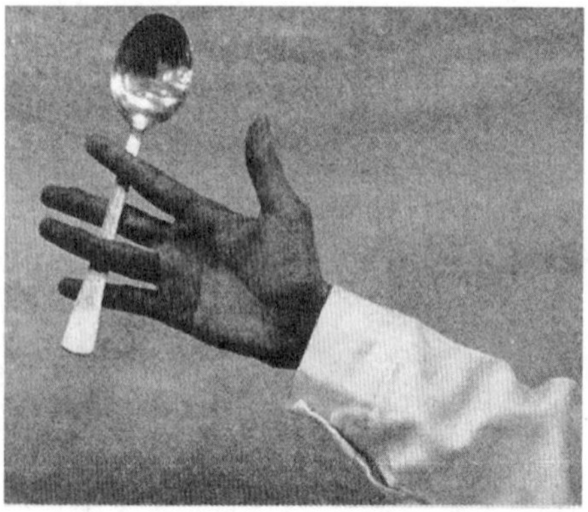

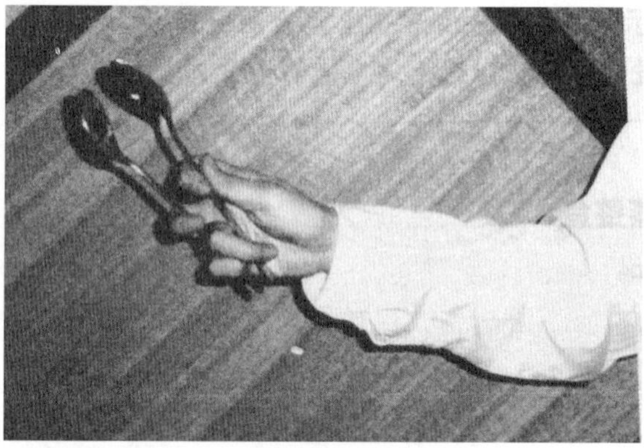

（2）在分菜位置，用分菜勺将菜盘中的菜肴一半平均分到5个骨碟中，菜肴留一半在碟中，以备第二次分让。

（3）分菜完成后，按顺时针方向轻轻转动转盘，将分好的菜转至主宾前停下。

5. 派菜

（1）顺序：先为主人右边的主宾派菜，然后按顺时针为主人与其他客人进行派菜。

（2）方法：在客人的右边进行派菜。右脚在前，左脚在后，面对客人，侧身而入。左手轻放在身体背后，右手将菜放在客人面前的骨碟上，接着马上用右手手掌指向菜碟，做一个“请”的手势，同时说“请慢用”。

第二节　西餐宴会摆台

实训课题1　西餐宴会摆台

一、实训目的

掌握西餐摆台的方法与各种餐具的握法。

二、设备与用品准备

方台，靠背椅，餐巾，台布，鲜花花座，蜡烛台，盐瓶，装饰碟，牛油碟，大餐刀，大餐叉，汤勺，沙律刀，沙律叉，甜品叉，水杯，红葡萄酒杯，牙签，托盘，鱼叉，鱼刀，工作台等。

三、西餐摆台的操作步骤

铺设台布→放置餐椅→摆放装饰碟→摆放面包盘→摆放餐刀、鱼刀、头盘刀、汤勺→摆放餐叉、鱼叉、头盘叉→摆放甜品叉、甜品勺→摆放牛油刀→摆放玻璃杯→摆放餐巾→摆放其他物品→检查。

1. 铺台巾

用“风琴法”铺设台布，中折线居中对称，台面要铺端正，四角下垂均匀等。

2. 放置餐椅

按台型放置餐椅，间距均等，餐椅的前沿碰接台布，台布下垂处对正餐台。

3. 摆放装饰碟

装饰碟摆放在每个餐位的正中位置，并与台边相距1.5cm。

4. 摆放面包盘

面包盘摆放在展示盘的左侧10cm处，面包盘与展示盘的中心轴对齐。

5. 摆放黄油碟

黄油碟摆放在面包盘的右前方，距面包盘1.5cm，图案摆正。

6. 摆放主餐刀、鱼刀、头盘刀、汤勺

展示盘的右侧摆放主餐刀，主餐刀距展示盘1cm，餐刀刀刃向左，柄端距餐台边缘1cm，鱼刀、头盘刀、汤勺摆放间距0.5cm，手柄距桌边1cm，刀刃向左，勺面向上。

7. 摆放主餐叉、鱼叉、头盘叉

展示盘的左侧1cm处摆放主餐叉，叉柄端距餐台边缘1cm，摆放鱼叉时，鱼叉柄距桌边5cm，叉头向上突出。头盘叉叉面向上，叉柄与主叉平行。

8. 摆放甜品叉

甜品叉摆放在展示盘的正前方，叉头向右，与展示盘相距1cm。甜食勺放在甜品叉的上方，与叉平行，勺头向左，与甜食叉的叉柄相距0.5cm。

9. 摆放黄油刀

黄油刀摆放在面包盘上靠内处，刀刃向左，与桌边距离1cm。

10. 摆放水杯

水杯摆放在主刀的上方，杯底中心在主刀的中心线上，杯底距主刀2cm。红葡萄酒杯摆放在水杯的右下方，杯底中心与水杯杯底中心的连线与餐台边成45度角，杯壁间距0.5cm，白葡萄酒杯摆放在红葡萄酒杯右下方。

11. 摆放餐巾花

将折叠好的餐巾花摆放在餐巾盘的正中位置，餐巾花造型要美观，餐巾颜色统一，卫生洁净。

12. 摆放其他物品

餐台中央摆放花瓶、胡椒瓶、盐瓶，以左椒右盐对称摆放，瓶壁相距0.5cm。椒、盐瓶底距花瓶底2cm，烟灰缸距花瓶2cm，餐台上所有餐具摆放要均匀、对称、美观。

实训课题2　西餐斟酒

一、实训目的

通过学习西餐斟酒，掌握斟酒的方法和要求、斟倒酒水的顺序。通过实训，养成良好的习惯。

二、设备和用品的准备

餐桌，座椅，酒瓶，酒杯，骨碟，餐巾布等。

三、斟酒操作顺序

1. 红葡萄酒

（1）准备好红酒篮，将一块干净的餐巾铺在红酒篮中，红葡萄酒放入酒篮，商标朝上。

（2）将小碟放在主人的右侧，服务员右手持酒篮，左手托着酒篮的底部，成45度倾斜，商标朝上，请主人看清酒的商标，并询问主人是否可以服务。

（3）得到主人同意后，取出红葡萄酒，用开塞器开启酒瓶，开瓶时，先用小刀将瓶口中的铅封箔切开剥掉，用餐巾擦拭瓶口，然后用酒钻上的螺旋对准瓶塞的中心部位刺入木塞，按顺时针方向加压旋转酒钻，直至将螺旋全部钻入。用左手握住瓶颈，右手按酒钻的起拔杠杆或向上用力牵引取出软木塞，注意不要将软木塞拉断，然后将起拔杠杆放松，旋出软木塞放于小碟内，让主人过目，置于主人右手边，再用餐巾擦净瓶口。

（4）将打开的红葡萄酒放回酒篮，商标向上，同时用右手拿走酒篮，将酒水注入主人酒杯的1/5，请主人品评酒质。

（5）得到主人认可后，按女士优先的原则，依次为客人斟酒。

2. 白葡萄酒

（1）服务员在冰桶中放入1/3桶冰块，再放入1/2桶的的冰水后，放在冰桶架上，并配有一条折叠成宽8cm的长条状的餐巾。

（2）将白葡萄酒放入冰桶，商标朝上。

（3）将白葡萄酒、冰桶和冰桶架一起拿到主人座位的右侧，将小碟放在客人餐具的右侧。

（4）用餐巾裹住酒瓶，只露出商标。

（5）将白葡萄酒送到客人面前，请主人看清商标，并询问主人现在是否可以服务白葡萄酒。

（6）得到主人的允许后，将酒瓶放回冰桶中，左手扶住酒瓶，右手用开塞器开启木塞。

（7）将木塞放回小碟中，放在主人白葡萄酒杯的右侧。

（8）开瓶后，用餐巾将酒瓶包裹着，但要露出瓶子的商标，然后用右手从主人的右侧斟倒酒杯的1/5，请主人品评，得到主人认可后，按女士优先的原则，依次为客人斟酒水，最后为主人斟酒，酒量为2/3。

第三节　餐厅常用英语

一、餐厅基本礼貌服务用语

1. 称谓语

中　　文	英　　文
先生	sir
×先生/史密斯先生	Mr. ×/Mr. Smith
女士、夫人	lady
太太	madam
×夫人，×太太	Mrs. ×
×小姐	Miss ×

2. 问候语

中　　文	英　　文
您好。	How do you do?
早上好。	Good morning.
下午好。	Good afternoon.
晚上好。	Good evening.
晚安。	Good night.
您（身体）好吗?	How are you?

3. 欢迎语

中　　文	英　　文
欢迎光临。	Welcome.
欢迎您住我们酒店。	Welcome to stay in our hotel.
欢迎您到我们餐厅来用餐。	Welcome to dine in our restaurant.
希望您在这里用餐愉快。	I hope you'll enjoy your staying here.

4. 祝贺语

中　　文	英　　文
恭喜!	Congratulations!
祝您假日愉快!	I wish you a happy holiday!
祝您新年愉快!	Happy new year!
圣诞快乐!	Merry Christmas!
祝您生意兴隆!	Wish you good business!
祝您生日快乐!	Happy birthday to you!
祝您万事如意!	Wish you every success!
祝您财源广进!	Wish you prosperous business!

5. 征询语

中　　文	英　　文
我能为您做些什么?	What can I do for you? /Can I help you? /May I help you?
我能为您效劳吗?	Could I be of assistance/service?
您想再要点别的吗?	Anything else would you like?
您吃得满意吗?	Did you enjoy your meal?

（续上表）

中　　文	英　　文
请问还需要一杯饮料吗？	Would you care for another drink?
请问您还需要我为您提供些什么吗？	Can I bring you anything else?
我还能为您做些什么？	Is there anything else I can do for you?
这会打扰您吗？	Will it trouble you?
对不起，现在能为您点菜吗？	Excuse me, may I take your order now?
我可以撤下杯子（盘子）吗？	May I take the glasses (dish) away?
您喜欢……吗？	Would you like…?
您是否需要看一下菜单？	Would you like to have a look at the menu?
您能吃辣的吗？	Would you like hot food?
您需要喝汤吗？	Would you like some soup?
红茶里要不要放柠檬？	Would you like your black tea with some lemon?
咖啡需要热的还是冷的？	Would you like hot coffee or cold coffee?
您能够……吗？	Could you…?
如果您不介意的话，我可以……吗？	Would you mind if I…?
请您讲慢点。	Please speak slowly.
您喜欢吃什么风味的菜肴？	What kind of food would you like?
您喜欢喝什么酒？	What kind of wine would you like to drink?
您喜欢什么点心？	What kind of refreshments would you like to have?
菜齐了。您还有什么需要的吗？	All your dishes are here. Anything else?
早上好，先生。请问一共几位？	Good morning, sir. How many people, please?

6. 应答语

中　　文	英　　文
好的，我明白了。	Yes, I understand. /I see.
好的。	All right.
请不必客气。	Please don't mention it.
请不必客气。这是我们的工作。	Not at all. It is one of our services.
这是我应该做的。	It's my duty.
请不必客气，根本没什么麻烦。	You are most welcome. It was no trouble at all.
那/这没关系。	That's quite all right.
没关系。	Doesn't matter.
不必介意。	All don't mind. /Please forget it.
我们供应自助早餐。	We provide buffet for breakfast.

（续上表）

中　　文	英　　文
做这个菜需要 20 分钟。	It will take about twenty minutes to prepare.
请给我准备一间休息室。	Please prepare a rest room for me.
请再来一杯威士忌，要加冰块。	One glass of whisky with some ice for me.
请给我几片黑面包，要两片黄油和果酱。	Please give me some pieces of black bread, two pieces of butter and some jam.
请再来一块冰西瓜。	Please have one more ice watermelon.
我要一份土司牛奶够了。	A portion of toast and milk is enough.
今天，我要吃四川菜。	Today, I'll have some Sichuan food.
我比较喜欢喝冰啤酒。	I'd like some cold beer.
我要新鲜的水果。	I want some fresh fruit.
好的，请稍等一下。	Ok, just a minute.
请里边坐。	Come in and sit down, please.
谢谢您的好意。	Thanks for your kindness.

7. 告别语

中　　文	英　　文
再见。	Good bye.
明天再见。	See you tomorrow.
请别忘了您的东西，夫人。	Be sure not to leave anything behind, madam.
希望能再见到您。再见！	Hope to see you again. Good bye!
请走好。	Mind your step, please.
欢迎您再来。	Hope you to come again.
很高兴您用餐愉快，再见！	Glad you enjoyed your meal. Good bye!
希望能再次为您服务，先生/女士，晚安。	We hope to serve you again, sir/madam. Good night.

8. 道歉语

中　　文	英　　文
实在对不起。	I'm awfully sorry.
对不起，打扰您了。	I'm sorry to disturb you.
实在抱歉让您久等了。	Sorry to have kept you waiting (so long).
真抱歉，耽误了您很长时间。	I'm sorry to make you wait for such a long time.
我很抱歉。	I do apologize.

（续上表）

中　　文	英　　文
完全是我们的过错，对不起。	I'm sorry, it's our fault.
请原谅，这是我的疏忽。	I'm sorry, I beg your pardon.
很抱歉我太大意了。	I'm sorry, I was so careless.
打扰您了，谢谢。	Pardon me for interrupting, thank you.
我对此向您表示歉意。	I'm sorry about this.

二、餐厅服务常用英语单词

1. 中餐用具

中文名称	英文名称	中文名称	英文名称
骨盆	plate	香槟杯	champagne glass
调味碟	soy sauce dish	汤碗	soup bowl
茶盅	tea cup	茶垫碟	tea saucer
筷架	chopsticks rack	筷子	chopsticks
筷套	chopsticks bag	洗手盅	finger bowl
烟缸	ash tray	花瓶	vase
台布	table cloth	餐巾	napkin
餐巾纸	paper napkin	小毛巾	towel
菜单	menu	牙签	toothpick
冰桶	ice bucket	酒篮	wine basket
茶具	tea set	咖啡具	coffee set
服务叉	service fork	服务勺	service spoon
餐桌	table	餐椅	chair
水杯	glass	啤酒杯	beer mug
葡萄酒杯	wine glass	白兰地杯	brandy glass
咖啡杯	coffee cup	冰水杯	ice water glass
白葡萄酒杯	white wine glass	红葡萄酒杯	red wine glass
汤勺	soup spoon	餐刀	table knife

2. 西餐用具

中文名称	英文名称	中文名称	英文名称
主菜刀	dinner knife	主菜叉	dinner fork

（续上表）

中文名称	英文名称	中文名称	英文名称
汤匙	soup spoon	头盆刀	starter knife
头盆叉	starter fork	甜品刀	dessert knife
甜品叉	dessert fork	甜品匙	dessert spoon
鱼刀	fish knife	鱼叉	fish fork
茶匙	tea spoon	冰冻茶匙	iced tea spoon
咖啡匙	coffee spoon	黄油刀	butter knife
蜗牛夹	snail tong	蜗牛叉	snail fork
蛋糕叉	cake fork	牛排刀	steak knife
服务叉	serving fork	服务勺	serving spoon
长柄大汤勺	soup ladle	冰夹	ice tong
主菜盆	main course plate	汤盆	soup plate
双耳汤杯	soup cup	开胃品盘	starter plate
甜点盘	dessert plate	面包盘	bread plate
黄油碟	butter dish	装饰盘	service plate
咖啡具	coffee set	玻璃器皿	glass ware
冰水壶	pitcher	葡萄酒篮	wine basket
席次卡	place card	收据	receipt
餐具柜	sideboard	抹布	pantry cloth
托盘	tray	自助餐保温锅	buffet warmer
早餐蛋盅	boiler stander	服务手推车	service trolley
色拉车	salad trolley	甜品车	dessert trolley
奶酪车	cheese trolley	餐后酒车	liqueur trolley
燃焰车	oven trolley	送餐车	transfer trolley

3. 酒水饮料

中文名称	英文名称	中文名称	英文名称
中国白酒	spirit	茅台酒	mao tai
黄酒	yellow wine	绍兴酒	shaoxing wine
啤酒	beer	淡色啤酒	ale
黑啤酒	stout	生啤酒	drought beer
红葡萄酒	red wine	白葡萄酒	white wine
香槟酒	champagne	葡萄汽酒	sparkling wine

（续上表）

中文名称	英文名称	中文名称	英文名称
玫瑰葡萄酒	rose wine	红茶	black tea
花茶	jasmine tea	砖茶	brick tea
柠檬茶	lemon tea	乌龙茶	wulong tea
龙井茶	longjing tea	绿茶	green tea
可可	cocoa	酸奶	yogurt
咖啡	coffee	冰咖啡	cold coffee
开水	boiled water	凉开水	cold water
冰水	ice water	橘子汁	orange juice
汽水	aerated water	冰激凌	ice cream
矿泉水	mineral water		

三、烹饪常用英语单词

1. 家禽类

中文名称	英文名称	中文名称	英文名称
公鸡	cock	母鸡	hen
火鸡	turkey	山鸡	pleasant
鹌鹑	quail	鹅	goose
鸽子	dove，pigeon	鸭掌	duck web
鸭子	duck	北京烤鸭	Beijing duck
鸭蛋	duck egg	鸽蛋	pigeon egg
鹌鹑蛋	quail egg	松花蛋，皮蛋	time-preserved egg

2. 蔬果类

中文名称	英文名称	中文名称	英文名称
芹菜	celery	菠菜	spinach
辣椒	hot pepper	青椒	green pepper
莴笋	lettuce	青菜	green vegetable
刀豆	french bean	黄瓜	cucumber
茄子	egg – plant	萝卜	winter melon
土豆	potato	冬瓜	winter melon
苦瓜	bitter gourd	西红柿	tomato

(续上表)

中文名称	英文名称	中文名称	英文名称
山药	yam	竹笋	bamboo shoot
香菜	coriander	慈姑	arrow roots
欧芹	parsley	大白菜	chinese cabbage
卷心菜	cabbage	胡萝卜	carrot
豆腐	bean curd	绿豆芽	mung bean sprout
冬菇	dried mushroom	蘑菇	mushrom
木耳	fungus	藕	lotus root
豌豆	pea	蚕豆	broad bean
洋葱	onion	青豆	green peas
百合	lily root artichoke	哈密瓜	hamimelon
白兰瓜	honey dew melon	西瓜	watermelon
草莓	strawberry	梨	pear
香蕉	banana	苹果	apple

四、烹调方法

中文名称	英文名称	中文名称	英文名称
蒸的	steamed	炸的	fried, deep fried
煎的	pan fried	烤的	toast
烤、烧	roast	焖的	braised
煮的	boiled	炖的	stewed
炒的	stir fried	红烧的	stewed with soya sauce
糟的	pickle with brewer's grain	糊的	instant – boiled
味重的	highly seasoned	味淡的	lightly seasoned
冷的	cold	冰的	iced
冻的	frozen	温的	warm
肥的	fat	瘦的	lean
硬的	hard	软的	soft
甜酸	sweet and sour	咸的	salty
酸辣	sour and hot	清淡的	light
风味、美味	flavour	很嫩的	rate
嫩的	tender	适中的	medium

五、常用调味

中文名称	英文名称	中文名称	英文名称
精盐	fine table salt	酱油	soy sauce
辣酱油	worcester sauce	番茄汁	tomato sauce
奶油酱	butter sauce	番茄酱	ketchup
鱼酱	garum	辣椒粉	cayenne pepper
醋	vinegar	红醋	red vinegar
香醋	aromatic vinegar	白醋	white vinegar
红辣椒	chilli	芥末	mustard
咖喱粉	curry powder	胡椒粉	black pepper
辣椒油	hot sauce	黄油	butter
果酱	jam	砂糖	granulated sugar
方糖	cube sugar		

第八部分　中级餐厅服务员操作技能考核解读

一、操作技能考核试卷构成

操作技能考核有多种考核方式。本职业中级操作技能考核采用机选题型，共4题（详见考核内容结构表）。

职业技能鉴定国家题库操作技能试卷一般由以下三部分内容构成：

（1）操作技能考核准备通知单；

（2）操作技能考核试卷正文；

（3）操作技能考核评分登记表。

二、考场规则

1. 每个考评组不得少于3人，其中设主考1人。考评员各自独立评分，考生最终成绩取考评员的平均成绩。

2. 考试项目中的时间计算，以主考或考评员的口令“开始”或“请回答”开始计时；以考生举手示意“完毕”或“回答完毕”中止计时。

3. 每次考试，若所有的考生均采用同一套试卷，则需将已考生与未考生分开，以免泄漏有关试题的内容，而导致考试不公平。

三、考试的方式及时间

中级餐厅服务员考试内容为中餐或西餐指定一项，鉴定比重为80%，考试时间为35分钟，综合服务能力为必考项，鉴定比重为20%，考试时间为5分钟。总体考试时间为40分钟。

四、操作技能考核内容结构表

鉴定范围	服务技能						综合能力	合计
	中餐服务			西餐服务			综合服务能力	
	摆台服务	菜品服务	编制菜单	摆台服务	菜品服务	编制菜单	综合服务能力	
选考方式	中餐或西餐指定一项						必考	4 项
鉴定比重（%）	60	10	10	60	10	10	20	100
考试时间（min）	20	5	10	20	5	10	5	40
考试形式	实操	实操	笔试	实操	实操	笔试	抽签口试	

五、中级餐厅服务员操作技能鉴定要素细目表

鉴定范围			鉴 定 点			
名称	鉴定比重（%）	选考方式	序号	名 称	鉴定比重（%）	重要程度
中餐服务	80	指定一项	1	中餐宴会摆台	60	重要
			2	中餐分菜服务	10	重要
			3	编制中餐宴会摆台	10	重要
西餐服务			1	西餐宴会摆台	60	重要
			2	西餐分菜服务	10	重要
			3	编制西餐宴会摆台	10	重要
综合能力	20	必考	服务个案解决方法及常用英语		20	重要

第一节　中餐服务

一、中餐宴会摆台

1. 中餐宴会摆台配分与评分标准

序号	考核内容	考核要点	配分	评分标准	扣分	得分
1	仪容仪表	①发型规范 ②服装平整，符合要求 ③仪容大方，不戴饰物	2	①发型不规范扣 0.5 分 ②服装褶皱不平扣 0.5 分 ③佩戴饰物扣 1 分 ④本项最多扣 2 分		
2	抖铺台布	①站第二主人位处铺台 ②台布中线凸缝朝上 ③台布下垂部分均匀	2	①铺台站位错扣 0.5 分 ②中线凸缝朝向错扣 1 分 ③下垂部分不均匀扣 0.5 分 ④本项最多扣 2 分		
3	摆台顺序	①用托盘按顺序摆放 ②摆台全过程顺时针服务	5	①一项顺序错扣 0.5 分 ②逆时针服务一次扣 0.5 分 ③本项最多扣 5 分		
4	台面整齐一致	①骨碟定位准确、距离均等 ②餐用具摆位准确 ③餐用具间距达标 ④摆放规范，符合宾客要求 ⑤台面协调、美观	18	①定位不准，发生一件扣 0.2 分 ②摆位颠倒，发生一件扣 0.2 分 ③间距未达标，发生一件扣 0.2 分 ④一组不规范扣 0.5 分 ⑤一项未达标扣 0.5 分 ⑥整体效果差，酌情扣 1 ~ 3 分 ⑦本项最多扣 18 分		

（续上表）

序号	考核内容	考核要点	配分	评分标准	扣分	得分
5	餐具花纹	餐用具图案、花纹对正	4	①一件不正扣0.2分 ②本题最多扣4分		
6	餐巾折花	①主人位花醒目、突出 ②观赏面朝向客人 ③餐巾花收口齐，入杯2/3 ④花形挺括，造型好 ⑤相似花形错开摆放	10	①主人位花不突出扣0.5分 ②观赏面朝向错，发生一件扣0.2分 ③一件不规范扣0.2分 ④餐巾花造型差，发生一件扣0.2分 ⑤摆放不规范，发生一件扣0.2分 ⑥本项最多扣10分		
7	斟酒	①酒瓶握实，商标朝外 ②从第一客人右侧开始斟倒 ③酒斟八分满 ④酒液斟满，旋转瓶口 ⑤斟酒过程无洒滴、无溢出	10	①商标朝向错扣0.5分 ②斟酒站位错扣0.5分 ③一杯不准扣0.2分 ④未转瓶口，发生一件扣0.2分 ⑤酒水滴洒、溢出，一滴扣0.5分，一小片扣1分 ⑥本项最多扣10分		
8	动作姿势	①端托平稳，步伐稳健 ②摆台动作到位、准确 ③斟酒姿势规范、优美	5	①端托、步伐不稳，发生一件扣0.5分 ②动作不到位，发生一件扣0.5分 ③姿势不规范，发生一件扣0.5分 ④本项最多扣5分		
9	操作卫生	①在铺台、折花前，双手二次消毒 ②摆台全过程符合卫生要求 ③操作时手不碰餐酒具入口处	4	①双手未消毒，一次扣0.5分 ②摆台全过程不符合卫生要求，一项不符扣0.5分 ③手碰餐酒具入口处，发生一件扣0.5分 ④本项最多扣4分		
10	失误			①餐用具遗漏、未摆放，一件扣0.5分 ②餐用具落地，一件扣1分 ③餐用具打碎，一件扣2分		
11	时间超时1min扣1分，不足1min按1min计算					
	合计		60			

否定项说明：若考生发生下列情况之一，则应及时终止其考试，考生该试题成绩记为零分。

(1) 未使用托盘，徒手操作。

(2) 操作严重失误，扣翻托盘，打碎酒瓶。

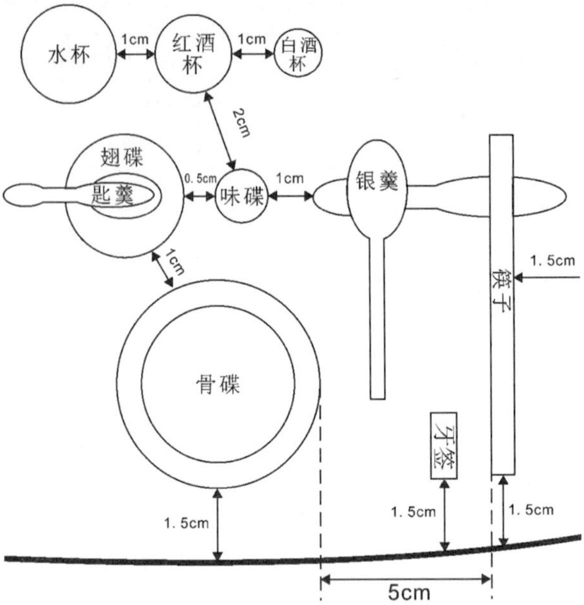

2. 考试要求

（1）本题分值：60 分。

（2）考试时间：20 分钟。

（3）具体考核要求：

①在规定时间内独立、规范地完成 10 人餐位标准中餐宴会摆台。

②站在第二主人位餐椅处铺台布。

③摆放餐用具，用托盘按顺序进行托摆。

第一托：骨碟 10 个，分菜工具 1 对。

第二托：筷子架、筷子、味碟、翅碗、银羹、牙签、瓷勺。

第三托：红酒杯，白酒杯。

第四托：水杯（已摆放折叠好的餐巾杯花）。

二、英语翻译综合能力评分表

口试		配分	答案要点	清楚流利	反应敏捷	语音语调	标准时间	使用时间	扣分合计	得分合计
1	英译汉（句子）	3	2	0.5 分	0.5 分	0	1min			
2	英译汉（单词）	1.5		0.5 分	0.5 分	0.5 分	30s			
3	汉译英（单词）	1.5		0.5 分	0.5 分	0.5 分	30s			

（续上表）

口试		配分	答案要点	清楚流利	反应敏捷	语音语调	标准时间	使用时间	扣分合计	得分合计
4	英译汉（句子）	4	2	0.5 分	0.5 分	0.5 分	1min			
5	遇到问题的解决方法	10								
合计		满　分：20 分								

说明：每位考生现场随机抽取一组考题作答。

1. 第一组

考题 1. 英译汉。由考评员任选一句让考生用标准普通话翻译过来。时间为 1 分钟。

（1） Pleasant journey!

祝您旅途愉快!

（2） What kind of tea would you like，sir?

先生，您喜欢什么茶?

（3） Would you like to sit here?

您喜欢坐这吗?

（4） Please look at the menu first.

请先看菜牌。

（5） I'll get you a knife and fork.

我给您拿刀和叉。

（6） What wines would you like to drink? We have…

您喜欢喝点什么酒吗？我们有……

考题 2. 汉译英单词两个。由考评员任选两个词语让考生翻译过来。每个时间为 30 秒钟。

（1） 叉子：fork；

（2） 糖：sugar；

（3） 茶具：tea set；

（4） 咖啡具：coffee set；

（5） 盘子：plate，dish；

（6） 汤碗：soup bowl。

考题 3. 汉译英。由考评员任选一句让考生翻译过来。时间为 1 分钟。

（1） 需要我帮您做些什么吗?

Is there anything I can do for you?

（2） 您喜欢吃点什么?

What would you like to eat?

（3） 您的煎蛋是单面煎还是双面煎?

How would you like your eggs , fried on single-side or double-sided?
(4) 鸡蛋是要煮得老点还是嫩点呢?
Would you like the eggs hard-boiled or soft-boiled?
(5) 牛排是要嫩的、半熟的还是全熟的?
How about your steak? Rare, medium or well done?
(6) 您愿意试试我们的招牌菜吗?
Would you like to try our special?
2. 第二组
考题1. 英译汉。由考评员任选一句让考生用标准普通话翻译过来。时间为1分钟。
(1) Hope to see you again.
欢迎您再来!
(2) Would you like some dessert?
喜欢吃点饭后甜品吗?
(3) May I suggest?
我可否提议?
(4) It is very tasty.
这个菜味道很好。
(5) The dry white wine is sold by bottle.
干白葡萄是按瓶卖的。
(6) What else would you like?
请问您还需要什么吗?
考题2. 汉译英单词两个。由考评员任选两个词语让考生翻译过来。每个时间为30秒钟。
(1) 黄油刀: butter knife;
(2) 盐: salt;
(3) 叉子: fork;
(4) 鱼叉: fish fork;
(5) 点心叉: dessert fork;
(6) 汤匙: soup spoon。
考题3. 汉译英。由考评员任选一句让考生翻译过来。时间为1分钟。
(1) 这会打扰您吗?
Will it trouble you?
(2) 好的, 我跟厨师联系一下, 会使您满意的。
All right , I'll contact the cook and make you satisfied.
(3) 如果您赶时间的话, 我为您安排一些快餐饭菜好吗?
Can I arrange a snack for you if you are pressed for time?
(4) 对不起, 让您等久了。
I'm sorry to have kept you waiting.

（5）这是您的（菜）吗？

Is it yours?

（6）真抱歉，请再等一会吧。

I'm really sorry. Please wait a few more minutes.

3. 第三组

考题1. 英译汉。由考评员任选一句让考生用标准普通话翻译过来。时间为1分钟。

（1）We'll take some measures immediately and try our best to satisfy you.

我们立即采取行动，尽量使您满意。

（2）Sorry to disturb you.

对不起，打扰您了。

（3）Sorry，I'll let you know when I make sure.

对不起，我问准确便马上告诉您。

（4）It is enough?

您的菜够吗？

（5）Did you enjoy your meal?

您吃得满意吗？

（6）Excuse me. May I take this chair?

对不起，我可以用这张椅子吗？

考题2. 汉译英单词两个。由考评员任选两个词语让考生翻译过来。每个时间为30秒钟。

（1）汤碗：soup bowl；

（2）筷子：chopsticks；

（3）蘑菇：mushroom；

（4）猪肉：pork；

（5）香肠：sausage；

（6）牡蛎：oyster。

考题3. 汉译英。由考评员任选一句让考生翻译过来。时间为1分钟。

（1）您有别的事吗？

Is there anything else?

（2）我可以撤掉这个盘子吗？

May I take away this dish?

（3）谢谢您的帮忙。

Thank you for your help.

（4）给您添点饭好吗？

Would you like some more rice?

（5）您的菜马上就来了。

Your dish is coming.

（6）这是您的。

Here you are.

4. 第四组

考题 1. 英译汉。由考评员任选一句让考生用标准普通话翻译过来。时间为 1 分钟。

(1) May you have a booming business!

祝您生意兴隆!

(2) Do you want to have a try?

要不要试一下?

(3) May I make out the bill for you now?

现在可以为您结账吗?

(4) Please sign the bill.

请签单。

(5) Only for confirmation.

只是确认。

(6) Here's your invoice and change.

这是您的发票和找零。

考题 2. 汉译英单词两个。由考评员任选两个词语让考生翻译过来。每个时间为 30 秒钟。

(1) 茶具: tea set;

(2) 桌布: table cloth;

(3) 餐刀: table knife;

(4) 咖啡勺: coffee spoon;

(5) 黄油刀: butter knife;

(6) 面包篮: bread basket。

考题 3. 汉译英。由考评员任选一句让考生翻译过来。时间为 1 分钟。

(1) 感谢您的提醒。

Thanks for your reminding.

(2) 请先看菜牌。

Please look at the menu first.

(3) 我给您刀和叉。

I'll get you a knife and fork.

(4) 您想喝点什么酒? 我们有……

What wines would you like to drink? We have...

(5) 您想吃点什么?

What would you like to eat?

(6) 您的煎蛋是单面煎还是双面煎?

How would you like your eggs , fried on single-side or double-sided?

5. 第五组

考题 1. 英译汉。由考评员任选一句让考生用标准普通话翻译过来。时间为 1 分钟。

（1） Would you mind if I…?

如果您不介意的话，我可以……吗？

（2） Would you like the eggs hard-boiled or soft-boiled?

鸡蛋是要煮得老点还是嫩点呢？

（3） How about your steak? Rare，medium or well done?

牛排是要嫩的、半熟的还是全熟的？

（4） Would you like to try our special?

您愿意试试我们的招牌菜吗？

（5） Would you like some dessert?

喜欢吃点饭后甜品吗？

（6） May I suggest?

我可否提议？

考题 2. 汉译英单词两个。由考评员任选两个词语让考生翻译过来。每个时间为 30 秒钟。

（1） 冰桶：ice pot；

（2） 鸡蛋杯：egg cup；

（3） 蟹：crab；

（4） 海参：sea slug；

（5） 洋葱：onion；

（6） 土豆：potato。

考题 3. 汉译英。由考评员任选一句让考生翻译过来。时间为 1 分钟。

（1） 圣诞快乐！

Merry Christmas！

（2） 这个菜味道很好。

It is very tasty.

（3） 干白葡萄是按瓶卖的。

The dry white wine is sold by bottle.

（4） 请问您还需要什么吗？

What else would you like?

（5） 好的，我跟厨师联系一下，会使您满意的。

All right ， I'll contact the cook and make you satisfied.

（6） 如果您赶时间的话，我为您安排一些快餐饭菜好吗？

Can I arrange a snack for you if you are pressed for time?

6. 第六组

考题 1. 英译汉。由考评员任选一句让考生用标准普通话翻译过来。时间为 1 分钟。

（1） I'm sorry . It's our fault.

完全是我们的错，对不起。

（2） Thank you for your help.

谢谢您的帮忙。

(3) Would you like some more rice?

给您添点饭好吗?

(4) Your dish is coming.

您的菜马上就来了。

(5) Here you are.

这是您的。

考题 2. 汉译英单词两个。由考评员任选两个词语让考生翻译过来。每个时间为 30 秒钟。

(1) 水果刀：fruit knife;

(2) 餐纸：facial tissue (paper);

(3) 洋葱：onion;

(4) 土豆：potato;

(5) 蘑菇：mushroom;

(6) 龙虾：lobster。

考题 3. 汉译英。由考评员任选一句让考生翻译过来。时间为 1 分钟。

(1) 谢谢您的好意!

Thanks for your kindness.

(2) 现在可以为您结账吗?

May I make out the bill for you now?

(3) 请签单。

Please sign the bill.

(4) 只是确认。

Only for confirmation.

(5) 这是您的发票和找零。

Here's your invoice and change.

(6) 谢谢光临，欢迎下次再来。

Thank you for coming. Hope to see you again.

7. 第七组

考题 1. 英译汉。由考评员任选一句让考生用标准普通话翻译过来。时间为 1 分钟。

(1) Have a good trip!

一路平安!

(2) Sit down, please!

请坐!

(3) Please wait a minute. I'll arrange it for you soon.

请稍等，我马上给您安排。

(4) What kind of tea would you like, sir?

先生，您喜欢什么茶?

（5）Would you like to sit here?

您喜欢坐这里吗?

（6）Please look at the menu first.

请先看菜牌。

考题2. 汉译英单词两个。由考评员任选两个词语让考生翻译过来。每个时间为30秒钟。

（1）面包篮：bread basket;

（2）玻璃杯：glass;

（3）牛肉：beef;

（4）羊肉：mutton;

（5）火鸡：turkey;

（6）火腿：ham。

考题3. 汉译英。由考评员任选一句让考生翻译过来。时间为1分钟。

（1）欢迎您再来。

Hope to see you again.

（2）我给您刀和叉。

I'll get you a knife and fork.

（3）您想喝点什么酒? 我们有……

What wines would you like to drink? We have...

（4）您想吃点什么?

What would you like to eat?

（5）您的煎蛋是单面煎还是双面煎?

How would you like your eggs, fried on single-side or double-side?

（6）鸡蛋是要煮得老点还是嫩点呢?

Would you like the eggs hard-boiled or soft-boiled?

8. 第八组

考题1. 英译汉。由考评员任选一句让考生用标准普通话翻译过来。时间为1分钟。

（1）What can I do for you?

我能为您做点什么?

（2）How about your steak? Rare, medium or well done?

牛排是要嫩的、半熟的还是全熟的?

（3）Would you like to try our special?

您愿意试试我们的招牌菜吗?

（4）Would you like some dessert?

喜欢吃点饭后甜品吗?

（5）May I suggest?

我可否提议?

（6）It is very tasty.

这菜真好吃。

考题2. 汉译英单词两个。由考评员任选两个词语让考生翻译过来。每个时间为30秒钟。

（1）胡椒：pepper；

（2）咖啡勺：coffee spoon；

（3）桌布：table cloth；

（4）鸡蛋杯：egg cup；

（5）玻璃杯：glass；

（6）冰桶：ice pot。

考题3. 汉译英。由考评员任选一句让考生翻译过来。时间为1分钟。

（1）不必客气。

You are welcome.

（2）对不起，让您久等了。

I'm sorry to have kept you waiting.

（3）这是您的（菜）吗？

Is it yours?

（4）真抱歉，请再等一会吧。

I'm really sorry. Please wait a few more minutes.

（5）对不起，打扰您了。

Sorry to disturb you.

（6）对不起，我问准确便马上告诉您。

Sorry, I'll let you know when I make sure.

9. 第九组

考题1. 英译汉。由考评员任选一句让考生用标准普通话翻译过来。时间为1分钟。

（1）Would you want?

您需要吗？

（2）Sorry, I'll let you know when I make sure.

对不起，我问准确便马上告诉您。

（3）Is it enough?

您的菜够吗？

（4）Did you enjoy your meal?

您吃得满意吗？

（5）Excuse me. May I take this chair?

对不起，我可以用这张椅子吗？

（6）May I take away this dish?

我可以撤掉这个盘子吗？

考题2. 汉译英单词两个。由考评员任选两个词语让考生翻译过来。每个时间为30秒钟。

（1）牙签：toothpick；
（2）餐巾：napkin；
（3）烟肉：bacon；
（4）蛋：egg；
（5）大虾：prawn；
（6）小虾：shrimp。

考题3. 汉译英。由考评员任选一句让考生翻译过来。时间为1分钟。

（1）这是我应该做的。
It's my duty.
（2）您的菜马上就来。
Your dish is coming.
（3）这是您的。
Here you are.
（4）要不要试一下？
Do you want to have a try?
（5）现在可以为您结账吗？
May I make out the bill for you now?
（6）请签单。
Please sign the bill.

10. 第十组

考题1. 英译汉。由考评员任选一句让考生用标准普通话翻译过来。时间为1分钟。

（1）I am awfully sorry.
实在对不起。
（2）I'm really sorry. Please wait a few more minutes.
真抱歉，请再等一会吧。
（3）Sorry to disturb you.
对不起，打扰您了。
（4）Sorry, I'll let you know when I make sure.
对不起，我问准确便马上告诉您。
（5）Is it enough?
您的菜够吗？
（6）Did you enjoy your meal?
您吃得满意吗?

考题2. 汉译英单词两个。由考评员任选两个词语让考生翻译过来。每个时间为30秒钟。

（1）盘子：plate dish；
（2）餐刀：table knife；
（3）咖啡具：coffee set；

(4) 鱼叉：fish fork；
(5) 盘子：plate dish；
(6) 点心叉：desert fork。
考题3. 汉译英。由考评员任选一句让考生翻译过来。时间为1分钟。
(1) 明天见！
See you tomorrow!
(2) 给您添饭好吗?
Would you like some more rice?
(3) 您的菜马上就来。
Your dish is coming.
(4) 这是您的。
Here you are.
(5) 要不要试一下?
Do you want to have a try?
(6) 现在可以为您结账吗?
May I make out the bill for you now?

第二节　西餐服务

一、西餐摆台

1. 考核要求
(1) 本题分值：70分。
(2) 考核时间：20分钟。
(3) 具体要求：
①根据西餐服务的需要合理安排餐台；
②准确安排宾主座次；
③餐酒用具摆放合理，位置准确，距离均等；
④折叠4种不同的餐巾盘花；
⑤运用正确的方法进行斟倒酒水服务；
⑥整体效果协调规范，符合卫生要求，方便宾客用餐和服务操作。

（4）摆放餐位图如下图所示：

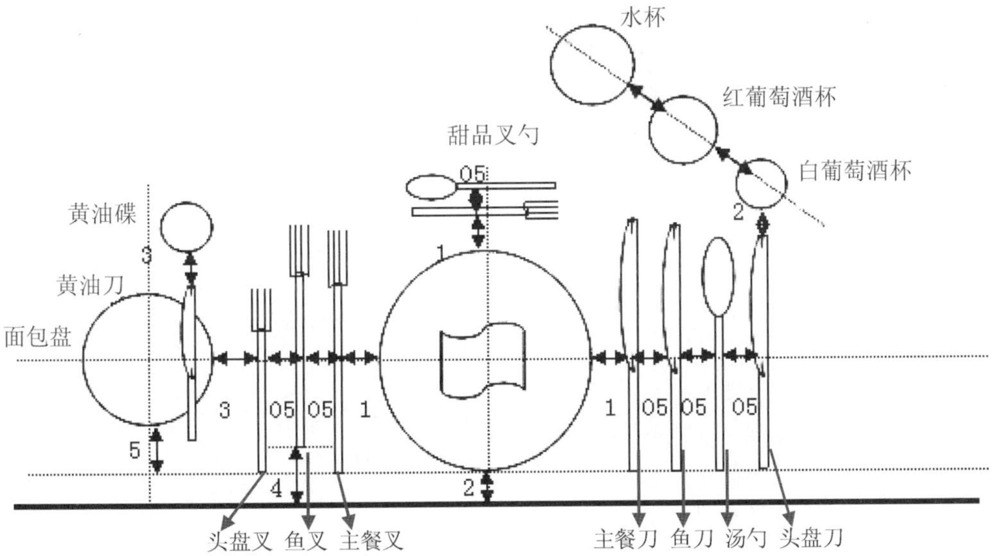

2. 配分与评分标准

（1）4 人西餐正餐摆台操作及斟酒（白葡萄酒）评分表，如下表所示：

序号	考核内容	考核要点	配分	评分标准	扣分	得分
1	仪容仪表及准备工作	①按规定着装，工作服装干净、佩戴标志 ②仪容仪表整洁大方 ③餐用具分类摆放规范、合理	10	①不按照要求着装扣 2 分 ②着装不整洁扣 2 分 ③不佩戴标志扣 2 分 ④餐用具摆放不规范扣 3 分		
2	铺台布	铺台布正面朝上，中线对正、台布下垂均匀	6	①台布铺反扣 2 分 ②中线不正扣 2 分 ③台布下垂不均匀扣 2 分		
3	摆放餐具	①按顺序摆放餐用具 ②展示盘、面包盘定位准确 ③展示盘与面包盘中心线在一条直线上 ④刀、叉、勺摆放准确，距离适当 ⑤葡萄酒杯、水杯摆放位置正确	18	①餐用具摆放程序错误扣 2 分 ②展示盘、面包盘定位不当扣 1 分 ③其他餐用具摆放位置不正扣 1.5 分 ④杯具摆放不准扣 3 分		

（续上表）

序号	考核内容	考核要点	配分	评分标准	扣分	得分
4	餐巾折花	①造型精致、美观大方叠盘花 ②操作符合卫生要求 ③盘花整体和谐	10	①餐巾花折叠不美观扣4分 ②餐巾花卫生不符合要求扣4分 ③餐巾花整体不和谐扣2分		
5	摆台面用品	花瓶、用品按图示摆放规范	2	各项用具不按照规范摆放一套扣1分		
6	围椅	餐椅对位摆放，餐椅与下垂台巾间隔1cm	2	餐椅摆放错位扣0.5分		
7	斟白葡萄酒	①从客人餐椅的右侧斟酒 ②每杯以斟倒2/3为准 ③斟倒姿势优雅、规范、持瓶手法正确	12	①斟倒位置错误扣2分 ②每杯白葡萄酒量不准扣2分 ③斟倒姿势不正确扣2分		
8	整体效果	①餐台整体效果良好 ②餐用具摆放规范、持瓶手法正确	4	①餐台效果不好扣2分 ②餐台效果不规范扣2分		
9	操作能力	①操作稳妥、拿取餐具符合卫生院要求 ②动作娴熟、协调、规范，操作区域整洁	6	①操作手法不卫生扣2分 ②托盘使用不熟练扣2分 ③动作不规范、不协调扣2分		
10	失误	在总分中扣除		①餐用具掉地一次扣5分 ②打碎餐用具一件扣5分 ③摆错餐具一件扣5分 ④最多扣40分		
11	时间	在规定时间20min内完成		时间超时1min扣1分，不足1min按1min计算，最多超时3min		
合计			70	以上各项按分配扣完为止		

否定项说明：若考生发生下列情况（之一），则应及时终止考试，考生该试题成绩记为零分。

（1）未使用托盘，徒手操作。

（2）操作严重失误，托盘扣翻，酒瓶被打碎。

（2）综合服务能力评分表如下表所示：

序号	考核内容	考核要点	配分	评分标准	扣分	得分
1	能力体现	分析问题和解决问题的基本能力	6 分（每小题 3 分，共两道题）	每小题分析问题不全面扣 1.5 分，两道题均未答全者共扣 3 分，两道题均不注意策略者共扣 3 分		
2	方法	解决各种问题得当	8 分（每小题 4 分，共两道题）	每小题解决方法欠妥扣 2 分，每小题解决问题不够圆满扣 2 分，两道题错误相同共扣 8 分		
3	语言	表述能力	6 分（每小题 3 分，共两道题）	每小题语言表达不准确扣 2 分，语速或音量不适扣 1 分，两道题错误相同扣 6 分		
4	考核时间	在 10min 内完成				
	合计		20 分（10×2）			

第九部分　中级餐厅服务员操作技能考核模拟试卷

职业技能鉴定国家题库试卷

中级餐厅服务员操作技能考核准备通知单（考场）

【试题1】

序号	名　　称	规格	单位	数量	备注
1	中餐厅		间	1	
2	中餐圆台	直径180cm	张	1	
3	工作台		张	1	
4	工作台布		块	1	
5	餐椅		把	10	
6	托盘		个	2	
7	托盘垫布		块	2	
8	瓷制大盘		个	1	折餐巾花用
9	中国红葡萄酒		瓶	1	
10	茅台酒瓶		个	1	酒水替代
11	斟酒巾布		块	1	擦瓶口
12	骨碟		个	12	
13	勺垫		个	10	
14	瓷勺		把	10	
15	红酒杯		个	10	
16	白酒杯		个	10	
17	筷子架		个	10	
18	筷子		双	12	
19	公用勺	不锈钢	把	2	
20	牙签盅		个	2	

（续上表）

序号	名　　称	规格	单位	数量	备注
21	水杯		个	10	
22	烟灰缸	带3个烟道	个	5	
23	漏斗		个	2	酒水回瓶用
24	消毒棉		份	1	
25	秒表		块	1	

鉴定机构在实施考核时应做好如下准备：

（1）考场要求设在正规的中餐厅或同于正规餐厅的模拟餐厅，要求光线充足、房间清洁、地面干净。

（2）考生进入考场前，餐台应摆放好，将餐椅按10人餐位摆放于餐台四周，使之呈“三、三、二、二”并列状。

（3）将摆台所需物品摆放在工作台上，做到摆放合理、有序、整齐、规范。

（4）考场准备表中所列物品仅限1名考生使用，鉴定机构应视考生实际人数准备，另留20%的备份。

【试题2】

序号	名　称	规　格	单　位	数　量	备　注
1	考场		间	1	
2	中餐圆桌	直径180cm	张	1	
3	中餐圆台台布	一次性	块	1	
4	工作台（带台布）		张	1	
5	转盘		套	1	
6	餐椅		把	10	
7	餐巾		块	2	
8	汤菜		盆	1	由鉴定机构根据时令季节指定一种汤菜品种及汤菜菜品刀工
9	长柄汤勺		把	1	
10	筷子		双	10	
11	汤碗		个	10	
12	小汤勺		个	10	
13	托盘、垫盘		个	1	
14	清毒棉		份	1	
15	秒表		块	1	

鉴定机构在实施考核时应做好如下准备：

（1）考场要求设在正规的中餐厅或同于正规餐厅的模拟餐厅，要求光线充足、房间清洁、地面干净。

（2）考生进入考场前，餐台应摆放好，将餐椅按 10 人餐位摆放于餐台四周，使之呈“三、三、二、二”并列状。

（3）将中餐分菜服务所需物品规范地摆放在工作台面上，做到摆放合理有序。

（4）考场准备表中所列物品限 1 名考生使用，鉴定机构应视考生实际人数准备，另留 20% 的备份。

【试题 3】

序号	名称	规格与型号	单位	数量	备注
1	教室	能容纳考生	间	1	
2	课桌		张	与考生对等	
3	课椅		把	与考生对等	
4	试卷		份	与考生对等	
5	秒表		块	1	

中级餐厅服务员操作技能考核准备通知单（考生）

姓名：__________ 准考证号：____________ 单位：______________

【试题 1】

序号	名称	规格	单位	数量	备注
1	台布	正方形	块	1	
2	餐巾	正方形	块	1	
3	餐巾花名签		个	10	

【试题 2】

工作服一套。

【试题 3】

序号	名称	规格	单位	数量	备注
1	碳素笔或钢笔	黑色或蓝色	支	2	
2	计算器		个	1	
3	涂改液（带）		瓶（卷）	1	

中级餐厅服务员操作技能考核试卷

考生编号：________________________

注　意　事　项

一、本试卷依据2001年颁布的《餐厅服务员国家职业标准》命制。

二、本试卷试题如无特别注明，则为全国通用。

三、请考生仔细阅读试题的具体考核要求，并按要求完成操作进行笔答或口答。

四、操作技能考核时要遵守考场考核纪律，服从考场管理人员指挥，以保证考核安全顺利进行。

【试题1】标准中餐摆台

（1）本题分值：60分。

（2）考核时间：20分钟。

（3）具体考核要求：

①在规定时间内独立、规范地完成10人餐标准中餐宴会摆台。

②摆台前双手进行消毒。

③站在第二主人位椅处抖铺台布。

④摆放餐用具，用托盘按序进行托摆。

第一托：骨碟10个、勺垫10个、瓷勺10把。

第二托：红酒杯10个、白酒杯10个。

第三托：筷子架10个、筷子12双、公用碟2个、公用勺2把、牙签盅2个。

第四托：水杯10个（已摆放好折叠成形的餐巾杯花），烟灰缸5个摆放在工作台上，根据宾客要求按规范摆放。

⑤折叠餐巾花前双手消毒。

⑥围椅：从第一主人位处按顺时针方向依次摆放，双手端送，轻拿轻放。

⑦斟酒：从第一客人开始斟第一杯酒，先斟红酒再斟白酒，酒斟八分满。

⑧摆放餐巾花名签。

⑨操作完毕举手示意。

（4）否定项说明：若考生发生下列情况之一，则应及时终止其考试，考生该试题成绩记为零分。

①未使用托盘，徒手操作。

②操作严重失误，扣翻托盘，打碎酒瓶。

（5）摆台示意图（略）。

【试题 2】汤菜分派服务

（1）本题分值：10 分。

（2）考核时间：5 分钟。

（3）具体考核要求：

①从第一主人位开始，将餐椅围好。

②双手消毒，准备分汤。

③将分汤所需物品摆放整齐。

④汤品（带垫盘）上转盘，报汤名、介绍汤品、旋转展示，在餐台上分派汤菜。

⑤按照先宾后主顺序逐位上汤。

⑥熟练使用分菜工具，先放菜，后上汤。

⑦分汤时注意安全，上汤掀盖动作要轻、稳。

⑧汤品分派均匀，餐位准确，台面清洁无遗洒。

⑨在规定时间内完成。

⑩操作完毕举手示意。

（4）考试试题：中餐宴会中，上汤菜一锅，就餐宾客 10 位，请考生按中餐分菜服务标准和要求在餐台进行分派服务。

（5）否定项说明：若考生发生下列情况之一，则应及时终止考试，考生该试题成绩记为零分。

①打碎、扣翻汤锅。

②汤菜洒落在宾客餐椅上。

③逆时针分派汤品。

【试题 3】

××××年春季，金先生在本市某酒店为奶奶举行 70 岁寿辰家宴，人数 10 人，订餐标准为每位 90 元（酒水除外）。

（1）本题分值：10 分。

（2）考核时间：10 分钟。

（3）考核形式：笔试。

（4）具体考核要求：

①根据不同国籍、不同地区宾客的饮食习惯、品味特点编制菜单。

②注明菜单计算使用的毛利率，菜肴价格与毛利率要相符。

③试卷为表格形式，要逐项填写。

④突出某一菜系的风味特点，标明所属菜系。

⑤菜肴的品种与品味要搭配合理，突出季节性。

⑥上菜顺序正确，菜量适度。

⑦菜单书写要规范，文字清楚整洁。

（5）否定项说明：若考生发生下列情况之一，考生该试题成绩记为零分。

①菜肴品种搭配与比例严重失误。

②菜单编制不符合宾客的饮食习惯与品味特点。

③文字不清楚，不整洁，根本无法辨认。

菜单编制

姓名：______________

<table>
<tr><td>主办
单位</td><td></td><td>主要客
人国籍</td><td></td><td>用餐
标准</td><td></td><td>人数</td><td></td><td>季节</td><td></td></tr>
<tr><td>宴会
时间</td><td>年　月 日　时</td><td>宴会
地点</td><td></td><td>接洽人</td><td></td><td>桌数</td><td></td><td>毛利率
（%）</td><td></td></tr>
<tr><td>序号</td><td>菜品名称</td><td>规格</td><td colspan="2">烹调方法</td><td colspan="2">口味</td><td>色泽</td><td colspan="2">单价</td></tr>
<tr><td>1</td><td></td><td></td><td colspan="2"></td><td colspan="2"></td><td></td><td colspan="2"></td></tr>
<tr><td>2</td><td></td><td></td><td colspan="2"></td><td colspan="2"></td><td></td><td colspan="2"></td></tr>
<tr><td>3</td><td></td><td></td><td colspan="2"></td><td colspan="2"></td><td></td><td colspan="2"></td></tr>
<tr><td>4</td><td></td><td></td><td colspan="2"></td><td colspan="2"></td><td></td><td colspan="2"></td></tr>
<tr><td>5</td><td></td><td></td><td colspan="2"></td><td colspan="2"></td><td></td><td colspan="2"></td></tr>
<tr><td>6</td><td></td><td></td><td colspan="2"></td><td colspan="2"></td><td></td><td colspan="2"></td></tr>
<tr><td>7</td><td></td><td></td><td colspan="2"></td><td colspan="2"></td><td></td><td colspan="2"></td></tr>
<tr><td>8</td><td></td><td></td><td colspan="2"></td><td colspan="2"></td><td></td><td colspan="2"></td></tr>
<tr><td>9</td><td></td><td></td><td colspan="2"></td><td colspan="2"></td><td></td><td colspan="2"></td></tr>
<tr><td>10</td><td></td><td></td><td colspan="2"></td><td colspan="2"></td><td></td><td colspan="2"></td></tr>
<tr><td>……</td><td></td><td></td><td colspan="2"></td><td colspan="2"></td><td></td><td colspan="2"></td></tr>
<tr><td>备注</td><td></td><td></td><td colspan="2"></td><td colspan="2"></td><td>合计</td><td></td><td></td></tr>
</table>

中级餐厅服务员操作技能考核评分记录表

姓名：__________ 准考证号：__________ 单位：__________

总成绩表

序号	试题名称	配分	得分	权重	最后得分	备注
1	标准中餐摆台	60				
2	汤菜分派服务	10				
3	××××年春季，金先生在本市某酒店为奶奶举行70岁寿辰家宴，人数10人，订餐标准为每位90元（酒水除外）。	10				
4	综合能力（自选1）	10				
5	综合能力（自选2）	10				
合计		100				

统分人：　　　　　　　　　　年　月　日

【试题1】标准中餐摆台

序号	考核内容	考核要点	配分	评分标准	扣分	得分
1	仪容仪表	（1）发型规范 （2）服装平整，符合要求 （3）仪容大方，不戴饰物	2	（1）发型不规范扣0.5分 （2）服装褶皱不平扣0.5分 （3）佩戴饰物扣1分 （4）本项最多扣2分		
2	抖铺台布	（1）站第二主人位处铺台 （2）台布中线凸缝朝上 （3）台布下垂部分均匀	2	（1）铺台站位错扣0.5分 （2）中线凸缝朝向错扣1分 （3）下垂部分不均匀扣0.5分 （4）本项最多扣2分		
3	摆台顺序	（1）用托盘按顺序摆放 （2）摆台全过程顺时针服务	5	（1）一托顺序错扣0.5分 （2）逆时针服务一次扣0.5分 （3）本项最多扣5分		

（续上表）

序号	考核内容	考核要点	配分	评分标准	扣分	得分
4	台面整齐一致	（1）骨碟定位准确、距离均等 （2）餐用具摆位准确 （3）餐用具间距达标 （4）摆放规范，符合宾客要求 （5）台面协调、美观	18	（1）定位不准，发生一件扣0.2分 （2）摆位颠倒，发生一件扣0.2分 （3）间距未达标，发生一件扣0.2分 （4）一组不规范扣0.5分 （5）一项未达标扣0.5分 （6）整体效果差，酌情扣1～3分 （7）本项最多扣18分		
5	餐具花纹	餐用具图案、花纹对正	4	（1）一件不正扣0.2分 （2）本题最多扣4分		
6	餐巾折花	（1）主人位折花醒目、突出 （2）观赏面朝向客人 （3）餐巾折花收口齐，入杯2/3 （4）花形挺括，造型好 （5）相似花形错开摆放	10	（1）主人位折花不突出扣0.5分 （2）观赏面朝向错，发生一件扣0.2分 （3）一件不规范扣0.2分 （4）餐巾花造型差，发生一件扣0.2分 （5）摆放不规范，发生一件扣0.2分 （6）本项最多扣10分		
7	斟酒	（1）酒瓶握实，商标朝外 （2）从第一客人右侧开始斟倒 （3）酒液八分满 （4）酒液斟满，旋转瓶口 （5）斟酒过程无滴洒、无溢出	10	（1）商标朝向错扣0.5分 （2）斟酒站位错扣0.5分 （3）一杯不准扣0.2分 （4）未转瓶口，发生一件扣0.2分 （5）酒水滴洒、溢出，一滴扣0.5分，一小片扣1分 （6）本项最多扣10分		

（续上表）

序号	考核内容	考核要点	配分	评分标准	扣分	得分
8	动作姿势	（1）端托平稳，步伐稳健 （2）摆台动作到位、准确 （3）斟酒姿势规范、优美	5	（1）端托、步伐不稳，发生一件扣0.5分 （2）动作不到位，发生一件扣0.5分 （3）姿势不规范，发生一件扣0.5分 （4）本项最多扣5分		
9	操作卫生	（1）双手二次消毒，即铺台、折花前 （2）摆台全过程符合卫生要求 （3）操作时手不碰餐酒具入口处	4	（1）双手未消毒，一次扣0.5分 （2）摆台全过程不符合卫生要求，一项不符扣0.5分 （3）手碰餐酒具入口处，发生一件扣0.5分 （4）本项最多扣4分		
10	失误			（1）餐用具遗漏、未摆放，一件扣0.5分 （2）餐用具落地，一件扣1分 （3）餐用具打碎，一件扣2分		
11	时间超时1min扣1分，不足1min按1min计算					
	合计		60			

否定项说明：若考生发生下列情况之一，则应及时终止其考试，考生该试题成绩记为零分。

（1）未使用托盘，徒手操作。

（2）操作严重失误，扣翻托盘，打碎酒瓶。

评分人：__________ 核分人：__________

________年____月____日 ________年____月____日

【试题2】汤菜分派服务

序号	考核内容	考核要点	配分	评分标准	扣分	得分
1	仪容仪表	①仪容卫生清洁、端庄 ②着装得体、平整	1	①仪容不符合要求扣0.5分 ②着装不规范扣0.5分 ③本项最多扣1分		

（续上表）

序号	考核内容	考核要点	配分	评分标准	扣分	得分
2	菜品展示	①报菜名准确 ②落台平稳 ③介绍菜品 ④旋转转台展示	2	①未报菜名扣0.5分 ②落台“推”、“拉”发生一项扣0.5分 ③未旋转展示扣0.5分 ④未介绍菜品扣0.5分 ⑤本项最多扣2分		
3	分菜方法	①右手分派，指法得当 ②叉、勺使用正确 ③分菜按先宾后主顺时针方向分派 ④操作熟练，动作轻	3	①手法不准确扣0.5分 ②叉、勺握不准扣0.5分 ③分派顺序错，1位扣0.5分 ④不娴熟、手重扣1分 ⑤本项最多扣3分		
4	分菜效果	①分菜数量均等 ②盘中留1/5～1/10剩余，份数符合要求 ③菜式摆放规范	3	①分菜数量不等，一件扣0.2分 ②盘中未剩余扣0.5分 ③份数不准，一件扣0.2分 ④摆放无序，一件扣0.5分 ⑤本项最多扣3分		
5	操作卫生	手不触菜品和餐具入口处，符合卫生要求	1	①手碰菜品或餐具入口处扣0.5分 ②餐用具落地，一件扣0.5分 ③本项最多扣1分		
合计			10			

否定项说明：若考生发生下列情况之一，则应及时终止考试，考生该试题成绩记为零分。

①打碎、扣翻菜盘。

②菜品洒落在客人餐椅处。

③逆时针分派菜品。

评分人：__________　　　　核分人：__________

________年____月____日____　　　　________年____月____日____

【试题3】编写菜单

序号	考核内容	考核要点	配分	评分标准	扣分	得分
1	突出风味	①突出某一菜系的风味特点 ②上菜顺序正确	1.5	①风味特点不突出扣0.5分 ②菜单中出现多种菜系扣0.5分 ③上菜顺序错误扣0.5分 ④扣完为止		

（续上表）

序号	考核内容	考核要点	配分	评分标准	扣分	得分
2	菜肴搭配合理	①菜品完整 ②品味与品种搭配适宜 ③菜量适度	3	①菜品未完整扣 0.5 分 ②菜肴道数安排不合理扣 0.5 分 ③凉菜、面点配比不合理扣 0.5 分 ④菜肴原料不够多样扣 0.5 分 ⑤未选择多种烹调方法扣 0.5 分 ⑥品味与品种搭配欠佳扣 0.4 分 ⑦扣完为止		
3	菜品外观	①突出季节性的菜品 ②形态多样 ③色泽协调	2	①与时令季节不符或不突出扣 1 分 ②形态及刀工单调扣 0.5 分 ③菜品色泽搭配不当扣 0.5 分 ④扣完为止		
4	菜肴价格	①菜肴价格与毛利率相符 ②菜品与盛器相符 ③写明菜肴盛器规格	2	①菜价与毛利率不符扣 1 分 ②菜品与盛器不相符扣 0.5 分 ③未写明菜肴盛器规格扣 0.5 分 ④扣完为止		
5	菜单书写规范	①文字清楚、整洁 ②每种菜肴要写单价 ③要有总价格	1.5	①字迹不清楚、不整洁扣 0.5 分 ②不写菜肴单价扣 0.5 分 ③不写菜肴总价扣 0.5 分 ④扣完为止		
合计			10			

评分人：__________　　　　　　　　核分人：__________

________年____月____日____　　　　________年____月____日____

第十部分　高级餐厅服务员操作技能考核解读

第一节　操作技能考核内容结构表

操作技能考核内容结构表中列出了高级餐厅服务员的考核内容，依据考核内容结构表，考核时任选一项，鉴定比重为100%，考试时间为50分钟。

操作技能考核内容结构表

<table>
<tr><td rowspan="2">鉴定要求</td><td colspan="6">服务技能</td><td>综合能力</td><td rowspan="3">合计</td></tr>
<tr><td colspan="3">中餐服务</td><td colspan="3">西餐服务</td><td rowspan="2">综合服务能力</td></tr>
<tr><td>鉴定范围</td><td>餐厅餐台插花</td><td>摆台服务</td><td>编制菜单</td><td>餐厅餐台插花</td><td>摆台服务</td><td>编制菜单</td></tr>
<tr><td>选考方式</td><td colspan="6">中餐或西餐指定一项</td><td>必考</td><td>4</td></tr>
<tr><td>鉴定范围</td><td>餐厅餐台插花</td><td>摆台服务</td><td>编制菜单</td><td>餐厅餐台插花</td><td>摆台服务</td><td>编制菜单</td><td></td><td></td></tr>
<tr><td>鉴定比重（%）</td><td>15</td><td>50</td><td>15</td><td>15</td><td>50</td><td>15</td><td>20</td><td>100</td></tr>
<tr><td>考试时间（min）</td><td>15</td><td>20</td><td>10</td><td>15</td><td>20</td><td>10</td><td>5</td><td>50</td></tr>
<tr><td>考核形式</td><td>实操</td><td>实操</td><td>笔试</td><td>实操</td><td>实操</td><td>笔试</td><td>抽签口试</td><td></td></tr>
</table>

第二节　中餐服务操作技能考核试题

一、中餐厅餐台插花

【试题 1】传统型中餐厅餐台插花

1. 准备要求

（1）考场准备：

序号	名称	规格	单位	数量	备注
1	模拟餐厅		间	1	
2	圆形餐台	1.8m（直径）	张	1	
3	操作台		张	1	

（2）考生准备：

序号	名称	规格	单位	数量	备注
1	圆形花插		个	1	
2	剪子、刀子		把	各 1	
3	花泥		块	1	
4	喷壶		个	1	
5	鲜花	主花	枝	若干	
6	副花		枝	若干	
7	衬叶		枝	若干	
8	绿草			若干	
9	装饰物		件	若干	
10	台布		块	2	

2. 考核要求

（1）本题分值：15 分。

（2）考核时间：15 分钟。

（3）考核形式：实操。

（4）具体考核要求：

①根据宴会主题插摆宴会餐台用花插。

②考生在规定时间内独立完成中餐宴会餐厅餐台插花作品一件。

③根据宴会主题按照正常方法进行台花设计。

④作品效果要求：主花突出、花枝均匀、层次清楚、色彩协调。

（5）否定项说明：若考生发生下列情况之一，则考生该试题成绩记为零分。

①插花作品与宴会主题不符。

②所选植物有毒、有害。

③违反民风、民俗与禁忌。

3. 配分与评分标准

序号	考核内容	考核要点	配分	评分标准	扣分	得分
1	物品准备	根据插花需要准备好花泥、花插及花草	1	①刀子、剪子、花扦、花泥缺少1件扣0.2分 ②花草准备不到位扣0.5分 ③扣完为止		
2	插花准备	花扦定位，花泥浸水并切割放入花扦中，修剪花枝	1	①花扦大小不适宜扣0.5分 ②花泥未浸水，花泥切割边角或切割不规范，未现场切割，扣0.5分 ③扣完为止		
3	剪枝	修剪花枝方法正确	2	①花枝切面未达45°角，每枝扣0.5分 ②修剪未一剪到位，每枝扣0.2分 ③扣完为止		
4	插花	主花突出，花枝均匀，与副花搭配合理，层次清楚，色彩协调	5	①花枝大小不均扣1分 ②主花不突出扣0.5分 ③主花、副花搭配不协调扣1分 ④层次不清楚扣1分 ⑤色彩不协调扣1分 ⑥花插中心高度与其他花枝不协调扣1分 ⑦扣完为止		
5	叶草装饰与喷水	衬叶与绿草品种选择适宜，剪切长度及插放适中	2	①花插衬叶不适宜扣1分 ②绿草品种选择不当扣1分 ③剪枝长度及插放不适中，每部分扣0.5分 ④喷水不均匀扣0.5分 ⑤扣完为止		

（续上表）

序号	考核内容	考核要点	配分	评分标准	扣分	得分
6	摆放鲜花	花插摆放于餐台中心，周边均等，台面整洁无污水点及落叶	2	①花插摆放中心位不正扣1分 ②台面不整洁并有落叶扣1分 ③花插遮挡视线扣1分 ④扣完为止		
7	插花艺术效果	花台造型雅典大方，中心正，具有观赏性	2	①花台整体造型不协调扣1分 ②花插中心倾斜扣1分 ③无观赏性扣2分 ④扣完为止		
8	时间要求	插摆鲜花在15min内完成		操作时每超过1min扣总分1分，扣完为止		
合计			15			

否定项说明：若考生发生下列情况之一，则考生该试题成绩记为零分。

①插花作品与宴会主题不符。

②所选植物有毒、有害。

③违反民风、民俗与禁忌。

【试题2】创新型中餐厅餐台插花

1. 准备要求

（1）考场准备：

序号	名称	规格	单位	数量	备注
1	模拟餐厅		间	1	
2	圆心餐台	1.8m（直径）	张	1	
3	操作台		张	1	

（2）考生准备：

序号	名称	规格	单位	数量	备注
1	花插		个	若干	
2	花泥		块	若干	
3	剪子、刀子		把	各1	
4	喷壶		个	1	
5	鲜花、草、叶		枝	若干	
6	装饰物		件	若干	
7	台布		块	2	

2. 考核要求

（1）本题分值：15 分。

（2）考核时间：15 分钟。

（3）考核形式：实操。

（4）具体考核要求：

①根据宴会主题插摆宴会餐台用花插。

②考生在规定时间内独立完成中餐宴会餐厅餐台插花作品一件。

③根据宴会主题按照正常方法进行台花设计。

④作品效果要求：主花突出、花枝均匀、层次清楚、色彩协调。

（5）否定项说明：若考生发生下列情况之一，则考生该试题成绩记为零分。

①插花作品与宴会主题不符。

②所选植物有毒、有害。

③违反民风、民俗与禁忌。

3. 配分与评分标准（同【试题 1】传统型中餐厅餐台插花）

二、中高档中餐宴会摆台

【试题 1】选用中餐圆台，10 个餐位，进行中高档中餐宴会摆台

1. 准备要求

（1）考场准备

序号	名称	规格	单位	数量	备注
1	中餐厅		间	1	
2	中餐圆台	直径 180cm	张	1	
3	工作台		张	1	
4	工作台台布		块	1	
5	餐椅		把	10	
6	托盘		个	2	
7	托盘垫布		块	2	
8	瓷制大盘		个	1	叠餐巾花用
9	中国红葡萄酒		瓶	1	
10	茅台酒瓶		个	1	酒水替代
11	斟酒巾布		块	1	擦拭瓶口
12	骨碟		个	12	
13	勺垫		个	10	
14	瓷勺		把	10	

（续上表）

序号	名称	规格	单位	数量	备注
15	红酒杯		个	10	
16	白酒杯		个	10	
17	筷子架		个	10	
18	筷子		双	12	
19	公用勺	不锈钢	把	2	
20	牙签盅		个	2	
21	水杯		个	10	
22	烟灰缸	带 3 个烟道	个	5	
23	漏斗		个	2	
24	消毒棉		份	1	酒水回瓶用
25	秒表		块	1	

鉴定机构在实施考核时应做好如下准备：

①考场要求设在正规餐厅或同于正规餐厅的模拟餐厅，要光线充足、房间清洁、地面干净。

②在考生进入考场前，应将餐台摆放好，并将所需餐椅按 10 人餐位摆放于餐台的四周，使之呈“三、三、二、二”并列状

③将摆台所需物品整齐、规范地摆放在工作台台面上，并做到摆放合理、有序。

④以上表中所列物品仅为 1 名考生所需指定物品，鉴定机构应视考生实际人数准备，另留 20% 的备份。

（2）考生准备：

序号	名称	规格	单位	数量	备注
1	中餐圆台台布		块	1	
2	桌裙		条	1	
3	桌裙夹		个	若干	
4	餐巾	正方形	块	10	
5	餐巾花名签		个	10	

2. 考核要求

（1）本题分值：50 分。

（2）考核时间：20 分钟。

（3）考核模式：实操。

（4）具体考核要求；

①在规定时间内独立、规范地完成 10 人餐位中高档中餐宴会摆台。

②摆台前将双手消毒。

③站在第二主人位餐椅处抖铺台布。

④铺设桌裙：将桌裙顺桌沿方向折口向左顺时针铺设，用尼龙搭扣或桌裙夹固定在桌沿上，桌裙绷紧、拉直、围严，铺设桌裙不计入考核时间。

⑤摆放餐酒用具，用托盘按序进行托摆。

第一托：骨碟 10 个、勺垫 10 个、瓷勺 10 把。

第二托：红酒杯 10 个、白酒杯 10 个。

第三托：筷子架 10 个、筷子 12 双、公用碟 2 个、公用勺 2 把、牙签盅 2 个。

第四托：水杯 10 个（已摆放好折叠成形的餐巾杯花），烟灰缸 5 个，摆放在工作台上，根据宾客需求按规范摆放。

⑥餐巾折花：双手消毒，根据宴会主题折叠 10 种造型各异的餐巾杯花，突出主花，要求有难度。

⑦围椅：从第一主人位处按顺时针方向依次摆放，双手端送，轻拿轻放。

⑧斟酒：从第一客人开始，顺时针斟倒，先斟红酒，再斟白酒，酒斟八分满。

⑨操作完毕，举手示意。

⑩摆放餐巾花名签。

（5）否定项说明：若考生操作严重失误，打翻托盘，打碎酒瓶，则应及时终止其考试，考生该试题成绩记为零分。

3. 配分与评分标准（同标准中餐摆台）

【试题 2】选用中餐圆台，12 人餐位，进行中高档中餐宴会摆台

1. 准备要求

（1）考场准备：

序号	名称	规格	单位	数量	备注
1	中餐厅		间	1	
2	中餐圆桌	直径 200cm	张	1	
3	工作台		张	1	
4	工作台台布		块	1	
5	餐椅		把	12	
6	托盘		个	2	
7	托盘垫布		块	2	
8	瓷制大盘		个	1	叠餐巾花用
9	中国红葡萄酒		瓶	1	
10	茅台酒瓶		个	1	酒水替代
11	斟酒巾布		块	1	
12	骨碟		个	14	

（续上表）

序号	名称	规格	单位	数量	备注
13	勺垫		个	12	
14	瓷勺		把	12	
15	红酒杯		个	12	
16	白酒杯		个	12	
17	筷子架		个	12	
18	筷子		双	14	
19	公用勺	不锈钢	把	2	
20	牙签盅		个	2	
21	水杯		个	12	
22	烟灰缸	带 3 个烟道	个	6	
23	漏斗		个	2	酒水回瓶用
24	消毒棉		份	1	
25	秒表		块	1	

鉴定机构在实施考核时，应做好如下准备：

（1）考场要求在正规餐厅或同于正规餐厅的模拟餐厅，要光线充足、房间清洁、地面干净。

（2）在考生进入考场前，应将餐台摆放好，并将所需餐椅按 12 人餐位摆放于餐台的四周，使之呈“三、三、三、三”并列状。

（3）将摆台所需物品整齐规范地摆放在工作台台面上，并做到摆放合理、有序。

（4）以上表中所列物品仅为 1 名考生所需指定物品，鉴定机构应视考生实际人数准备，另留 20% 的备份。

（2）考生准备

序号	名称	规格	单位	数量	备注
1	中餐圆台台布		块	1	
2	桌裙		条	1	
3	桌裙夹		个	若干	
4	餐巾	正方形	块	12	
5	餐巾花名签		个	12	

2. 考核要求

（1）本题分值：50 分。

（2）考核时间：20 分钟。

（3）考核形式：实操。

（4）具体考核要求

①在规定时间内独立、规范地完成12人餐位中高档中餐宴会摆台。

②摆台前将双手消毒。

③站第二主人位餐椅处抖铺台布。

④铺设桌裙：将桌裙顺桌沿方向折口向左顺时针铺设，用尼龙搭扣或桌裙夹固定在桌沿上，桌裙绷紧、拉直、围严。铺设桌裙不计入考核时间。

⑤摆放餐酒用具，用托盘按序进行托摆。

第一托：骨碟12个、勺垫12个、瓷勺12把。

第二托：红酒杯12个、白酒杯12个。

第三托：筷子架12个、筷子14双、公用碟2个、公用勺2把、牙签盅2个。

第四托：水杯12个（已摆放好折叠成形的餐巾杯花），烟灰缸6个，摆放在工作台上，根据宾客需求按规范摆放。

⑥餐巾折花：双手消毒，根据宴会主题折叠12种造型各异的餐巾杯花，突出主花，要求有难度。

⑦围椅：从第一主人位处按顺时针方向依次摆放，双手端送，轻拿轻放。

⑧斟酒：从第一客人开始，顺时针斟倒，先斟红酒，再斟白酒，酒斟八分满。

⑨操作完毕，举手示意。

⑩摆放餐巾花名签。

（5）否定项说明：若考生操作严重失误，打翻托盘，打碎酒瓶，则应及时终止其考试，考生该试题成绩记为零分。

3. 配分与评分标准（同标准中餐摆台）。

三、编制中餐宴会菜单

【试题1】×年×月×日，××单位在本市一家酒店宴请××国来华访问代表团，人数18人，订餐标准为每位150元（酒水除外）。

【试题2】×年春季，××公司在本市某酒店宴请××国客商，人数10人，订餐标准为每位200元（酒水除外）。

【试题3】秋季某日，在本市×酒店中餐宴会厅，于先生为分别多年的同学相聚举行宴会，人数30人，订餐标准为每位120元（酒水除外）。

1. 准备要求

（1）考场准备：

序号	名称	规格与型号	单位	数量	备注
1	教室	能容纳考生	间	1	
2	课桌		张	与考生对等	

（续上表）

序号	名称	规格与型号	单位	数量	备注
3	座椅		把	与考生对等	
4	试卷		份	与考生对等	
5	秒表		块	1	

（2）考生准备：

序号	名称	规格与型号	单位	数量	备注
1	碳素笔或钢笔	黑色或蓝色	支	2	
2	计算器		个	1	
3	涂改液（带）		瓶（卷）	1	

2. 考核要求

（1）本题分值：15 分。

（2）考核时间：10 分钟。

（3）考核形式：笔试。

（4）具体考核要求：

①根据宴会主题编制菜单。

②注明菜单计算使用的毛利率，菜肴价格与毛利率相符。

③试卷为表格形式，要逐项填写。

④突出某一菜系的风味特点，标明所属菜系。

⑤在菜肴编制时要注意营养搭配均衡。

⑥上菜顺序正确，菜量适度。

⑦菜肴的品种与口味要搭配合理，突出季节性。

⑧菜单书写要规范，文字清楚、整洁。

（5）否定项说明：若考生发生下列情况之一，则考生该试题成绩记为零分。

①菜肴品种搭配与比例严重失误。

②菜单编制不符合宾客的饮食习惯与口味特点。

③文字不清楚、不整洁，无法辨认。

菜单编制

姓名：______________

主办单位		主要客人国籍		用餐标准		人数		季节	
宴会时间	年　月 日　时	宴会地点		接洽人		桌数		毛利率（%）	
序号	菜品名称	规格	烹调方法		口味		色泽	单价	
1									
2									
3									
4									
5									
6									
7									
8									
9									
10									
……									
备注							合计		

3. 配分与评分标准

序号	考核内容	考核要点	配分	评分标准	扣分	得分
1	突出风味	突出某一菜系的风味特点，上菜顺序正确	2.5	①风味特点不突出扣1分 ②菜单出现多种菜系扣0.5分 ③上菜顺序错误扣1分 ④扣完为止		
2	菜肴搭配合理	菜品完整，口味与品种搭配适宜，菜量适度，营养搭配均衡	5	①菜品不完整扣0.5分 ②菜肴道数不够或太多扣0.5分 ③凉菜、热菜、面点配比不合理，每项扣0.5分 ④菜肴原料不够多样扣0.5分 ⑤营养成分不均衡扣1分 ⑥未选择多种烹调方法扣0.5分 ⑦口味与品种搭配欠佳扣1分 ⑧扣完为止		

（续上表）

序号	考核内容	考核要点	配分	评分标准	扣分	得分
3	菜品外观	突出季节性菜品，形态多样，色泽协调	3	①与时令季节不符或不突出扣1.5分 ②形态及刀工单调扣0.5分 ③菜品色泽搭配不当扣1分 ④扣完为止		
4	菜肴价格	菜肴价格与毛利率相符，盛器要标明规格	2.5	①菜品与毛利率不符扣1.5分 ②菜品与盛器不符扣0.5分 ③不写菜肴盛器规格扣0.5分 ④扣完为止		
5	菜单书写规范	文字清楚简洁，要写每种菜肴的单价，要写总价格	2	①文字不清楚、不整洁扣1分 ②不写菜肴单价扣0.5分 ③不写菜肴总价格扣0.5分 ④扣完为止		
合计			15			

第三节　西餐服务操作技能考核试题

一、西餐厅餐台插花

【试题1】传统型西餐厅餐台插花

1. 准备要求

（1）考场准备：

序号	名称	规格与型号	单位	数量	备注
1	模拟餐厅		间	1	
2	长方形餐台		张	1	
3	操作台		张	1	

说明：考场在实施考核时，应给考生提供相应的空间，以方便考生操作。

（2）考生准备：

序号	名称	规格	单位	数量	备注
1	椭圆形花插		个	1	
2	剪子、刀子		把	各1	
3	花泥		块	若干	
4	喷壶		个	1	
5	鲜花、叶、草		枝	若干	
6	装饰物品		件	若干	
7	台布		块	2	

2. 考核要求

（1）本题分值：15 分。

（2）考核分钟：15 分钟。

（3）考核形式：实操。

（4）具体考核要求：根据宴会主题摆宴会餐台用餐花。

（5）否定项说明：若考生发生下列情况之一，则考生该试题成绩记为零分。

①插花作品与宴会主题不符。

②所选植物有毒、有害。

③违反民风、民俗与禁忌。

④操作中花台出现倒扣等严重失误。

⑤场外加工花泥、植物、花卉。

3. 配分与评分标准

序号	考核内容	考核要点	配分	评分标准	扣分	得分
1	物品准备	根据插花需要准备好花泥、花插及花草	1	①刀子、剪子、花扦、花泥缺少 1 件扣 0.2 分 ②花草准备不到位扣 0.5 分 ③扣完为止		
2	插花准备	花扦定位，花泥浸水并切割放入花扦中，修剪花枝	1	①花扦大小不适宜扣 0.5 分 ②花泥未浸水，花泥未切割边角或切割不规范，未现场切割，扣 0.5 分 ③扣完为止		

（续上表）

序号	考核内容	考核要点	配分	评分标准	扣分	得分
3	剪枝	修剪花枝方法正确	2	①花枝切面未达45°角，每枝扣0.5分 ②修剪未一剪到位，每枝扣0.2分 ③扣完为止		
4	插花	主花突出，花枝均匀，与副花搭配合理、层次清楚、色彩协调	5	①花枝大小不均扣1分 ②主花不突出扣0.5分 ③主花、副花搭配不协调扣1分 ④层次不清楚扣1分 ⑤色彩不协调扣1分 ⑥花插中心高度与其他花枝不协调扣1分 ⑦扣完为止		
5	叶草装饰与喷水	衬叶与绿草品种选择适宜，剪切长度及插放适中	2	①花插衬叶不适宜扣1分 ②绿草品种选择不当扣1分 ③剪枝长度及插放不适中，每部分扣0.5分 ④喷水不均匀扣0.5分 ⑤扣完为止		
6	摆放鲜花	花插摆放于餐台中心，周边均等，台面整洁无污水点及落水	2	①花枝摆放中心位不正扣1分 ②台面不整洁并有落叶扣1分 ③花插遮挡视线扣1分 ④扣完为止		
7	插花艺术效果	花台造型典雅大方，中心正，具有观赏性	2	①花台整体造型不协调扣1分 ②花插中心倾斜扣1分 ③无观赏性扣2分 ④扣完为止		
8	时间要求	插摆鲜花在15min内完成		操作时每超过1min扣总分1分，扣完为止		
合计			15			

【试题2】创新型西餐厅餐台插花

1. 准备要求

(1) 考场准备：

序号	名称	规格与型号	单位	数量	备注
1	模拟餐厅		间	1	
2	西餐台		张	1	
3	操作台		张	1	

说明：考场在实施考核时，应给考生提供相应的空间，以方便考生操作。

(2) 考生准备：

序号	名称	规格	单位	数量	备注
1	花插		个	若干	
2	剪子、刀子		把	各1	
3	花泥		块	若干	
4	喷壶		个	1	
5	鲜花、叶、草		枝	若干	
6	装饰物品		件	若干	
7	台布		块	2	

2. 考核要求

(1) 本题分值：15分。

(2) 考核时间：15分钟。

(3) 考核形式：实操。

(4) 具体考核要求：根据宴会主题插摆宴会餐台用花插。

(5) 否定项说明：若考生发生下列情况之一，则考生试题成绩记为零分。

①插花作品与宴会主题不符。

②所选植物有毒、有害。

③违反民风、民俗与禁忌。

④操作中花台出现倒扣等严重失误。

⑤场外加工花泥、植物、花卉。

3. 配分与评分标准（同【试题1】传统型西餐厅餐台插花）

二、中高档西餐宴会摆台

【试题】西餐宴会摆台及斟酒操作

1. 准备要求

（1）考场准备：

序号	名称	规格与型号	单位	数量	备注
1	餐厅	$40m^2$	间	1	
2	长方形餐台	120cm×240cm	张	1	
3	餐椅	餐厅用	把	6	
4	服务桌	50cm×80cm	张	1	
5	展示盘	30cm	个	6	
6	主餐刀		把	6	
7	主餐叉		把	6	
8	汤勺		把	6	
9	鱼刀		把	6	
10	鱼叉		把	6	
11	开胃品刀		把	6	
12	开胃品叉		把	6	
13	面包盘	12cm	个	6	
14	黄油刀		把	6	
15	点心叉		个	6	
16	点心勺		个	6	
17	水杯		个	6	
18	红葡萄酒杯		个	6	
19	白葡萄酒杯		个	6	
20	花瓶		个	1	
21	胡椒、盐瓶		个	2	
22	蜡烛台		个	2	
23	烟灰缸		个	2	
24	托盘		个	2	
25	台布	130cm×130cm 180cm×300cm	块	2	
26	口布		块	6	
27	冰水壶		只	1	
28	红（白）葡萄酒瓶		只	1	
29	红酒筐		只	1	

（2）考生准备：

序号	名称	规格	单位	数量	备注
1	工作服		套	1	
2	餐巾	50cm×50cm	块	8	

2. 考核要求

（1）本题分值：50 分。

（2）考核时间：20 分钟。

（3）考核形式：实操。

（4）具体考核要求。

①根据西餐服务的需要，合理安排餐台。

②正确安排宾主座次。

③餐酒用具摆放合理，位置准确，距离均等。

④折叠 6 种不同的餐巾盘花。

⑤运用正确方法进行斟倒酒水服务。

⑥整体效果协调规范，符合卫生要求，方便宾客用餐，方便服务操作。

（5）操作步骤及要求：

①餐台台布铺放要端正，四边下垂均匀，餐台、餐椅摆放合理。

②展示盘摆放在餐位的正前方，距餐台边缘 2cm 处，展示盘上如有店徽或图案，则店徽或图案必须保持在正上方的位置。

③将折叠好的餐巾摆放在展示盘的正中位置，餐巾花造型要美观，餐巾颜色统一、卫生洁净。

④展示盘的右侧摆放主餐刀，主餐刀距展示盘 1cm，餐刀刀刃向左，柄端距餐台边缘 2cm；鱼刀摆放在主餐刀的右侧，与主餐刀相距 1cm，鱼刀柄端与主餐刀柄端平齐且平行；汤勺摆放在鱼刀的右侧，与鱼刀相距 1cm，汤勺柄端与鱼刀柄端平齐且平行；开胃品刀摆放在汤勺的右侧，与汤勺相距 1cm，开胃品刀柄与汤勺柄端平齐且平行。

⑤展示盘的左侧 1cm 处摆放主餐叉，叉柄端距餐台边缘 2cm，主餐叉与主餐刀相平行；鱼叉摆放在主餐叉的左侧，相距 1cm，鱼叉柄端与主餐叉平行，距桌边 5cm；开胃品叉摆放在鱼叉的左侧，相距 1cm，开胃品叉柄端与主餐叉前端平齐且平行。

⑥面包盘摆放在开胃品叉的左侧 1cm 处，面包盘中心在展示盘中心连线上，黄油刀架放在面包盘的右侧边缘 1/3 处，刀刃向左侧，柄端向下。

⑦在展示盘的正上方 1cm 处依次摆放点心叉和点心勺，它们之间相距 1cm。

⑧水杯、红葡萄酒杯和白葡萄酒杯成 45°角斜摆，水杯摆在主餐刀尖的上方 2cm 处，红葡萄酒杯在水杯的斜下方杯壁间距 1cm 处，白葡萄酒杯摆在红葡萄酒杯的斜下方杯壁间距 1cm 处，三种杯同处在一条直线上。

⑨餐台中央摆放花瓶、两个烛台、两套椒盐瓶、烟灰缸等。椒盐瓶摆放于蜡烛台两侧距烛台 5cm 处，分别置于中心线两侧，左椒右盐，间距 1cm。烟灰缸在中心线上，距椒盐

瓶瓶底2cm。餐台上所有餐具摆放要均匀、对称、美观。

⑩摆放餐椅时注意要与自然下垂的台布间距1cm。

⑪摆放完毕后斟酒，斟倒冰水和红（白）葡萄酒的方法是：先斟冰水再斟红（白）葡萄酒，斟倒冰水用托盘运送水壶，斟倒红（白）葡萄酒时右手拿瓶左手持餐巾，从主宾开始，逐位斟倒，从客人座位的右侧斟倒红（白）葡萄酒，冰水斟倒八分满，红葡萄酒斟倒1/2杯（白葡萄酒斟倒2/3杯）。

⑫操作完毕，举手示意。

（6）摆台示意图（如下图所示）。

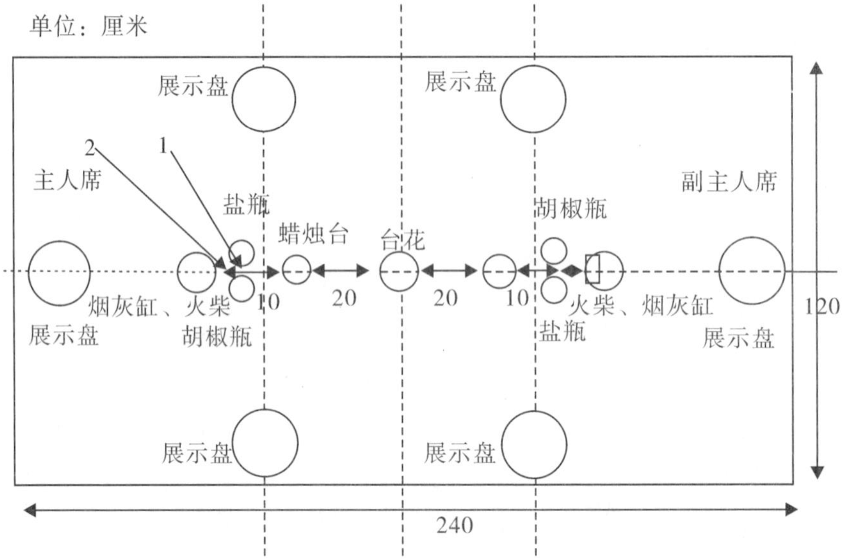

西餐宴会摆台餐具图

（7）餐具用品摆放图（如下图所示）。

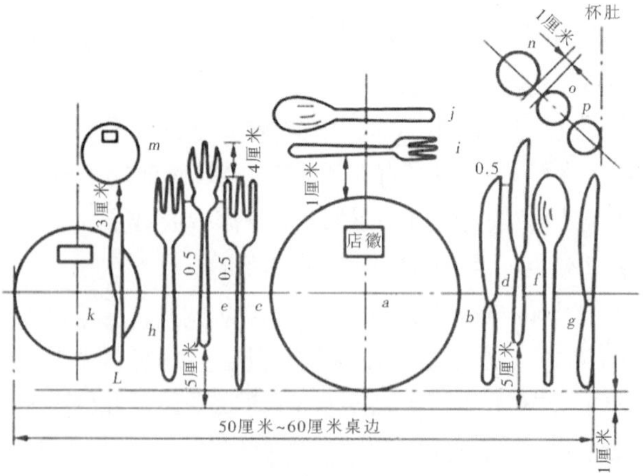

西餐宴会摆台餐具图

a—展示盘　b—主餐刀　c—主菜叉　d—鱼刀　e—鱼叉　f—汤勺　g—开胃品刀　h—开胃品叉　i—点

心叉 j—点心勺 k—面包盘 l—黄油刀 m—黄油碟 n—水杯 o—红葡萄酒杯 p—白葡萄酒杯

3. 配分与评分标准

序号	考核内容	考核要点	配分	评分标准	扣分	得分
1	仪容仪表及准备工作	①按规定着装，佩戴标志 ②仪容仪表整洁大方 ③工作台餐用具分类摆放规范、合理	7.5	①未按照要求着装扣2.5分 ②着装不整洁扣1分 ③不佩戴标志扣1分 ④餐用具摆放不规范扣3分 ⑤扣完为止		
2	铺台布	铺台布正面朝上，中线对正，台布下垂均匀	2.5	①台布反面朝上扣1分 ②台布中线不正扣1分 ③台布下垂不均匀扣0.5分 ④扣完为止		
3	摆放餐具	①按顺序摆放餐用具 ②展示盘、面包盘定位准确 ③展示盘与面包盘中心在一条直线上 ④刀、叉、勺摆放准确 ⑤三种杯摆放正确	15	①餐用具摆放程序错误扣3分 ②展示盘、面包盘定位不当，每套扣0.5分 ③刀、叉、勺等餐具摆放位置不正，每套扣1分 ④三种杯摆放不准，每套扣0.5分 ⑤扣完为止		
4	餐中折花	①餐中花造型精致、美观大方 ②操作符合卫生要求 ③盘花整体和谐	6	①餐中花折叠不美观扣2分 ②操作不符合卫生要求扣2分 ③餐巾花整体不和谐扣2分 ④扣完为止		
5	摆台面用品	花瓶、用品按图示规范要求摆放	2	①各项用具不按照规范摆放，一套扣1分 ②扣完为止		
6	围椅	餐椅对位摆放，餐椅与下垂台布间距1cm	3	①餐椅摆放错位，一件扣0.5分 ②扣完为止		
7	斟倒冰水	①从客人餐椅的右侧斟倒 ②每杯水要以八分满为准，红葡萄酒斟倒1/2（白葡萄酒斟倒2/3杯） ③斟倒姿态优雅、规范，持壶手法正确	8	①斟倒位置错误扣1分 ②每杯水量不准扣0.5分 ③每杯红（白）葡萄酒量不准扣0.5分 ④斟倒姿态不正确扣1分 ⑤扣完为止		

（续上表）

序号	考核内容	考核要点	配分	评分标准	扣分	得分
8	整体效果	①餐台整体效果良好 ②餐用具摆放规范、到位	1	①餐台整体效果差扣 1 分 ②扣完为止		
9	操作能力	操作稳妥，拿取餐具符合卫生要求，动作娴熟、协调、规范，操作区域整洁	5	①操作不稳妥扣 1 分 ②手法不卫生扣 1 分 ③托盘使用不熟练扣 1 分 ④动作不规范、不协调扣 1 分 ⑤台面、工作台不清洁扣 1 分 ⑥扣完为止		
10	失误	在总分中扣除		①餐用具掉地一次扣 5 分 ②打碎餐用具一件扣 5 分 ③少摆餐用具一件扣 2 分 ④超时 1min 扣 2 分，最多超时 3min ⑤最多扣 30 分		
合计			50			

否定项说明：若考生操作严重失误，打翻托盘，打碎酒瓶，则应及时终止其考试，考生该试题成绩记为零分。

三、编制西餐宴会菜单

【试题 1】春季某日，在本市一家宾馆西餐厅，某开放公司宴请法国客人 6 位，订餐标准为每位 300 元（酒水除外），请考生编制一份法式西餐宴会菜单。

【试题 2】某年秋季，某演出公司在本市某饭店宴请美国客人，订餐人数 6 人，用餐标准为每位 300 元（酒水除外），请考生编制一份美式西餐宴会菜单。

1. 准备要求

（1）考场要求：

序号	名称	规格与型号	单位	数量	备注
1	餐厅或教室	$40m^2$	间	1	
2	方形餐台或课桌		张	与考生对等	
3	餐椅		把	与考生对等	
4	答题纸	A4	页	若干	
5	秒表		块	1	

（2）考生准备：

序号	名称	规格	单位	数量	备注
1	工作服		套	1	
2	碳素笔或钢笔	黑色或蓝色	支	2	
3	计算器		个	1	
4	涂改液（带）		瓶（卷）	1	

2. *考核要求*

（1）本题分值：15 分。

（2）考核时间：10 分钟。

（3）考核形式：笔试。

（4）具体考核要求：

①根据宾客人数和就餐标准编制一份法式（美式）西餐宴会菜单。

②突出法式（美式）西餐特点。

③按上菜程序编写。

④按西餐格式编写。

⑤菜单书写规范。

（5）否定项说明：若考生发生下列情况之一，则考生该考试题成绩记为零分。

①菜肴品种搭配与比例严重失误。

②菜单编制不符合宾客的饮食习惯与口味特点。

③文字不清楚、不整洁，无法辨认。

菜单编制

姓名：______________

<table>
<tr><td>主办单位</td><td></td><td>主要客人国籍</td><td></td><td>用餐标准</td><td></td><td>人数</td><td></td><td>季节</td><td></td></tr>
<tr><td>宴会时间</td><td>年　月　日　时</td><td>宴会地点</td><td></td><td>接洽人</td><td></td><td>桌数</td><td></td><td>毛利率（%）</td><td></td></tr>
<tr><td>序号</td><td>菜品名称</td><td>规格</td><td colspan="2">烹调方法</td><td colspan="2">口味</td><td>色泽</td><td colspan="2">单价</td></tr>
<tr><td>1</td><td></td><td></td><td colspan="2"></td><td colspan="2"></td><td></td><td colspan="2"></td></tr>
<tr><td>2</td><td></td><td></td><td colspan="2"></td><td colspan="2"></td><td></td><td colspan="2"></td></tr>
<tr><td>3</td><td></td><td></td><td colspan="2"></td><td colspan="2"></td><td></td><td colspan="2"></td></tr>
<tr><td>4</td><td></td><td></td><td colspan="2"></td><td colspan="2"></td><td></td><td colspan="2"></td></tr>
<tr><td>5</td><td></td><td></td><td colspan="2"></td><td colspan="2"></td><td></td><td colspan="2"></td></tr>
<tr><td>6</td><td></td><td></td><td colspan="2"></td><td colspan="2"></td><td></td><td colspan="2"></td></tr>
</table>

（续上表）

序号	菜品名称	规格	烹调方法	口味	色泽	单价
7						
8						
9						
10						
……						
备注					合计	

3. 配分与评分标准

序号	考核内容	考核要点	配分	评分标准	扣分	得分
1	工作准备	①按规定着装，工作服整洁干净，佩戴标志 ②仪容仪表整洁大方	2	①未按要求着装扣1分 ②着装不整洁扣0.5分 ③未佩戴标志扣0.5分 ④扣完为止		
2	菜单内容格式	①菜肴名称规范 ②西餐菜式齐全 ③特色菜肴安排适当 ④上菜程序合理 ⑤菜肴数量适当	4	①菜肴名称不规范扣1分 ②菜肴缺项扣1.5分 ③特色菜安排不当扣0.5分 ④程序颠倒扣0.5分 ⑤菜肴数量不当扣0.5分 ⑥扣完为止		
3	菜肴质地	①原料多样、搭配合理 ②烹调方式多样、色泽协调 ③营养搭配科学合理	2	①原料重复扣0.5分 ②搭配不合理扣0.5分 ③烹调方式单调扣0.5分 ④不注意营养搭配的科学合理扣0.5分 ⑤扣完为止		
4	菜式特点	菜单法式（美式）菜肴特点突出	3	①法式（美式）菜肴特点不明显扣1.5分 ②法式（美式）菜肴名称不具特色扣1.5分 ③扣完为止		

（续上表）

序号	考核内容	考核要点	配分	评分标准	扣分	得分
5	菜肴价格	①菜肴单价合理 ②总价符合标准	4	①单价不合理加 2 分 ②总价超过或不足扣 2 分 ③扣完为止		
6	失误	在总分中扣除		超时 1min 扣 2 分，最多超时 3min，最多扣 10 分		
合计			15			

第十一部分　高级餐厅服务员操作技能考核模拟试卷

职业技能鉴定国家题库试卷

高级餐厅服务员（中餐服务）

操作技能考核准备通知单（考场）

【试题 1】

序号	名称	规范	单位	数量	备注
1	模拟餐厅		间	1	
2	圆形餐台	1.8m（直径）	张	1	
3	操作台		张	1	

说明：考场在实施考核时，应给考生提供相应的空间，以方便考生操作。

【试题 2】

序号	名称	规格	单位	数量	备注
1	中餐厅		间	1	
2	中餐圆台	直径 180cm	张	1	
3	工作台		张	1	
4	工作台台布		块	1	
5	餐椅		把	10	
6	托盘		个	2	
7	托盘垫布		块	2	
8	瓷制大盘		个	1	叠餐巾花用
9	中国红葡萄酒		瓶	1	
10	茅台酒瓶		个	1	酒水替代
11	斟酒巾布		块	1	擦拭瓶口

（续上表）

序号	名称	规格	单位	数量	备注
12	骨碟		个	12	
13	勺垫		个	10	
14	瓷勺		把	10	
15	红酒杯		个	10	
16	白酒杯		个	10	
17	筷子架		个	10	
18	筷子		双	12	
19	公用勺	不锈钢	把	2	
20	牙签盅		个	2	
21	水杯		个	10	
22	烟灰缸	带 3 个烟道	个	5	
23	漏斗		个	2	
24	消毒棉		份	1	酒水回瓶用
25	秒表		块	1	

鉴定机构在实施考核时应做好如下准备：

（1）考场要求设在正规餐厅或同于正规餐厅的模拟餐厅，要光线充足、房间清洁、地面干净。

（2）在考生进入考场前，应将餐台摆放好，并将所需餐椅按 10 人餐位摆放于餐台的四周，使之呈“三、三、二、二”并列状。

（3）将摆台所需物品整齐、规范地摆放在工作台台面上，并做到摆放合理有序。

（4）以上表中所列物品仅为 1 名考生所需指定物品，鉴定机构应视考生实际人数准备，另留 20% 的备份。

【试题 3】

序号	名称	规格与型号	单位	数量	备注
1	教室	能容纳考生	间	1	
2	课桌		张	与考生对等	
3	座椅		把	与考生对等	
4	试卷		份	与考生对等	
5	秒表		块		

职业技能鉴定国家题库试卷

高级餐厅服务员（中餐服务）

操作技能考核准备通知单（考生）

姓名：________准考证号：________单位：________

【试题 1】

序号	名称	规格	单位	数量	备注
1	花插		个	若干	
2	剪子、刀子		把	各 1	
3	花泥		块	若干	
4	喷壶		个	1	
5	鲜花、叶、草		枝	若干	
6	装饰物品		件	若干	
7	台布		块	2	

【试题 2】

序号	名称	规格	单位	数量	备注
1	中餐圆台台布		块	1	
2	桌裙		条	1	
3	桌裙夹		个	若干	
4	餐巾	正方形	块	10	
5	餐巾花名签		个	10	

【试题 3】

序号	名称	规格与型号	单位	数量	备注
1	碳素笔或钢笔	黑色或蓝色	支	2	
2	计算器		个	1	
3	涂改液（带）		瓶（卷）	1	

职业技能鉴定国家题库试卷 1

高级餐厅服务员（中餐服务）操作技能考核试卷

考件编号：

注 意 事 项

一、本试卷依据 2001 年颁布的《餐厅服务员国家职业标准》命制。

二、本试卷试题如无特别注明，则为全国通用。

三、请考生仔细阅读试题的具体考核要求，并按要求完成操作或进行笔答或口答。

四、操作技能考核时要遵守考场纪律，服从考场管理人员指挥，以保证考核安全顺利进行。

【试题 1】创新型中餐厅餐台插花

（1）本题分值：15 分。

（2）考核时间：15 分钟。

（3）考核形式：实操。

（4）具体考核要求：

①根据宴会主题插摆宴会餐台用花插。

②考生在规定时间内，独立完成中餐宴会餐厅餐台插花作品一件。

③根据宴会主题按照正确方法进行台花设计。

④作品效果要求主花突出、花枝均匀、层次清楚、色彩协调。

（5）否定项说明：若考生发生下列情况之一，则考生该试题成绩记为零分。

①插花作品与宴会主题不符。

②所选植物有毒、有害。

③违反民风、民俗与禁忌。

【试题 2】选用中餐圆台，10 人餐位，进行中高档中餐宴会摆台

（1）本题分值：50 分。

（2）考核时间：20 分钟。

（3）考核形式：实操。

（4）具体考核要求：

①在规定时间内独立、规范地完成10人餐位中高档中餐宴会摆台。

②摆台前将双手消毒。

③站在第二主人位餐椅处抖铺台布。

④铺设桌裙：将桌裙顺桌沿方向折扣向左顺时针铺设，用尼龙搭扣或桌裙夹固定在桌沿上，桌裙绷紧、拉直、围严，铺设桌裙不计入考核时间。

⑤摆放餐酒用具，用托盘按序进行托摆。

第一托：骨碟10个、勺垫10个、瓷勺10把。

第二托：红酒杯10个、白酒杯10个。

第三托：筷子架10个、筷子12双、公用碟2个、公用勺2把、牙签盅2个。

第四托：水杯10个（已摆放好折叠成形的餐巾杯花），烟灰缸5个，摆放在工作台上，根据宾客需求按规范摆放。

⑥餐巾折花：双手消毒，根据宴会主题折叠10种造型各异的餐巾杯花，突出主花，要求有难度。

⑦围椅：从第一主人位处按顺时针方向依次摆放，双手端送，轻拿轻放。

⑧斟酒：从第一客人开始，顺时针斟倒，先斟红酒，再斟白酒，酒斟八分满。

⑨操作完成，举手示意。

⑩摆放餐巾花名签。

（5）否定项说明：若考生操作严重失误，打翻托盘、打碎酒瓶，则应及时终止其考试，考生该试题成绩记为零分。

【试题3】秋季某日，在本市某酒店中餐宴会厅，于先生为分别多年的同学们相聚举行宴会，人数30人，订餐标准为每位120元（酒水除外）。

（1）本题分值：15分。

（2）考核时间：10分钟。

（3）考核形式：笔试。

（4）具体考核要求

①根据宴会主题编制菜单。

②注明菜单计算使用的毛利率，菜肴价格与毛利率相符。

③试卷为表格形式，要逐项填写。

④突出某一菜系的风味特点，标明所属菜系。

⑤在菜肴编制时要注意营养搭配均衡。

⑥上菜顺序正确，菜量适度。

⑦菜肴的品种与口味要搭配合理，突出季节性。

⑧菜单书写要规范，文字清楚、整洁。

（5）否定项说明：若考生发生下列情况之一，则考生该试题成绩记为零分。

①菜肴品种搭配与比例严重失误。

②菜单编制不符合宾客的饮食习惯与口味特点。

③文字不清楚、不整洁，无法辨认。

菜单编制

姓名：__________

主办单位		主要客人国籍		用餐标准		人数		季节	
宴会时间	年　月 日　时	宴会地点		接洽人		桌数		毛利率（%）	
序号	菜品名称	规格	烹调方法		口味		色泽	单价	
1									
2									
3									
4									
5									
6									
7									
8									
9									
10									
……									
备注							合计		

职业技能鉴定国家题库试卷2

高级餐厅服务员（中餐服务）操作技能考核评分记录

考件编号：________姓名：________ 准考证号：________单位：________

总成绩表

序号	试题名称	配分	得分	权重	最后得分	备注
1	创新型中餐厅餐台插花	15				
2	选用中餐圆台，10人餐位，进行中高档中餐宴会摆台	50				
3	秋季某日，在本市某酒店中餐宴会餐厅，于先生为分别多年的同学们相聚举行宴会，人数30人，订餐标准为每位120元（酒水除外）	15				
4	综合服务能力（自选1）	10				
5	综合服务能力（自选2）	10				
合计		100				

统分人：　　　　　　　　　　　　　　　　　　　　　年　　月　　日

【试题1】创新型中餐厅餐台插花

序号	考核内容	考核要点	配分	评分标准	扣分	得分
1	物品准备	根据插花需要准备好花泥、花插及花草	1	①刀子、剪子、花扦、花泥缺少1件扣0.2分 ②花草准备不到位扣0.5分 ③扣完为止		

（续上表）

序号	考核内容	考核要点	配分	评分标准	扣分	得分
2	插花准备	花扦定位，花泥浸水并切割放入花扦中，修剪花枝	1	①花扦大小不适宜扣0.5分 ②花泥未浸水，花泥切割边角或切割不规范，未现场切割，扣0.5分 ③扣完为止		
3	剪枝	修剪花枝方法正确	2	①花枝切面未达45°角，每枝扣0.5分 ②修剪未一剪到位，每枝扣0.2分 ③扣完为止		
4	插花	主花突出，花枝均匀，与副花搭配合理、层次清楚、色彩协调	5	①花枝大小不均扣1分 ②主花不突出扣0.5分 ③主花、副花搭配不协调扣1分 ④层次不清楚扣1分 ⑤色彩不协调扣1分 ⑥花插中心高度与其他花枝不协调扣1分 ⑦扣完为止		
5	叶草装饰与喷水	衬叶与绿草品种选择适宜，剪切长度及插放适中	2	①花插衬叶不适宜扣1分 ②绿草品种选择不当扣1分 ③剪枝长度及插放不适中，每部分扣0.5分 ④水不均匀扣0.5分 ⑤扣完为止		
6	摆放鲜花	花插摆放于餐台中心，周边均等，台面整洁无污水点及落叶	2	①花插摆放中心位不正扣1分 ②台面不整洁并有落叶扣1分 ③花插遮挡视线扣1分 ④扣完为止		

（续上表）

序号	考核内容	考核要点	配分	评分标准	扣分	得分
7	插花艺术效果	花台造型雅典大方，中心正，具有观赏性	2	①花台整体造型不协调扣1分 ②花插中心倾斜扣1分 ③无观赏性扣2分 ④扣完为止		
8	时间要求	插摆鲜花在15min内完成		操作时每超过1min扣总分1分，扣完为止		
合计			15			
否定项：若考生发生下列情况之一，则考生该试题成绩记为零分。 ①插花作品与宴会主题不符。 ②所选植物有毒、有害。 ③违反民风、民俗与禁忌。						

【试题2】选用中餐圆台，10人餐位，进行中高档中餐宴会摆台

序号	考核内容	考核要点	配分	评分标准	扣分	得分
1	仪容仪表	①发型符合要求 ②服装平整、规范 ③仪容大方，不戴饰物	2	①发型不规范扣1分 ②服装不整洁扣0.5分 ③戴饰物扣0.5分 ④本项最多扣2分		
2	铺台	布正面凸缝朝上，中心线直对正、副主人席位	3	①台布铺反、凸缝朝下扣2分 ②中心线未对直正、副主人扣1分 ③本项最多扣3分		
3	摆台顺序	用托盘按顺序摆放	2	①摆放顺序错扣0.5分 ②本项最多扣2分		
4	台面整齐一致	①骨碟定位准确、距离均等 ②餐用具摆位准确 ③餐用具间距达标 ④摆放规范，便于服务操作 ⑤布局合理	14	①定位不准，发生一件扣0.2分 ②摆位不准，发生一件扣0.2分 ③间距未达标，发生一件扣0.2分 ④摆放不规范，发生一组扣0.5分 ⑤台面不协调，发生一组扣0.5分 ⑥整体效果差酌情扣1~3分 ⑦本项最多扣14分		

（续上表）

序号	考核内容	考核要点	配分	评分标准	扣分	得分
5	餐具花纹	餐用具图案花纹对正	3	①一件不正扣0.2分 ②本项最多扣3分		
6	餐巾折花	①根据宴会主题选择花形 ②主人位突出、醒目 ③技法娴熟，形象逼真 ④餐巾花摆放艺术、协调 ⑤折花不遮挡餐具，不妨碍服务操作	10	①花形选择与主题不符，发生一件扣0.5分 ②主人位花不醒目、不突出扣0.5分 ③本项最多扣10分		
7	斟酒	①站第一客人位斟酒 ②酒斟八分满 ③酒瓶握实，商标朝外 ④酒液斟满，旋转酒瓶 ⑤斟酒过程无滴洒、无溢出	8	①站位错扣1分 ②斟酒不准，一杯扣0.2分 ③商标朝向错，发生一次扣0.2分 ④未转瓶口，发生一次扣0.2分 ⑤斟酒过程滴洒、溢出，滴酒一滴扣0.2分，滴洒一小片扣0.5分 ⑥本项最多扣8分		
8	动作姿势	①端托平稳，步伐稳健 ②斟酒进退有序，合理避让 ③摆台动作娴熟、到位 ④摆台姿势优美、准确	5	①端托、步伐不稳，发生一件扣0.2分 ②进退无序、无避让扣1分 ③动作不到位，发生一件扣0.2分 ④摆台姿势不准确，发生一件扣0.2分 ⑤本项最多扣5分		
9	操作卫生	①双手二次消毒（铺台、折花前） ②摆台过程符合卫生要求 ③操作时收不碰餐具、炊具入口处	3	①双手未消毒扣2分 ②手碰餐具、炊具入口处扣1分 ③本项最多扣3分		
10	失误			①餐用具遗漏未摆放，一件扣0.5分 ②餐用具落地，一件扣1分 ③餐用具打碎，一件扣2分		
11	时间	在规定时间内完成，超时1min扣1分，不足1min按1min计算				
合计			50			

否定项说明：若考生操作严重失误，打翻托盘，打碎酒瓶，则应及时终止其考试，考生该试题成绩记为零分。

评分人：__________　　　　核分人：__________

年　　月　　日　　　　年　　月　　日

【试题3】秋季某日，在本市某酒店中餐宴会厅，于先生为分别多年的同学们相聚举行宴会，人数30人，订餐标准为每位120元（酒水除外）。

序号	考核内容	考核要点	配分	评分标准	扣分	得分
1	突出风味	突出某一菜系的风味特点，上菜顺序正确	2.5	①风味特点不突出扣1分 ②菜单出现多种菜系扣0.5分 ③上菜顺序错误扣1分 ④扣完为止		
2	菜肴搭配合理	菜品完整，口味与品种搭配适宜，菜量适度，营养搭配均衡	5	①菜品不完整扣0.5分 ②菜肴道数不够或太多扣0.5分 ③凉菜、热菜、面点配比不合理，每项扣0.5分 ④菜肴原料不够多样扣0.5分 ⑤营养成分不均衡扣1分 ⑥未选择多种烹调方法扣0.5分 ⑦口味与品种搭配欠佳扣1分 ⑧扣完为止		
3	菜品外观	突出季节性菜品，形态多样，色泽协调	3	①与时令季节不符或不突出扣1.5分 ②形态及刀工单调扣0.5分 ③菜品色泽搭配不当扣1分 ④扣完为止		
4	菜肴价格	菜肴价格与毛利率相符，盛器要标明规格	2.5	①菜品与毛利率不符扣1.5分 ②菜品与盛器不符扣0.5分 ③不写菜肴盛器规格扣0.5分 ④扣完为止		
5	菜单书写规范	文字清楚整洁，每种菜肴要写单价，要有总价格	2	①文字不清楚、不整洁扣1分 ②不写菜肴单价扣0.5分 ③不写菜肴总价格扣0.5分 ④扣完为止		
合计			15			

参考文献

（1）劳动和社会保障部教材办公室组织编写．餐厅服务员：中级．北京：中国劳动社会保障出版社，2005.

（2）中国就业培训技术指导中心组织编写．餐厅服务员：中级．北京：中国劳动社会保障出版社，2008.

（3）汪蓓静主编．餐厅服务员：中级．北京：中国劳动社会保障出版社，2008.

（4）劳动和社会保障部教材办公室组织编写．餐厅与宴会服务实训．北京：中国劳动社会保障出版社，2005.

（5）中国就业培训技术指导中心组织编写．餐厅服务员：高级．北京：中国劳动社会保障出版社，2008.